D0873327

LA RIVIÈRE ET SON SECRET

Zhu Xiao-Mei

La rivière et son secret

Des camps de Mao à Jean-Sébastien Bach : le destin d'une femme d'exception

Robert Laffont

DOCUMENTO

À ma mère

Ce livre n'aurait pu voir le jour
sans le soutien de Michel Mollard

Aria

Ma grand-mère aimait à me répéter cette histoire :

— C'était le soir de ta naissance. Je regardais le ciel de Shanghai. Le soleil couchant perçait à travers les nuages. Je n'avais jamais vu un coucher de soleil aussi beau ! Et je me suis dit que ta vie serait une broderie splendide. Comme ce camaïeu de rouge. J'en étais sûre.

Nous sommes à quelques semaines de la proclamation par Mao Zedong de la République populaire de Chine. « Plus jamais les Chinois ne seront un peuple d'esclaves », déclare-t-il à cette occasion place Tian anmen. Rarement prophétie se sera révélée à la fois aussi vraie et aussi fausse.

J'ai beaucoup hésité à raconter ma vie.

Mon père me rappelle souvent combien il est vain de parler du passé :

— À quoi bon, Xiao-Mei ? Quand on meurt, il ne faut pas laisser de traces. Même si tu veux en laisser, tu n'y arriveras pas. Le soleil, la neige et le vent effacent un jour ou l'autre tes pas sur le chemin. – Et il aime à ajouter : – Pense aux oies sauvages. Elles volent haut dans le ciel et couvrent des distances immenses sans poser une patte par terre, ni laisser

leur empreinte sur le sol. Ce sont elles qu'il faut prendre comme exemple et non les moineaux, qui sautillent sur la terre. Des oies sauvages, les moineaux jamais ne comprendront le rêve.

Il dit vrai. J'ai aussi longtemps pensé que je n'avais pas de raisons particulières d'écrire – n'est-ce pas avec la musique que je m'exprime ? Je pensais même que je n'en avais pas le droit moral. Parmi les Chinois de ma génération, ce n'est pas moi qui ai le plus souffert, loin s'en faut.

Mais, comme toujours dans la vie, chaque être, chaque chose se présente à nous sous un double aspect.

Et j'ai eu envie d'écrire. D'abord, pour ceux qui ont été victimes de la Révolution culturelle. Quarante ans après, on en parle encore bien peu, et j'ai souvent constaté combien ces événements restent mal connus en Occident.

J'ai aussi eu la chance de vivre en Chine et en Occident, dans trois pays différents. J'en ai retenu une leçon pour la vie : il est nécessaire de mélanger les cultures, de les faire dialoguer. Et j'ai voulu raconter cette expérience essentielle à mes yeux.

Ce livre compte trente chapitres – trente, autant qu'il y en a dans les Variations Goldberg, *le chef-d'œuvre de Bach. Trente chapitres et une aria, qui ouvre l'œuvre et la clôt, formant une boucle pareille à celle du temps qui se referme sur lui-même, à la roue de la vie.*

Souvent, on me demande comment une Chinoise, issue d'une culture aussi éloignée, peut jouer la musique de Bach. J'aimerais qu'après avoir lu ce livre, mes lecteurs le comprennent, mais surtout, qu'ils aient envie d'écouter, de réécouter Bach. Je souhaite aussi qu'ils aient envie de lire ou de relire Lao-tseu, le grand philosophe chinois.

Car ces deux sages se ressemblent et les deux cultures, chinoise et occidentale, se rejoignent en eux.

Première partie

EN CHINE

1

Heure grave

Je vois beaucoup d'hommes
Silencieusement pleurer
Dans la nuit
(T'ANG CH'I, *Heure grave*)

Il est là, dans la chambre de mes parents. Il prend toute la place ; cette chambre est si petite. Les déménageurs ont eu un mal fou à le faire passer par la porte, ils se sont arrêtés plusieurs fois, suant à grosses gouttes. Intrigués, nos voisins ont défilé les uns après les autres dans la cour pour jeter un coup d'œil par la fenêtre, voir ce qui se passait. Enfin, il est casé. Dégagé des tissus sales qui l'enveloppaient, il apparaît.

De peur, je me réfugie derrière une chaise. Ma mère s'approche de lui, en fait le tour, le regarde, l'examine. Elle soulève son couvercle, laissant apparaître un nom : Robinson. L'ivoire du clavier dégage une lueur pâle qui anime la pénombre de la pièce. Ma mère laisse courir sa main, quelques secondes à peine, sur les petites touches jaunes. Une mélodie sort du meuble, s'élève dans la pièce. L'objet parle ! Mais à peine ai-je esquissé un sourire que déjà ma mère a retiré sa main et refermé le couvercle. La voix mystérieuse s'est tue.

Ma mère se tourne vers nous et soupire :

— Comme je suis heureuse !

Je ne sais pas ce que c'est, un piano. Je n'ai guère plus de trois ans et je n'ai jamais rien vu qui y ressemble. Je suis intriguée. Je me demande d'où il vient, cet objet qui parle quand on le touche.

C'est étrange mais ma mère n'en joue jamais. Tous les matins, elle l'époussette. Elle commence le ménage par lui.

— Cette poussière ! À Shanghai, il n'y avait pas tant de poussière. Pourquoi m'as-tu amenée ici ? ajoute-t-elle en se tournant vers mon père.

Elle ne rate pas une occasion de se plaindre de Pékin : il y fait mauvais, la ville est polluée et on y mange mal. Parfois, le matin en me levant, j'ai l'impression qu'elle a pleuré. Je lui demande ce qui se passe.

— Ce n'est rien, Xiao-Mei, c'est la fumée de la cheminée qui m'irrite les yeux, me répond-elle.

Je la regarde orner le piano de fleurs en papier comme on le fait en Chine pour le *jitai*, l'autel des ancêtres. À la maison, nous n'avons pas de *jitai* mais nous avons le piano.

Il me semble qu'il est là pour moi, ce piano.

Je soulève son couvercle et je tape sur les touches d'ivoire, au hasard, pour le plaisir d'entendre les sons qui montent dans la pièce. Quand je vais d'un côté, la voix du piano ressemble à celle d'un dragon. Quand je vais de l'autre côté, elle ressemble à celle des oiseaux. Mais vite, je me sens impuissante et j'arrête. Ce n'est pas de la musique, ça.

Parfois aussi, quand des enfants viennent à la maison, je leur montre comment taper sur les touches et la cacophonie nous amuse un moment. Elle nous amuse, nous, pas ma mère. Un jour, elle referme le couvercle d'un geste ferme.

— Maintenant, c'est fini. Je ne veux plus. Vous lui faites mal ! Sortez !

Et le piano retourne au silence. Personne n'y touche. Pas elle, pas moi, personne. Pourtant, il est devenu comme un nouvel habitant, dans notre logement.

Notre logement… Deux pièces pour sept personnes, cinquante mètres carrés en tout dans un *Siheyuan*, un carré de maisons basses construites autour d'une petite cour centrale. Un seul point d'eau et un seul cabinet de toilette pour onze familles, des langes mal lavés qui pendent aux fenêtres de la cour, un plancher noir toujours humide et un plafond rongé par les souris dont le bruit chaque soir me terrifie. Pourtant, nous ne sommes pas les plus malheureux. Les autres habitants du *Siheyuan* ont encore plus de mal que nous à vivre, comme cette veuve dont les dix enfants dorment dans un seul grand lit.

Nous habitons là depuis que mes parents ont décidé de venir à Pékin rejoindre une sœur de mon père qu'on appelle Momo, c'est-à-dire « Tante » en dialecte de Shanghai. Elle a proposé à mes parents de travailler dans le petit commerce que son mari et elle possèdent. Mes parents ont accepté parce qu'il n'y avait plus de place pour eux là d'où ils venaient, à Shanghai.

Les ennuis avaient commencé pendant l'hiver 1949. Un hiver si dur que, dans Shanghai, des centaines de gens sont morts de froid et de faim. Chaque matin livrait son lot de corps squelettiques et gelés sur les trottoirs. La guerre civile entre le Parti communiste et le Guomindang était terminée mais elle avait complètement désorganisé le pays. Les structures administratives s'étaient effondrées, les transports étaient souvent bloqués ou réquisitionnés, les entreprises avaient fait faillite ou tournaient au ralenti. La fortune de mes grands-parents avait fondu comme neige au soleil.

Des grands-parents qui présentaient à peu près toutes les tares possibles, pour le régime qui se mettait en place.

Le père de mon père était un entrepreneur fasciné par l'Occident. Fabricant de meubles, fermier, tailleur, restaurateur, constructeur de maisons, directeur d'un cours de danse puis d'une salle de cinéma… Il avait exercé toutes sortes de métiers, par simple goût de créer, de prendre des risques. Et de faire découvrir à la Chine des coutumes venues de l'Ouest – organiser une soirée dansante dans la Chine des années 1920 : peut-on imaginer idée plus incongrue ?

D'où venait cette fascination ? Mystère. Mon père, qui n'avait que treize ans lorsque mon grand-père est mort, n'a jamais pu me l'expliquer.

Du côté de ma mère, mes grands-parents, les Sheng, avaient fait fortune dans l'import-export, et si mon grand-père n'avait pas appris l'anglais à l'école, ses affaires l'avaient conduit à le parler couramment. Ils étaient imprégnés de cette culture étrangère venue se mélanger à la nôtre. Grâce à eux, ma mère s'était familiarisée dès son plus jeune âge avec des formes d'art européennes – elle connaissait les plus beaux tableaux du Louvre comme si elle les avait vus elle-même.

Avec le soutien de mes grands-parents Sheng, mes

parents avaient pu s'installer, après leur mariage, dans un appartement de deux étages, dans un immeuble cossu de l'ancienne concession française dont les fenêtres donnaient sur une large avenue bordée de platanes, face au parc Fuxing. Ils avaient des meubles en palissandre, des vases de porcelaine, des coffres en camphrier dont le parfum imprégnait les robes de ma mère. En ce temps-là, malgré les dégâts causés par la guerre, Shanghai ressemblait encore à un petit Paris raffiné et actif.

Mais au cours de cet hiver terrible, tout a basculé. La clinique où travaillait mon père a perdu ses patients, du moins ceux capables de payer les consultations. Elle a dû fermer ses portes.

Sans contraintes familiales, nul doute que mon père aurait continué d'exercer son métier gratuitement, car il était un rêveur et un idéaliste – il l'est encore. Cela lui vient de ses années d'études, passées auprès d'un vieux maître chinois qu'il assistait patiemment dans ses visites aux malades et ses recherches de plantes rares en montagne. De sa petite enfance aussi. Sa mère étant morte peu de temps après sa naissance, ses sœurs aînées se sont chargées de l'élever.

Qixien, c'est le prénom de mon père, était un enfant étrange. Il n'avait jamais ni chaud, ni froid, ni faim. On doutait de son intelligence tant il semblait incapable d'exprimer ses sensations. Il ne ressentait tout simplement rien. Peut-être s'était-il replié sur lui-même au décès de sa mère, ne voulant plus rien connaître des malheurs qui l'entouraient. Mon grand-père, lui, ne l'entendait pas ainsi. Une telle sagesse, si jeune ! Les plus grands philosophes mettaient une vie à parvenir à cet état de détachement, et voilà que son fils l'avait déjà atteint. Il portait donc à mon père une attention particulière. Que son fils lui rendait bien et lui rendra sa vie entière. Plus tard, il me confiera que, dans les pires moments de son existence, il a pensé à son père pour avoir la force de survivre.

Mon père, donc, aurait bien exercé ses talents de médecin bénévolement, mais il n'était pas libre de faire ce qu'il voulait. Il avait une épouse et trois filles, mes deux sœurs aînées, Xiaoru et Xiaoyin, et moi, à nourrir. Ne pouvant plus pratiquer son vrai métier, il a dû abandonner la médecine pour prendre les emplois qu'il trouvait : comptable, représentant, tout ce qui pouvait faire vivre sa famille.

C'est alors que mes parents ont reçu la proposition de Momo de les rejoindre à Pékin pour travailler dans leur petit commerce. Ils ont accepté et, à l'été 1950, nous sommes partis.

Il s'en était fallu de peu que notre destin prenne une autre direction, cependant.

C'était quelques semaines après ma naissance. Mon père avait reçu plusieurs lettres de son frère Qiwen, installé à Taiwan. Celui-ci lui avait trouvé du travail et lui demandait de le rejoindre. Mes parents hésitaient à partir. L'offre était tentante ; mais était-ce bien raisonnable ? La Chine avait un nouveau gouvernement, ses dirigeants des idées généreuses, ils étaient honnêtes, sincères, l'anarchie allait cesser, l'avenir était plein d'espoir. D'un autre côté, y avait-il une place pour eux, dans cet avenir ?

Finalement, ils se sont décidés. Ils avaient leurs billets en poche et s'apprêtaient à embarquer quand le couperet est tombé : sortie du territoire interdite. Ainsi bascule une vie : mes parents ne sont pas allés à Taiwan, et mon père a, pendant plus de trente ans, subi la suspicion du régime que lui valait le départ de son frère.

Quelques mois après notre arrivée à Pékin, mon oncle et ma tante étaient expropriés. L'Armée de libération avait alors ouvert en Chine une ère nouvelle : c'était l'époque des premières mesures destinées à confier à l'État la gestion des sociétés intéressant « l'économie nationale ou la vie du peuple ». Mes parents se sont retrouvés sans rien, dans une ville qu'ils connaissaient à peine avec trois enfants à charge.

Par chance, ma mère a pu obtenir un emploi sans trop de délai : professeur de musique dans une école primaire. Mais comme mon père, lui, restait sans travail, elle a dû supporter seule les charges de la famille. Si son passé ne l'y préparait guère, sa force intérieure lui a permis de se battre sur tous les fronts à la fois, de nous nourrir, de maintenir la maison propre, d'assumer notre éducation...

Ma mère – son prénom est Ruyin – est née en 1918, à une époque où la femme chinoise était encore une recluse, se devait d'être avant tout une « épouse utile » et une « mère pleine de sagesse ». « Trop de savoir est dangereux pour la vertu des femmes », disait-on. Les filles n'apprenaient que ce qui était strictement nécessaire à la tenue d'un foyer, et la plupart des unions étaient arrangées, le plus souvent avec un homme plus âgé. Fidèles à la pensée confucéenne, les Chinois croyaient aux vertus d'une alliance de raison beaucoup plus qu'à ces étranges idées occidentales de prince charmant.

Ruyin a balayé la tradition.

Non seulement elle est allée à l'école, mais elle y était toujours la meilleure tant et si bien que, lorsqu'elle est arrivée à l'âge adulte, mon grand-père a pris l'habitude de la consulter pour ses affaires.

Il aurait dû se douter que sa fille n'accepterait pas le riche parti qu'il lui avait trouvé à Hong Kong, car Ruyin était têtue. Elle ne reculait devant rien. Elle voulait épouser mon père, alors qu'elle avait de bonnes raisons de ne pas le faire : il était moins riche qu'elle, il avait cinq ans de moins et, enfin, il était un parent éloigné. Mon grand-père refusait, ma mère s'obstinait. Finalement, un beau jour, elle a quitté la maison. Elle a disparu et il a fallu lancer un avis de recherche. Plusieurs semaines ont passé, puis mon grand-père a cédé. Ma mère voulait un mariage d'amour et elle l'a eu.

C'est dans notre misérable *Siheyuan*, alors que Mao lançait ses premières grandes réformes, que sont nés les deux derniers enfants de mes parents, mes sœurs Xiaoyu et Xiaoyen. Cinq filles ! En Chine, à l'époque, avoir une fille était toujours une charge, en avoir deux ou trois, un embarras ; en avoir cinq sans même un seul garçon, c'était un fardeau.

Je revois ma mère au retour de la maternité, après la naissance de Xiaoyu. Le front caché dans un foulard, selon la tradition chinoise, le visage blanc de fatigue, les yeux cernés, elle ressemble à un fantôme. Amis et collègues défilent chez nous pour féliciter mes parents. Je me suis glissée dans leur chambre, approchée du lit où ma mère se repose. Elle est si fatiguée que je ne peux même pas lui parler. Je pense qu'elle va m'abandonner, qu'elle va mourir.

— Pourquoi pleures-tu, Xiao-Mei? demande mon père.

— J'ai peur que Maman meure.

— Tout le monde meurt un jour, tu le sais bien. Et tu sais bien aussi que Maman ne va pas mourir tout de suite!

— Si je dois mourir, je veux mourir avec Maman.

Mon père me regarde, inquiet; il se demande comment je peux avoir des pensées pareilles à mon âge.

Heureusement, il y a ma grand-mère. Elle est venue vivre chez nous, après la mort de son mari. Très belle, elle est née dans un milieu d'intellectuels. Selon la tradition chinoise, une fille devait à l'époque avoir des pieds minuscules si elle voulait trouver un mari. C'est pourquoi on les lui a bandés quand elle était encore une enfant, de manière à en arrêter la croissance. Mais les parents de ma grand-mère n'ont pas supporté de voir les souffrances que cette pratique provoquait; aussi a-t-elle été une des premières Chinoises à marcher librement, et elle en est fière.

— Comment as-tu fait pour trouver un mari, alors?

Elle me répond d'un éclat de rire. Il faut croire que ses grands pieds n'ont pas beaucoup gêné mon grand-père!

Ma grand-mère sait un peu lire et écrire, ce qui était rare à son époque. Elle a un jugement sûr et une forte autorité. C'est une femme de tête comme on en trouve dans beaucoup de grandes civilisations du Sud ou d'Orient. Elle a toujours été le pilier de la famille.

Gaie, spontanée, généreuse, chaque fois qu'elle sort avec nous, elle nous offre des cadeaux, comme si l'argent n'était pas un problème.

Je partage le lit de ma grand-mère, ce qui nous rapproche encore. Tous les soirs, elle me raconte une histoire :

— Une, pas plus, Xiao-Mei.

Chaque histoire est un bonheur, un moment de lumière.

Elle me raconte aussi des anecdotes sur la jeunesse de ma mère.

— Elle avait voulu passer son permis de conduire et l'avait réussi. Et comme elle avait une conception plutôt dangereuse de la conduite, un jour, inévitablement, elle est entrée dans un arbre.

— Et alors ? Elle s'est blessée ?

— Non mais ton grand-père lui a interdit de toucher à la voiture !

Ma grand-mère rit et je ris avec elle. Et, ensemble, nous oublions notre nouvelle vie, les murs tristes, l'appartement trop petit, l'argent qui manque…

Qu'est-il arrivé pour que notre vie ait tellement changé ? La réponse tient en un nom : Mao Zedong.

Toute petite, je sais déjà qui il est. Son portrait est partout. Grâce à lui, me dit-on, la Chine a été libérée. Depuis qu'il a triomphé des forces capitalistes et impérialistes, la vie des Chinois a été transformée. Le Parti communiste victorieux les a fait sortir de l'oppression, de la misère. Un avenir lumineux nous attend, où il n'y aura plus ni riches ni pauvres, ni mandarins ni coolies, seulement des ouvriers et des paysans heureux et bien nourris, comme nous les voyons sur les images. Nous les petits enfants, nous devons révérer le président Mao car nous lui devons tout. Il est pour nous un père, que nous devons aimer plus que nos pères. Ces choses, ce sont mes parents eux-mêmes qui me les disent, car ils en sont convaincus.

2

La bibliothèque de Maman

Je ne savais pas lire,
Maman était ma bibliothèque.

Je lisais Maman —
Un jour
Le monde sera en paix,
L'homme sera capable de voler,
Le blé poussera en pleine neige,
L'argent ne servira à rien.
[...]
Mais en attendant,
dit Maman,
on doit beaucoup travailler.
(LU YUAN, *Conte de fées*)

C'est l'orage, sur Pékin. Le ciel est noir et la pluie coule le long des vitres. Ma mère regarde par la fenêtre. La cour est couverte de boue. Pas question ce soir de laver le linge dehors, comme elle le fait d'ordinaire en fin de journée : cela attendra demain. Le repas du soir est prêt, les devoirs d'école sont terminés. Il fait si sombre que je ne distingue plus que sa silhouette. Ma mère allume alors une petite lanterne, me prend par la main et me dit :

— Viens, Xiao-Mei, je vais te jouer quelque chose.

Nous prenons le chemin de sa chambre, elle ouvre

le piano et se met à jouer. Les notes s'élèvent, une musique d'une douceur infinie. Ce premier vrai morceau qu'elle me joue, c'est la *Rêverie* de Schumann. Je me suis mise à ses côtés et je l'écoute bouche bée.

Tout un monde s'ouvre à moi. Il me semble que cette musique est d'emblée mienne. Est-ce l'amour que mes grands-parents portaient à la culture occidentale que je sens renaître en moi ? Ou le message de cette pièce, porteur d'une telle profondeur et d'une telle vérité humaine qu'elles en font une musique universelle ? Je ne sais pas.

Ma mère a fini de jouer. Elle se tourne vers moi. Nous nous regardons. À cet instant, je le crois, elle comprend ce que j'ai en tête. Je n'ai plus qu'un rêve : jouer de cet ami qui a rejoint notre famille.

Désormais, chaque soir, en rentrant du jardin d'enfants, j'ouvre le couvercle et je tâtonne, j'explore. Pour m'occuper, j'essaie de pianoter de mémoire, avec un seul doigt, les chansons que j'ai apprises dans la journée.

— Tu joues toujours la même chose, Xiao-Mei, me dit ma mère. C'est du bruit, ça me rend malade !

Mais un jour, en allant me chercher au jardin d'enfants, elle se rend compte que c'est bien un air que j'ai reproduit. Alors elle me laisse faire jusqu'au jour où elle ne supporte plus ces rengaines que je martèle sans relâche. Et enfin elle prononce la phrase que j'attends depuis des semaines :

— Xiao-Mei, je vais t'apprendre à jouer du piano.

Jour après jour, ma mère m'apprend à lire la musique. Mais pas comme tout le monde. Avec elle, les accords, les enchaînements, les déplacements s'éclairent comme par magie ! Chaque note représente un membre de notre famille : au lieu d'aller de *do* à *sol*, je vais de Papa à Xiaoru : c'est tellement plus amusant ! Puis, nous passons aux exercices les plus simples de Czerny, aux gammes, aux arpèges. Elle me fait aussi jouer les morceaux extraits d'un recueil que tous les apprentis pianistes chinois connaissent : *Piano Music Masterpieces*, des Éditions Albert Wier, dans lequel on trouve les pièces les plus simples et les plus connues des grands compositeurs classiques. Un des morceaux favoris du recueil est *La Prière d'une vierge*, de Tekla Badarzewska, une pièce dont le nom n'évoquera rien à la plupart des lecteurs mais célébrissime en Chine – quand j'y retournerai, après des décennies d'absence, on me demandera encore de la jouer !

Ma mère me raconte l'histoire de son piano. Toute jeune fille, dans les années 1930, à Shanghai, elle a souhaité faire de la musique, et son père lui a offert des cours de piano. Plus tard, elle est entrée dans une école d'art, où elle a étudié la peinture, la fleur des arts chinois, tout en continuant à travailler la musique. L'instrument était son cadeau de mariage, de la part de ses parents.

— Avec vous, mon piano est ce que j'ai de plus précieux au monde, dit-elle. Il m'a toujours accompagnée, dans les bons comme dans les mauvais moments.

C'est grâce à lui qu'elle a trouvé un emploi à Pékin : elle est devenue professeur de musique dans une école primaire où elle a fait transporter l'instrument. Plus tard, elle me confiera que, si son piano nous nourrissait, en même temps, il désignait mes parents pour ce qu'ils étaient.

— Comment cela se fait-il que tu possèdes un piano ? lui demandaient ses collègues.

Ma mère comprenait le sens de cette question : seuls des bourgeois, des *Chushen Buhao*, des gens de mauvaise origine, avaient pu acquérir un objet capitaliste aussi luxueux qu'un piano. Peu à peu, elle devenait suspecte mais on avait besoin d'elle pour enseigner aux enfants la musique.

Finalement, l'école a acquis un piano et ma mère a pu récupérer le sien. C'est ainsi qu'il est arrivé chez nous dans l'année de mes trois ans.

J'écoute ma mère parler, et je sens que, pour elle, ce piano est bien plus qu'un objet, un ami, un confident.

— Tu sais, me raconte-t-elle, l'empereur Kangxi, le premier à posséder un piano en Chine, il y a deux cents ans, demandait à ce qu'on salue l'instrument comme une haute personnalité lors des cérémonies à la Cour[1].

Moi aussi, je regarde le piano comme s'il était une personne. Quand la musique s'élève sous mes doigts, il me semble qu'il chante, qu'il me dit quelque chose, quand je le touche, il me répond. J'aime tant travailler avec ma mère. Elle ne me gronde jamais ; elle me donne le goût de progresser. Nous avançons pas à pas : pour elle, il convient de ne pas trop travailler, comme de ne pas trop manger. Ce qui ne l'empêche pas, en fine psychologue, de me lancer des défis :

---

1. Kangxi (1654-1722). C'est en réalité un clavicorde ou un clavecin que des missionnaires jésuites avaient offert à Kangxi. *(N.d.A.)*

— Ce morceau, Xiao-Mei, mes élèves qui ont ton âge le jouent déjà.

Elle me pousse à raconter des histoires en musique, à faire s'envoler mon imagination. Je compose une petite mélodie et ma mère, qui improvise très bien, m'accompagne. Ces séances de quatre mains sont le comble du bonheur : tout à coup, le piano unit sa voix la plus grave à sa voix la plus aiguë et j'ai l'impression de dominer la terre entière ! Je ne veux plus m'arrêter !

Par contraste, tout le reste paraît encore plus sombre autour de moi.

À commencer par mon père. Je ne le comprends pas bien, du moins à cette époque. Il est dur avec nous, parfois même violent.

— Vous devez m'obéir ! tonne-t-il.

Pour lui, les enfants doivent suivre les enseignements de son maître Confucius, pour lequel « la piété filiale et le respect des aînés sont les racines mêmes de l'humanité ». Dès qu'il rentre à la maison, l'atmosphère change, se tend. Nous n'osons plus bouger, plus parler. Il crie pour un rien.

Un soir que mes parents nous ont offert des places de cirque, à mes sœurs aînées et moi, nous décidons de rentrer à pied pour leur éviter la dépense de l'autobus, et nous arrivons plus tard que prévu à la maison. Mon père nous attend, terriblement inquiet. Mais il ne dit pas un mot de soulagement. Au lieu de ça, il se met à hurler et nous frappe avec ses chaussures. Je n'ai jamais pu l'oublier.

En réalité, mon père souffre de sa situation. Il a trouvé un emploi mais bien au-dessous de ses capacités et de son éducation, et il ne peut faire vivre sa famille comme il le souhaiterait. Au fond de lui, il nous aime mais ne le montre jamais. Nous, ses filles, nous le craignons, surtout.

Il n'y a guère que lorsque je joue du piano que je ne me fais pas gronder. Peut-être le son de l'instrument fait-il rêver mon père à une vie meilleure, comme celle qu'avaient ses parents ?

Mon père est avant tout un homme honnête. Au point que c'en est maladif. Le premier idéogramme qu'il m'a appris, quand il a décidé de m'initier à l'écriture, était « honnêteté » :

Il me l'a dessiné lui-même avant de m'en donner l'explication :

— Xiao-Mei, la croix au-dessus, c'est le nombre dix. En dessous, tu as les yeux. Et dans le coin à gauche, une personne. Dix yeux te regardent. C'est cela, l'honnêteté.

Mon père pratiquait l'honnêteté toutes les minutes de sa vie. Il allait faire les courses : il revenait avec les poissons les moins frais et les fruits les moins mûrs par crainte de priver les autres des produits meilleurs. C'est un de mes souvenirs les plus anciens : j'entends ma mère lui dire en dialecte de Shanghai :

— Mais qu'est-ce que tu es bête !

La fois suivante, quand il est revenu du marché, je lui ai répété la petite phrase :

— Mais qu'est-ce que tu es bête !

Et tout le monde a ri autour de moi. Et mon père a fini par se faire interdire de courses !

Ma grand-mère, elle aussi, veut me transmettre ce qui compte pour elle. C'est ainsi qu'elle se met en tête de me faire découvrir l'Opéra de Pékin. Pour approfondir ma culture musicale, me dit-elle. Et aussi, peut-être, pour fuir son quotidien.

L'Opéra de Pékin est ce qu'il y a de plus abouti dans l'art théâtral chinois. Les acteurs jouent, chantent, dansent, miment et exécutent des acrobaties dans des décors féeriques. Leur vie est vouée à leur carrière et leur talent s'appuie sur une tradition millénaire remontant à la dynastie Tang.

Pour l'occasion, ma grand-mère a glissé un lys dans la boutonnière de sa veste. Assise à côté d'elle, pleine d'attente, je vois les lumières s'éteindre. De l'orchestre installé sur le côté de la scène fuse un roulement de tambour suivi de furieux coups de cymbales. Les acteurs font leur apparition dans des costumes splendides, chatoyants, colorés, et dans des maquillages spectaculaires. Ils se mettent à chanter, puis à parler, puis à danser. Quelques minutes passent. Je ne comprends rien. Je me demande ce qu'ils ont tous à s'agiter et pourquoi les rôles de femmes sont tenus par des hommes. Je regarde autour de moi ; le public a l'air si heureux ! Il acclame les acteurs tout en mangeant et en buvant. Des restes de cacahuètes jonchent le sol. «Pour le peuple, la nourriture, c'est le ciel», dit un proverbe chinois.

Aujourd'hui, je le comprends ; je suis touchée par cette façon d'aimer l'art, qui reflète une ancienne tradition de simplicité et un art de vivre si naturel. Mais ce soir-là, il en va autrement. Je me retourne vers ma grand-mère :

— J'ai peur. Je veux rentrer à la maison.

— Ce n'est pas possible ! Tu ne te rends pas compte quelle chance on a d'avoir des places !

Alors je me tais et je laisse mes regards errer sur le spectacle. Mais rien ne m'accroche, rien ne m'attire. Alors, je ferme les yeux sans même m'en apercevoir et, quelques instants plus tard, je sombre dans un doux sommeil entrecoupé des acclamations que le public lance aux moments cruciaux de la pièce.

Je suis une Chinoise étrange. Émue par la musique de Schumann et endormie par l'Opéra de Pékin…

Si ma grand-mère ne me comprend pas toujours, ma mère me comprend, elle.

Dans les moments que nous passons à jouer ensemble, elle aussi, elle oublie tout, autour d'elle : l'humidité, la poussière, la fatigue. Mais il lui faut bien arrêter, recommencer à laver, à frotter, à repriser nos vêtements, à compter et recompter l'argent, qui manque de plus en plus. Depuis un moment, elle s'oblige à peser la nourriture de chacun d'entre nous pour limiter les dépenses.

Tous les mois, nous allons au marché Dong An, le grand marché des artisans pékinois. Pour mes sœurs et moi, c'est une vraie sortie, un grand bonheur. Nous ne savons plus où donner de la tête. Les tissus, les vêtements, les jouets, nous humons les odeurs, nous dévorons du regard les sucreries. Ce que nous ne savons pas, c'est que mes parents prennent prétexte de la promenade pour vendre en cachette les bijoux de ma mère. Des bijoux qui d'ailleurs perdent chaque jour de leur valeur car en porter devient suspect : il faut avoir été bourgeois, *Chushen Buhao*, pour avoir pu les acquérir.

Arrive le jour où ma mère a vendu tout ce qu'elle possédait encore de valeur. Un soir, j'entends mon père lui demander :

— Que peut-on faire maintenant ? Nous nous sommes séparés de tout.

— Il reste le piano, lui répond ma mère.

Je sens le regard de mes parents se croiser, puis ma mère ajoute :

— Mais nous ne pouvons pas le vendre. Xiao-Mei joue.

« Xiao-Mei joue. » Pour moi, en cette année 1955, la phrase a pris un sens différent, moins joyeux. Envolés les comptines et les jeux de gammes, les airs joués à quatre mains en riant. Je viens d'avoir six ans, et ma mère, qui se sous-estime, a pensé qu'elle n'avait pas les capacités de rester mon seul professeur ; aussi a-t-elle voulu me faire passer l'examen d'entrée de l'École de musique pour enfants, antichambre du Conservatoire.

J'ai réussi l'examen, et j'ai découvert un autre monde.

À l'École de musique pour enfants, il règne une discipline de fer ; les professeurs sont très exigeants, trop pour moi. Alors que j'ai soif de musique, de nouveauté, ils me font travailler sans relâche quelques mêmes œuvres. Ils n'ont pas tort mais les conséquences ne se font pas attendre : je me rends avec de moins en moins de plaisir à mes leçons hebdomadaires et je délaisse les exercices.

Tant et si bien que mon professeur vient chez nous se plaindre de moi. Nos voisins, toujours aussi curieux, ne manquent rien de cette visite et le bruit court aussitôt dans le *Siheyuan* : « Vous avez vu, le professeur de Xiao-Mei est venu car elle travaille mal à l'École ! »

Mes parents sont mortifiés.

— Si tu ne veux plus travailler, je ferme le piano mais il ne faudra pas le regretter ! me dit ma mère avec douceur.

Et comme je ne réponds rien, elle met sa menace à exécution. Pendant trois semaines, je fais comme si de rien n'était. Mais ma mère finit par le rouvrir. Je n'y tiens plus !

Et je me remets au travail.

Ce que ma mère ignore, c'est ce que j'apprends d'autre, à l'École de musique, en dehors du piano.

Pour commencer, que tous les élèves ne sont pas égaux. Il y a ceux, comme moi, qui arrivent à l'école avec des vêtements usés et rapiécés. Il y en a d'autres qui portent des vêtements neufs. Il y a ceux qui partent en vacances à la mer, qui prennent l'avion. Et il y a ceux qui ne connaissent rien d'autre que leur *Siheyuan* sans horizon.

Il y a les « jeunes pionniers », reconnaissables aux foulards rouges qu'ils arborent autour du cou. Et les autres, qui n'ont pas le droit d'en faire partie, pour une raison obscure.

Peu à peu je découvre que les enfants bien habillés qui prennent l'avion sont aussi souvent dans les jeunes pionniers, et que leurs parents ont un poste élevé dans le gouvernement ou dans l'armée de la Chine nouvelle. Les autres ont des parents dont ils doivent avoir honte. C'est mon cas.

Nous sommes à l'époque du Grand Bond en avant, lancé par Mao Zedong dans le but de rattraper le retard économique du pays : il s'agit d'égaler au plus vite le Royaume-Uni ! Pour réussir le pari, nous dit-on, il faut agir ensemble, oublier l'individualisme bourgeois et se mettre au service du peuple. Tout d'un coup, les cours s'arrêtent, et nous voilà tous dans la rue : nous sommes chargés de récupérer des ustensiles en fer, le plus possible, pour les porter dans les aciéries. Ainsi, même nous, les enfants de dix ans, nous aurons contribué à l'effort collectif de développement industriel. Notre vie tourne autour de ce mot : la collectivité. Nous apprenons jour après jour qu'elle compte plus que tout, plus que la famille, même.

Pour que la collectivité avance, pour que l'individualisme recule, pour que l'esprit du communisme entre bien dans nos petites têtes, tous les samedis matin, nous suivons une séance d'autocritique et de dénonciation. Le principe est simple : nos pensées n'appartiennent pas seulement à nous mais aussi au Parti. Il faut les lui livrer, même les plus intimes, et se soumettre à son jugement, car lui seul sait ce qui est bon ou mauvais, juste ou faux. Ainsi il pourra résoudre « les contradictions au sein du peuple ».

Pour nous, cela signifie qu'il faut désigner qui s'est bien comporté pendant la semaine, ou non. Un nom est prononcé. On donne son avis : a-t-il bien agi pour la collectivité ? Est-il un bon révolutionnaire ? Ceux qui ne sont pas d'accord interviennent : non, il n'est pas un bon révolutionnaire car il a été paresseux, il a triché en classe.

Ces séances nous sont présentées comme un moyen de nous aider à progresser. Mais nous sommes si jeunes. Nous avons surtout envie d'être reconnus ou peur d'être rejetés. Si nous sommes critiqués par nos camarades, nous avons honte, nous n'osons plus les regarder, nous perdons nos amis.

Plus le temps passe, et plus nous redoutons d'être montrés comme mauvais révolutionnaires, plus nous sommes prêts à faire tout ce qu'il faut pour être aimés, admirés, comme tous les enfants.

Pour moi, c'est encore plus difficile que pour les autres. Je sens bien que mes parents ne sont pas comme ceux de mes camarades. Mon père et ma mère ne ressemblent pas aux bons révolutionnaires des livres, des affiches, à ceux que nous décrivent nos professeurs jour après jour. J'aimerais être fière de mon père mais quelque chose m'en empêche. Ce n'est pas un père comme les autres. Il vient pourtant de trouver enfin un métier stable, responsable administratif d'une université. C'est une bonne place et le président de l'université, Lao Xue, lui donne toute sa confiance. Il lui permet même d'exercer son métier d'origine en lui confiant aussi la responsabilité du service médical de l'université.

Mais le doute est là. Il doit être coupable de quelque chose pour que mes professeurs se méfient de lui. D'ailleurs, il me le dit lui-même : ma mère et lui ont honte de ce qu'ils étaient avant la Libération. Ils savent qu'ils sont *Chushen Buhao*, « de mauvaise origine », et qu'ils doivent se racheter.

Si mes parents sont coupables, je le suis aussi, forcément. Et puis il y a le piano. Lui aussi, il est de mauvaise origine.

Pourtant, ce piano qui me désigne comme coupable, en même temps, il me permet d'être admirée. Je n'ai que huit ans et déjà on me demande de donner des concerts ! Un jour à la radio. Un autre à la télévision, qui vient d'être créée. Un plaisir : les projecteurs illuminent le piano, me réchauffent les mains. Des techniciens s'affairent partout. Ils sont fébriles alors que moi, innocente, je n'ai peur de rien, je n'ai envie que d'une chose : plaire au public en lui jouant *Mai rouge*.

Un jour, on me demande de jouer au Palais impérial de Pékin Je ne suis pas impressionnée, mais une question m'obsède : qu'est-ce que je vais mettre ? Cette fois, ce n'est pas devant des machines, micros et caméras, que je vais jouer mais devant des personnes, plus de mille. Je ne peux pas me présenter avec mes vêtements rapiécés. On y voit sur les genoux et sur les coudes des vieux bouts de tissu découpés dans les robes de ma mère.

Je sais bien que je suis mal habillée. Il n'y a pas longtemps, alors qu'à l'école nous répétions une pièce de théâtre, le professeur m'a dit :

— Xiao-Mei, tu joueras le rôle de la gueuse. Tu n'auras pas besoin de te déguiser.

Je n'ai pas répondu, et je suis rentrée en pleurs à la maison. Mes parents ont voulu me faire croire qu'il avait plaisanté mais je ne les ai pas crus.

Je ne veux pas aller au Palais impérial habillée comme une gueuse. Quand je demande à ma mère de me trouver de beaux vêtements, elle me répond qu'elle ne peut pas en acheter, que je suis très bien comme ça, mais je la tanne, je la harcèle : la mort dans l'âme, elle finit par solliciter une de ses élèves qui est fille d'un diplomate : pourrait-elle m'en prêter ? Je les passe. La jupe est rouge, la blouse blanche à manches ballon est taillée dans un tissu si fin qu'il en est presque transparent. Quand j'entre sur scène, ce soir-là, je ne pense qu'à ça : je ressemble à un papillon. Je ne sais même plus ce que j'ai joué !

Ma mère ne m'a fait aucun reproche, mais au retour du concert, alors que je suis couchée, ma grand-mère me parle de la jupe rouge.

— Tu as fait de la peine à ta Maman, Xiao-Mei. C'est si difficile pour elle de vous habiller correctement. Elle passe des soirées entières à réparer vos vêtements.

Un bref instant de silence puis elle reprend :

— Je vais te raconter une vieille histoire chinoise, qui te permettra de comprendre. C'est celle d'un roi qui avait un écuyer très âgé. Cet écuyer, qui a toujours su lui choisir les meilleurs chevaux, lui dit un jour : « Seigneur, je veux arrêter mon travail. Je suis trop vieux et plus capable de m'occuper de vos chevaux.

« — Connais-tu quelqu'un qui pourrait te remplacer ? lui répond le roi.

« — Seigneur, j'ai entendu parler d'un jeune écuyer remarquable mais je ne le connais pas. Peut-être pourrions-nous lui demander de vous choisir un cheval pour voir s'il est digne de vous servir ?

« Le roi accepte et charge le jeune écuyer de lui trouver une nouvelle monture. Trois mois plus tard, le jeune écuyer se présente à la cour du roi :

« — Seigneur, j'ai trouvé un cheval merveilleux. Il

est calme, racé, léger et fend l'air sans aucun bruit. Le jeune écuyer indique l'endroit où le trouver puis hésite avant d'ajouter : Il est bai, je crois.

« — Que l'on m'amène ce cheval ! dit le roi

« Ses serviteurs partent et reviennent deux jours plus tard, bredouilles :

« — Seigneur, nous n'avons pas trouvé le cheval bai. Il y en avait un mais il était noir.

« Le roi se tourne vers le vieil écuyer :

« — Tu te moques de moi. Comment ton jeune écuyer pourrait-il travailler auprès de moi ? Il ne peut même pas se rappeler la couleur d'un cheval !

« Le vieil écuyer réfléchit alors quelques instants et dit au roi :

« — Maintenant, je suis sûr que ce jeune écuyer est meilleur que moi. Il voit l'essentiel et ignore l'accessoire. »

3

Premier maître

Percevoir le plus petit, voilà la clairvoyance.
Garder la douceur, voilà la force d'âme.

(LAO-TSEU)

En 1960, au printemps, je suis admise au Conservatoire de Pékin. Comme l'établissement est un internat, je ne reverrai mes parents qu'une fois par semaine et pendant les vacances, mais cela ne me fait pas peur. Malgré mes onze ans, je sens bien qu'une distance s'est creusée entre eux et moi.

1960, c'est le moment où le Grand Bond en avant du président Mao, lancé trois ans plus tôt, tourne au désastre. En le décidant, Mao avait déclaré : « La Chine est pauvre et blanche, mais sur une page blanche on peut écrire les plus beaux poèmes. » En guise de poème, la famine : vingt millions de Chinois au moins mourront de faim dans les années qui vont suivre. Officiellement, à cause de la sécheresse dans le Nord du pays et de l'inondation dans le Sud – en aucun cas à cause de la folie de Mao.

Mais de cela, je ne suis pas vraiment consciente.

J'ai l'impression d'entrer au paradis lorsque, ce mois de septembre, je découvre le Conservatoire : son entrée bâtie dans le style traditionnel chinois, sa cour principale, ses arbres majestueux et ses fontaines, ses cinq autres bâtiments construits en brique rouge – ils sont tellement plus vastes et plus beaux que notre *Siheyuan*. Ils n'ont pourtant que trois étages, qui abritent les salles de classe et de répétition, la bibliothèque ainsi que les logements des professeurs et des étudiants. À dix minutes à pied de là se trouve une annexe, ancienne imprimerie reconvertie en salles de classe.

Passé le bonheur et l'émotion de la rentrée, je déchante. Le rythme de travail est épuisant. Aux cours de musique intensifs s'ajoutent des cours d'enseignements généraux, indispensables pour le cas où il nous faudrait rejoindre le système scolaire classique, faute de pouvoir entrer dans une carrière musicale. Sans compter les séances de dénonciation et d'autocritique, devenues habituelles.

Nous travaillons notre piano comme des forçats : dans de petites cellules closes dont la porte est percée d'une lucarne. Absorbée dans mes exercices, je sens tout à coup une présence dans mon dos. Je me retourne : deux yeux derrière une paire de lunettes m'observent un moment depuis la lucarne avant de disparaître. Un surveillant.

La direction attise la rivalité entre nous. Les meilleurs élèves ont droit non seulement à plus de cours mais à une meilleure nourriture. Seuls les instrumentistes à vent bénéficient sans conditions de ces repas améliorés : on juge qu'ils ont besoin d'un surcroît d'énergie pour travailler.

Le soir, nous dormons à quarante dans un même

dortoir. Les lits superposés, collés les uns aux autres, laissent tout juste la possibilité de se déplacer dans la pièce, et l'atmosphère y est étouffante. Celle d'entre nous qui en souffre le plus est Aizhen, «Douce Vérité» en chinois. C'est une fille discrète et un peu solitaire, mal habillée, à laquelle personne ne prête vraiment attention. Une provinciale. Comme ses parents habitent loin dans le Nord, elle ne retourne quasiment jamais les voir. Un jour, nous apprenons qu'Aizhen a dû être transférée à l'hôpital à cause de ses difficultés respiratoires. Elle en revient couverte de poux, se grattant la tête du matin au soir. Dès lors, personne ne veut plus l'approcher.

Heureusement, il y a Maman Zheng. Ce vieux monsieur s'occupe des questions d'intendance et de santé depuis la création du Conservatoire. Maman Zheng se dépense pour nous sans compter. On dirait qu'il n'a pas le temps de manger, ni de dormir. On voit sa petite silhouette ronde toujours affairée. Il a tellement de rendez-vous dans la journée qu'il faut attendre longtemps pour pouvoir lui parler. Mais lorsque l'on est enfin avec lui, Maman Zheng sait nous réconforter, nous aider. «L'eau chaude est le meilleur des médicaments», ne cesse-t-il de dire. Cela nous fait rire mais tous nous l'adorons. Il est tellement dévoué qu'après la fermeture de l'infirmerie, il continue de donner ses consultations dans sa petite chambre, meublée d'un simple lit.

Lorsqu'il m'y a reçue pour la première fois, je n'ai pas pu m'empêcher de m'exclamer :

— Mais, Maman Zheng, comment fais-tu pour manger ? Tu n'as pas de table !

Un soir, alors que je fais la queue devant l'infirmerie, j'ose enfin poser la question à mes camarades :

— Vous savez pourquoi on le surnomme « Maman » ?

On me raconte alors son histoire.

Il y a longtemps, Maman Zheng habitait en Indonésie et était très riche. Quand le Japon a envahi la Chine, il a tout abandonné pour aider son pays d'origine et il est rentré. Le Conservatoire était en cours de création. Il lui a légué toute sa fortune. Puis il s'est occupé du premier orchestre d'élèves – dans lequel le plus jeune musicien avait, paraît-il, cinq ans. Tout manquait, et il a pris soin de l'orchestre comme il l'aurait fait de ses enfants. Pêchant des poissons, cherchant des racines de lotus dans des étangs, pour les nourrir. Les protégeant de tous les dangers. C'est en signe de reconnaissance, par affection, que les premiers élèves du Conservatoire l'ont surnommé Maman, et cela lui est resté.

Dès que je peux, je vais voir Maman Zheng. Je lui confie mes angoisses de onze ans : j'ai les mains trop petites et j'ai peur de ne pas passer en deuxième année. Et puis, j'ai tout le temps mal aux poignets. Jouer est une souffrance. Lui m'écoute, me masse les mains, me rassure.

L'examen de fin d'année arrive. Les poignets bandés, je joue mon programme, et lorsque j'ai fini, je me retourne vers le jury. Silence… Mines sévères… Dans la grande salle du Conservatoire, l'atmosphère est suffocante.

Les commentaires tombent : tous désagréables, désapprobateurs. Moi, debout face au jury, j'attends que ça finisse ; plus vite ce sera fait, mieux ce sera. C'est alors qu'un professeur jusque-là muet demande la parole. Il est très jeune, d'allure sportive, parlant avec un fort accent du Sud. Il donne l'impression d'être là par erreur.

— Chers collègues, pardonnez-moi, mais je ne suis pas d'accord avec vous, déclare-t-il. Moi, je trouve qu'elle joue très bien et, surtout, qu'il y a quelque chose derrière les notes. Il faut que nous en parlions.

Je quitte la salle pour laisser place aux délibérations.

Ce professeur qui vient de me sauver en m'acceptant dans sa classe s'appelle Pan Yiming. Âgé d'à peine vingt-cinq ans, il a obtenu quelques mois plus tôt son diplôme du Conservatoire de Pékin et se rattache, par certains de ses maîtres, à l'école russe de piano. Quand on le regarde, on s'interroge : est-ce vraiment un professeur de piano ? Il n'a ni lunettes ni cheveux blancs, on dit de lui qu'il est un excellent patineur sur glace. Est-il possible d'étudier sérieusement, avec un homme comme ça ?

D'emblée, le jour de ma première leçon, Maître Pan me parle de mes mains :

— Tu sais, Zhu Xiao-Mei, dans toute chose, il y a deux côtés : un positif et un négatif. Bien sûr, tu as de petites mains et cela ne te facilitera pas la tâche dans certains morceaux. Mais les petites mains sont les plus véloces. Cela fera merveille dans certains répertoires. Tu verras, le négatif va devenir positif, comme le positif peut, lui aussi, devenir négatif. J'ai connu des quantités d'élèves qui, parce qu'ils avaient de grandes mains, ne se donnaient pas la peine de travailler. Pour leur malheur.

Maître Pan se doute-t-il qu'il vient de m'ouvrir un monde ? Il m'a démontré qu'une faiblesse peut se changer en avantage, il m'a rendu confiance, et ça, c'est essentiel.

Dès la première leçon, il diagnostique un autre de mes points faibles : tout est tendu en moi.

— Quel est le doigt qui commande aux autres ? me demande-t-il.

— Je ne sais pas.

— C'est ton pouce. S'il est tendu, tous tes autres doigts seront tendus. S'il est détendu, il en sera de même des autres.

Puis, il ajoute :

— Caresse le clavier, ne le frappe jamais. Il n'est pas dur, comme tu le penses. Tu n'as pas à lutter contre lui. En réalité, le clavier est souple et doux. Cherche cette sensation de souplesse et de douceur au bout de tes doigts. Cherche à tirer de l'énergie du clavier et pas seulement à lui en transmettre. Imagine que tu pétris du pain. Demande à ta mère d'en pétrir, pour voir. C'est le même mouvement des mains et des poignets. Tu verras, cela va tout changer dans ta relation à l'instrument.

Et il me demande :

— D'où penses-tu que vient l'énergie quand tu joues ?

— De l'épaule ?

— Non.

— De tout le corps ?

— Non. Elle vient de la respiration, d'où procèdent l'esprit et la vie. Attache-toi à bien respirer et veille à ce que tes pieds soient solidement posés par terre, à ce que ton diaphragme soit stable. Tu verras, ainsi, tu seras moins tendue et, plus souple, tu seras en réalité plus forte.

C'est un enseignement pour la vie que vient de me donner Maître Pan.

Cette première rencontre passée, Maître Pan décide de me donner deux leçons de deux heures par semaine, et non une d'une heure, comme il est prévu. Au fond de lui, il s'oppose aux idées communistes d'égalitarisme, selon lesquelles nous devons tout partager.

Deux années de bonheur commencent pour moi, qui me feront oublier tout le reste : les compétitions organisées entre élèves, les séances d'autocritique et de dénonciation, tout ! Je ne vis que pour les cours que Maître Pan me donne ; toute la semaine, je ne pense qu'à cela.

Son enseignement va d'ailleurs bien au-delà de ces quatre heures de cours hebdomadaires. Selon lui, il ne suffit pas d'apprendre à ses élèves, il faut aussi vivre avec eux. Il nous emmène en montagne, nous invite à dîner chez lui, nous offre des livres, nous fait écouter des disques et nous pousse à nous développer en dehors de la musique.

— Il faut beaucoup de culture, me dit-il, beaucoup de sensibilité, beaucoup d'imagination, Zhu Xiao-Mei, pour être une bonne musicienne. Je peux t'apprendre à jouer du piano mais je ne peux pas tout te donner. Lis beaucoup, multiplie les expériences. Tu verras, c'est crucial.

Aussitôt, je me mets à lire tous les livres qui me passent à portée de main : Tolstoï, Tchekhov, Dostoïevski, Balzac, Flaubert et Zola…

En retour, nous les élèves de Maître Pan, nous nous efforçons de répondre à sa générosité, de lui offrir le meilleur de nous-mêmes : notre propre générosité et notre propre exigence. Il nous donne envie de jouer, envie d'être artiste, cette envie qui permet ensuite à chacun, à sa manière, de résoudre les difficultés techniques et de déplacer des montagnes. Combien de fois, en sortant d'un cours avec lui, je travaille six à huit heures d'affilée, portée par l'enthousiasme !

Maître Pan s'attache à développer les points positifs qu'il a détectés dans mon jeu ; en cela, il prend le contre-pied de tant de professeurs qui s'acharnent à vouloir tout changer dans la manière de jouer de leurs élèves ou, par égoïsme, à les façonner à leur image. Il détermine quelques points essentiels à améliorer et se concentre sur eux. Il choisit les compositeurs adaptés à ma sensibilité et à ma technique. Sa philosophie de la vie, aussi simple que juste, part du principe que l'on ne peut pas tout changer et tout demander en même temps.

— Dans un passage difficile où tu dois jouer vite et fort, joue d'abord lentement et fort, puis vite et doucement, sens-toi à l'aise et joue enfin vite et fort.

Il veille aussi à ne jamais bloquer un élève, contrairement, là aussi, à la pratique de tant de professeurs. Je lui joue un morceau. Jamais il ne m'arrête.

— Peux-tu recommencer et le rejouer en entier ? demande-t-il tout au plus à la fin.

Je m'interromps dans un morceau, ayant manqué un trait difficile.

— Va jusqu'au bout, me dit-il. Ce n'est pas grave, continue. Tu as cette responsabilité d'aller jusqu'au bout. Pense à tes auditeurs. Sois généreuse !

Maître Pan a une vertu rare : dire la vérité sans blesser et sans contracter. Sa délicatesse naturelle lui a définitivement fait comprendre la signification d'un mot ou d'une attitude.

Sur le plan de la stricte technique, Maître Pan est d'une impitoyable exigence.

— Tu sais, Zhu Xiao-Mei, me dit-il lors d'une de mes premières leçons, les Chinois ont un atout formidable, ils sont souples par nature. C'est essentiel pour avoir une excellente technique pianistique et une belle sonorité. Il faut que tu cultives cet avantage.

Et il m'impose un travail acharné. Je reprends avec lui toutes les bases de la technique, jouant le *Hanon* dans toutes les tonalités ainsi que les principaux volumes d'études de Czerny, Cramer, Moszkowski ou Brahms. Il me donne aussi à travailler les *Inventions* et *Le Clavier bien tempéré* de Jean-Sébastien Bach.

— Tout cela, je veux que tu le joues par cœur. Désormais, pour chaque leçon, tu devras jouer sans faute et de mémoire un morceau de Bach et deux études. Cherche à mémoriser chacun d'eux dès la première fois que tu le déchiffres.

Facile à dire ! Au tout début, dans les trois jours qui me sont impartis, j'ai le plus grand mal à mémoriser les morceaux qu'il me donne, notamment les *Inventions* de Bach. Alors, après l'extinction des feux, je vais m'enfermer dans les toilettes, le seul endroit où l'on trouve encore de la lumière après dix heures du soir, et j'y reste jusqu'à tomber de sommeil. Au fond, Maître Pan a raison : si l'on ne fait pas travailler sa mémoire jeune, après, il est trop tard. Mais quelle épreuve !

— Si tu n'es pas attentive, me dit-il, tu ne peux pas apprendre à te concentrer. Pour t'aider, tu vas rédiger une petite synthèse de chacun de mes cours. Tu me la montreras et nous verrons ainsi si tu as bien fait attention à tout.

Un autre jour, il me dit :

— Tu sais, je n'ai que quelques disques, malheureusement. Si je pouvais, je te ferais écouter de l'opéra, car jouer du piano, c'est *dire* quelque chose, et cela un chanteur peut te le faire comprendre mieux que quiconque. À défaut, va écouter tes aînés, sois attentive à la manière dont ils jouent, prends des notes.

Je suis ses recommandations et, une semaine plus tard, je reviens auprès de lui avec plusieurs pages de commentaires sur une dizaine d'élèves qui se présentent à des concours internationaux. À la séance suivante, il prononce des mots que je n'oublierai jamais :

— J'ai lu tes notes, ce que tu as dit sur la nécessité d'avoir un son, une présence, un engagement. Au fond de toi, tu sais ce que tu aimes et ce que tu veux entendre. Cela t'aidera beaucoup… Tu vas voir, tu vas y arriver.

C'est aussi Maître Pan qui, pour m'aider à me concentrer, me fait jouer les yeux fermés, ce que je continue de faire aujourd'hui en concert.

La première fois qu'il m'en parle, nous travaillons le *Vingt-troisième Concerto en la majeur* de Mozart. Lorsque Maître Pan m'a annoncé que nous allions nous atteler à cette œuvre miraculeuse, j'ai rayonné de fierté et de bonheur. Il n'y a qu'à moi qu'il l'a proposé ! C'est l'été et la fenêtre de la salle de cours est ouverte. En bas, mes amies nous entendent : elles seraient prêtes à tout pour être à ma place. Ce jour-là, nous répétons depuis deux heures le début de la première mesure du mouvement lent : *do#, ré-do#*, un rythme pointé à la main droite, un petit accord de tonique à la main gauche et toute la désolation du monde en quelques notes. Trop vite. Trop lent. Trop fort. Trop faible. Maître Pan n'est toujours pas satisfait :

— Ce n'est pas la bonne couleur.

Comment peut-il parler de couleur ? Les marteaux du piano tapent les cordes, toujours au même endroit, que je sache. Que l'on puisse jouer plus fort ou moins fort, soit, mais que le son puisse avoir une couleur différente !

— Détends-toi, Zhu Xiao-Mei, et ferme les yeux.

Do#, ré-do#. Cette fois, c'est mieux, je le sens. Maître Pan se tait. Je rouvre doucement un œil.

— Voilà, me dit-il simplement.

Combien de fois il me répétera : « Ferme les yeux. Tu sentiras mieux ta main, tu t'entendras mieux. »

Maître Pan rêve de partitions dans lesquelles les différences de tonalités, de touchers seraient visualisées par des couleurs distinctes.

— Ce serait formidable, me dit-il. Tu imagines. On mettrait les passages de *si* bémol majeur en orange, comme je les entends !

Le travail de l'imagination est un autre point sur lequel Maître Pan insiste. Il a souvent recours à des images poétiques. « Chaque note est une perle posée sur un écrin de velours. » « Chaque note est une goutte de rosée sur une fleur au lever du jour. » Et surtout, il veut que j'aie sans cesse une idée, une image, une histoire, un sentiment en tête en jouant.

— Aujourd'hui, tu ne penses à rien.

Comment peut-il savoir ce que j'ai dans ma tête ? C'est impossible. Il doit être magicien, quelque part !

— Cela se sent, Zhu Xiao-Mei. Cela s'entend.

Un jour que je lui joue une invention de Bach avec trop d'effet, il se met à rire. J'ai voulu lui faire plaisir, le remercier de tout ce qu'il fait pour moi et il l'a deviné :

— Fais attention, c'est très mauvais. On monte sur scène, on veut plaire au public et l'on se fourvoie. La vérité et l'erreur sont si proches !

Alors qu'il voit ma déception, il ajoute :

— Un bon pianiste est comme un bon cuisinier. Il lui faut le sens de la mesure et du dosage. Aimes-tu les plats trop sucrés ? trop salés ?

— Non, bien sûr.

— Aimes-tu les plats sans aucun assaisonnement ?

— Bien sûr que non !

— Tu vois, au piano, c'est la même chose. Il faut un assaisonnement mais qui ne doit être ni trop salé, ni trop sucré. Recherche cet équilibre, recherche… – et il s'interrompt quelques instants comme souvent quand il pense avoir quelque chose d'essentiel à dire, et termine – … recherche ce juste milieu.

Une autre fois, alors que j'ai cherché à l'épater en jouant un morceau avec particulièrement de brio, comme mes aînés du Conservatoire qui lèvent les bras au ciel à longueur de morceau dans les grandes pièces de Liszt ou de Rachmaninov, il se tourne vers moi :

— Pourquoi de tels effets aujourd'hui, Zhu Xiao-Mei ? Es-tu certaine que cette musique le nécessite ? Penses-tu vraiment qu'il faille ainsi jouer du piano ? Ne crois-tu pas qu'il est possible d'être plus sobre ? – Et il ajoute : – Connais-tu l'histoire de *Hua She Tian Zu* ? Elle raconte l'aventure de ce peintre qui a dessiné sur le sol un serpent d'un réalisme tel qu'on le croit vivant. Une personne passe dans la rue et, par mégarde, marche sur le dessin. Elle se met à hurler : « J'ai été mordu par un serpent ! » Les passants accourent, voient ce qu'il en est. Tous s'esclaffent, puis s'exclament : « Jamais, nous n'avons vu un serpent si bien dessiné ! » Bientôt, tout le monde, dans la ville, connaît le dessin et l'artiste. Le peintre se demande alors comment il pourrait rendre son œuvre encore plus belle. Il décide d'y ajouter des pattes. Mais lorsque les passants découvrent le serpent à pattes, ils se moquent de lui : « Quelle bête ridicule ! » Et le peintre retombe dans l'oubli.

J'ai compris la leçon, tant et si bien qu'aujourd'hui, lorsque je monte sur scène, je crains toujours que certains puissent penser que je fais du spectacle. Et je pense à cette belle pensée de Pascal : le malheur veut que qui veut faire l'ange fait la bête.

Temps béni que ces années d'étude passées auprès de Maître Pan. Je pense souvent à lui, aujourd'hui, en donnant mes cours. Merveilleux professeur au confluent de deux écoles de piano. L'école chinoise d'un côté, qui privilégie la souplesse, la légèreté, la fluidité, un sens calligraphique de la ligne mélodique, mais aussi la distance aux émotions, et leur contrôle. L'école russe, de l'autre, celle du geste large, du romantisme, de l'imagination puissante, du sentiment et de la générosité.

Au printemps 1963, alors que je vais sur mes quatorze ans, Maître Pan me dit un jour en souriant :

— Zhu Xiao-Mei, il nous faut maintenant préparer ton premier récital.

C'est déjà une règle au Conservatoire que de jouer régulièrement en public, notamment à l'occasion des examens semestriels. Mais pour Maître Pan, ce n'est pas assez.

— Pour avoir le sentiment de la scène, il faut que tu y restes au moins une heure. Et une heure, ce n'est pas beaucoup. Tu sais, certains danseurs japonais vivent parfois plusieurs jours durant sur scène avant d'y donner leur spectacle !

Nous choisissons ensemble le programme : la *Sonate pathétique* de Beethoven, le *Vingt-troisième Concerto* de Mozart, dont il jouera lui-même la réduction d'orchestre, et la *Troisième Étude* de l'opus 25 de Chopin. Il m'avertit :

— Tu dois te préparer à deux cents pour cent. Comme le dit notre Maître Sun-tseu : «Notre invincibilité dépend de nous.» Si l'on n'est pas préparé à faire la guerre, on y renonce. C'est la même chose avec un récital. Si tu n'es pas suffisamment préparée, ne joue pas. Un mauvais souvenir est trop long à effacer.

Et il ajoute de manière un peu mystérieuse :

— Fais aussi attention à toi. Obéis.

Que veut-il dire ? Je n'ose pas l'interroger.

Quelques jours avant le concert, un samedi soir, alors qu'il fait très chaud et que notre dortoir est encore plus étouffant que d'habitude, j'ai soudain envie de prendre l'air, d'aller faire un tour dans l'enceinte du Conservatoire. Trois camarades m'accompagnent. Nous déambulons un certain temps dehors et dans les couloirs puis nous décidons, pour nous amuser, de grimper en cachette sur le toit d'un bâtiment. Il fait nuit noire. Nous nous approchons du vide et, pour plaisanter, je lance :

— Si je sautais ?

Au bout d'un moment, vaincus par la fatigue, nous retournons nous coucher sans savoir quelle tempête se prépare.

Car notre escapade a eu un témoin. Le gardien a entendu le bruit de nos voix sur le toit. Le lendemain, il mène l'enquête et découvre la coupable :

— C'est Zhu Xiao-Mei. Elle veut se suicider.

Une camarade m'a dénoncée. Normal.

Mais je ne peux prévoir jusqu'où ira l'affaire. Je ne sais pas encore que, dans un régime totalitaire, le suicide est la pire des fautes, un acte de rébellion qui dit : non, je ne suis pas heureuse dans votre système, il me fait tant de mal que je préfère mourir. Pour la hiérarchie du Conservatoire et celle du Parti, le danger est évident : je pourrais polluer l'esprit de mes camarades. Il faut donc faire un exemple, extirper de ma petite personne toute racine d'individualisme.

Dans les heures qui suivent, la directrice nous convoque, mes trois camarades, moi et le professeur principal de notre classe.

— Quelle est leur origine ? demande-t-elle.

Deux de mes camarades sont des *Chushen Hao*, des « êtres de bonne origine ». Le troisième, dont le père a été considéré comme opposant au régime en 1957, et moi-même entrons dans la catégorie des *Chushen Buhao*, des « êtres de mauvaise origine ».

— Tout s'explique, tranche la directrice.

Sa fille se tient à ses côtés. Elle l'a emmenée avec elle pour qu'elle comprenne ce qu'est la lutte des classes.

J'essaie de me défendre : c'était une parole en l'air, je n'ai absolument pas envie de me suicider, je suis très heureuse au Conservatoire et fière d'y étudier. Rien n'y fait. Finalement, on trouve dans mon journal intime que je parle d'Anna Karénine. Son suicide, le petit sac rouge, le premier wagon, puis le deuxième… Un soir, j'ai écrit : « Cette femme est magnifique. Elle est si différente des autres, dans sa manière d'être, et si courageuse ! Si le piano ne marche pas, si mon récital n'est pas un succès, moi aussi, je me suiciderai ! » Mon cas est grave.

La décision est prise de m'isoler du reste de mes camarades. Je suis conduite et enfermée dans un petit bureau administratif meublé seulement d'une table et d'une chaise. C'est là que désormais je vais prendre mes repas pour éviter tout contact avec mes camarades tant que l'on n'aura pas statué sur mon sort. Pendant ce temps, les élèves sont invités à commenter mon attitude : que signifie-t-elle ? Que faut-il en penser ?

Plus les heures passent, et plus l'avenir m'apparaît sombre. Non seulement je suis une *Chushen Buhao*, mais, en plus, je suis coupable d'avoir de mauvaises pensées. Maître Pan va refuser de s'occuper de moi, je vais être renvoyée, je ne jouerai plus de piano, on va prononcer ma condamnation à mort politique, m'exiler à la campagne, critiquer ma famille et mes parents. Est-ce que je ne suis pas indigne de la confiance que le président Mao place en nous ?

Enfin, je suis convoquée par la direction du Conservatoire, et le verdict tombe :

— Tu dois écrire et présenter ton autocritique. Tu resteras enfermée jusqu'à ce que ce soit terminé.

4

La chute

Sacrifieriez-vous l'enfant qui est devant vous
pour mettre en pratique un dessein révolutionnaire ?
(Dostoïevski, *Les Frères Karamazov*)

Chers professeurs et étudiants,

Je suis très triste car j'ai trompé votre confiance et je vous ai déçus. J'ai aussi trompé Mao Zedong, notre grand dirigeant et le Parti communiste qui me donnent la possibilité d'étudier dans une des meilleures écoles de Chine.

Le 27 mai au soir, j'ai commis une faute. Je n'ai pas suivi le règlement du Conservatoire. Après l'extinction des lumières, à dix heures et demie du soir, je suis sortie du dortoir avec trois étudiants. Nous sommes montés sur les toits du Conservatoire, alors que nous n'en avions pas la permission. Pis encore, une fois là-haut, je leur ai dit : « Et si je sautais dans le vide ? »

Aidée par vous, professeurs et étudiants, je comprends que ce que j'ai fait est une faute très grave. Pour moi, il est désormais clair que vouloir se suicider, c'est vouloir protester contre le régime, agir contre lui, ne pas lui faire confiance. J'ai honte d'avoir eu cette pensée.

Tout le monde en Chine, soldats, ouvriers, paysans, travaille dur pour la victoire du communisme. Les soldats nous protègent du capitalisme. Les ouvriers et les paysans travaillent pour nous et nous nourrissent. Je ne pense, quant à moi, qu'à moi-même et à mon piano. Je suis égoïste et individualiste.

Grâce à vous, toutefois, professeurs et étudiants, je comprends pourquoi.

C'est la faute de ma famille, bourgeoise et capitaliste, qui a toujours exploité le peuple. Comme le dit Marx, l'existence détermine la conscience. Les prolétaires ont une vision prolétaire du monde. Les bourgeois une vision bourgeoise. Si l'on veut changer leur conscience, il faut changer leur existence.

C'est aussi à cause de mes lectures.

Depuis longtemps, j'ai en effet lu la littérature bourgeoise, sans esprit critique : Tolstoï, Tchekhov, Dostoïevski, Pouchkine, Romain Rolland, Balzac, Flaubert et Zola. J'ai été pervertie par l'exemple individualiste de Marie Curie.

Je veux vous dire notamment que deux romans, Anna Karénine *de Tolstoï et* Jean-Christophe *de Romain Rolland, ont eu une mauvaise influence sur moi. Sans suffisamment de réflexion, j'ai commis la faute de prendre leurs deux héros individualistes et petits-bourgeois comme modèles. Les capitalistes cherchent à assurer leur pérennité, à façonner l'esprit de leurs successeurs en produisant ces œuvres littéraires petites-bourgeoises. Les communistes n'ont pas besoin de les lire : il leur suffit d'imiter les soldats, les paysans et les ouvriers.*

C'est aussi à cause de la musique occidentale.

J'ai perdu le sens du prolétariat et de ses luttes. J'ai été amenée à placer l'art et la littérature avant l'idéal révolutionnaire. Je regrette profondément mon erreur.

Mais aujourd'hui, j'ai décidé de prendre de la distance avec ma famille et de combattre ces mauvaises influences afin de me changer en profondeur. Je veux suivre Mao Zedong, je veux suivre le Parti communiste et devenir une vraie musicienne du prolétariat. Je demande pardon à Mao Zedong et au Parti communiste. Je vous demande pardon. Je compte aussi sur vous pour continuer de me critiquer et m'aider à changer.

Zhu Xiao-Mei

Je viens de mettre la dernière touche à mon autocritique. La directrice du Conservatoire entre dans le petit bureau où je vis recluse. Au cours des trois derniers jours, elle est venue me voir plusieurs fois. « Tu dois parler plus de ta famille. » « Cite les livres que tu as lus. » Elle relit une dernière fois le texte :

— C'est bon. Maintenant, il va falloir que nous en parlions tous en réunion et que tu fasses ton autocritique devant les autres. La réunion se tiendra demain à quatre heures dans la grande salle. À cause de toi, tous les cours sont arrêtés.

La grande salle ! Quelques jours plus tôt, je pensais y donner mon premier récital : Beethoven, Mozart, Chopin. La partition qu'on me demande maintenant d'y jouer est bien différente.

Le soir, j'ai pour la première fois la permission de quitter le petit bureau. C'est la fête annuelle du Conservatoire. Les élèves chantent et dansent autour d'un grand feu qu'ils ont allumé au milieu du terrain de sport. Comme on m'a interdit de participer aux réjouissances, je les observe de loin, seule dans le noir. Je ne sais pas quoi faire. Je rentre pour essayer de jouer du piano. Mais j'ai l'esprit ailleurs, mes mains n'ont plus de force.

Le lendemain, la gorge nouée, je prends le chemin de la grande salle. J'ai envie de commencer au plus vite, et, en même temps, je suis terrifiée. Je vois une centaine d'élèves venir de l'annexe du Conservatoire : ils marchent au pas, en rangs serrés, en chantant un hymne à la gloire de Mao. Tout le monde est là. Sur les visages, je lis l'incrédulité, la méfiance, l'hostilité, la peur aussi. Elle avait l'air si sage, cette Zhu Xiao-Mei, elle à qui Pan Yiming avait fait travailler le *Vingt-troisième Concerto* de Mozart. Comment en est-elle arrivée là ? Ces regards sont comme des lames de couteau. Ils me font mal.

La séance commence.

— Zhu Xiao-Mei, nous t'écoutons. Qu'as-tu à nous dire ?

Debout seule sur scène, je bredouille quelques explications tout droit sorties de mon autocritique écrite. Devant moi, au premier rang, je vois Maître Pan, le regard absent. Que pense-t-il ?

L'administration du Conservatoire m'interroge. Oui, je mesure la gravité de ma faute. Oui, l'existence détermine la conscience. Oui, Anna Karénine est un personnage bourgeois et dangereux.

Au bout d'une heure, la directrice me rejoint sur scène et s'adresse à l'assistance :

— Qui a envie de parler ?

Un silence total règne dans la salle. Personne ne dit rien, comme si aucun de mes camarades ne comprenait ce que je viens de dire. La directrice reprend la parole :

— Professeurs, ouvriers et étudiants, Zhu Xiao-Mei comprend maintenant qu'elle a commis une faute très grave. Mais elle veut changer et nous l'aiderons.

Pourtant, le pire est à venir. Alors que la salle se vide, Maître Pan s'approche de moi.

— Tu ne peux pas bien jouer du piano, dit-il, si, au fond de toi, tu es hostile au régime. Je ne veux plus te donner de cours. Des autocritiques te seront plus utiles que des leçons de piano.

Que répondre ? Je fonds en larmes et je sors de la salle, accablée par le poids de la honte, salie. Je n'ai plus qu'une idée en tête : me cacher. En une semaine, tout s'est cassé. Je suis passée de la première à la dernière place.

J'erre seule dans les couloirs, pensant à ce que je vais devenir. J'ai commis une faute grave, j'en suis consciente. Comment me racheter ? Renouer les liens avec Maître Pan, avec mes professeurs, avec mes camarades ? Vivre normalement ? Je suis perdue, seule face à une situation qui me dépasse.

Un groupe d'élèves plaisante dans la cour ; je m'en approche : tous s'arrêtent de rire. Je veux prendre part à leur conversation : ils se dispersent. Selon l'expression alors en vigueur, le régime a «tué le coq pour faire peur aux singes». Malheureusement, dans ce cas, le coq, c'est moi.

Comme je ne veux voir personne, je ne vais plus à la cantine. Je me sens de plus en plus faible. Cela fait deux jours que je n'ai presque rien mangé. J'espionne de loin l'entrée du réfectoire, attendant que tout le monde en soit sorti. Je m'y glisse à la recherche de quelques restes de nourriture : il n'y a plus rien. Les forces me manquent.

Je m'oblige à rejoindre les cours d'enseignements généraux en évitant les regards. C'est alors que je trouve sur mon pupitre un peu de nourriture. Que fait-elle là ? Je n'y touche pas ; ce n'est pas pour moi, ce doit être une erreur. Mais ma voisine de droite se penche vers moi :

— Tu dois manger, chuchote-t-elle.

Je la regarde. C'est Aizhen, celle qui avait attrapé des poux à l'hôpital.

Je lui demande pourquoi elle a pris ce risque, un vrai risque.

— Je ne comprends pas pourquoi ils t'ont fait ça, répond-elle.

Au fond de moi, je sens monter une vague de chaleur. J'ai une amie, au moins.

L'affaire du toit n'est pas terminée, cependant. Elle n'en finit pas de recommencer. Lors de séances d'autocritique et de dénonciation, sans cesse je dois revenir sur ma faute. Et je dois écouter mes camarades la discuter, la commenter, la disséquer, exposer combien ils ont pu apprendre de mon mauvais exemple.

Et ce n'est pas tout !

Une élève particulièrement zélée a décidé d'écrire au président Mao. Issue d'une famille de dignitaires du régime, elle tient à lui expliquer ce qui se passe au Conservatoire. Elle lui parle des élèves qui font des remarques méprisantes sur les ouvriers et les paysans qu'ils jugent incapables d'apprécier la musique classique occidentale. Elle l'informe qu'un garçon se fait coiffer comme Beethoven. Qu'un autre écoute de la musique classique sur une chaîne stéréo. Qu'un autre encore se prosterne en écoutant la *Symphonie pathétique* de Tchaïkovski. Enfin, pis que tout, elle lui révèle qu'une élève s'est trouvée sur le point de se suicider à cause de la musique occidentale.

La lettre aurait pu être noyée parmi toutes celles que le président Mao reçoit chaque jour. Mais elle revient annotée de sa main :

> *Cette lettre est très bien écrite. Il faut résoudre le problème. La culture occidentale doit être au service de notre pays. Il faut développer notre propre culture.*
>
> *Mao Zedong*

Et l'auteur va être reçue par Mme Mao elle-même, Jiang Qing. Détail qui nous échappe, celle-ci fait à cette époque son entrée sur la scène politique : c'est le début d'une carrière de sinistre mémoire.

Moi, je ne sais qu'une chose : le président Mao a jugé mes actes et mes paroles, moi, qui ai à peine quatorze ans ! Comment cela est-il possible ? Comment, parmi sept cents millions de Chinois, a-t-il pu s'intéresser à moi ?

En quelques mots, mon avenir s'effondre ; c'est une condamnation à perpétuité. Toutes les portes vont se fermer et pour de bon : plus question d'aller dans un établissement d'enseignement supérieur, plus question de trouver un emploi normal, plus de futur possible. Beaucoup de Chinois placés dans des situations pareilles vont préférer mourir. Tout près de moi, le coupable détenteur de la chaîne stéréo sera la première victime. Il quitte le Conservatoire, part pour la campagne, s'engage dans l'armée avant de se suicider, submergé par le poids de ce qu'il considère être une faute.

À vrai dire, la réponse de Mao s'inscrit dans un vaste mouvement qui, en cette année 1963, annonce la Révolution culturelle. De premiers rapports et instructions commencent à circuler sur les changements à apporter dans l'art et la littérature afin de s'assurer que ceux-ci servent bien la Révolution. Bientôt, sur instruction de Zhou Enlai, le Conservatoire va être scindé en deux, avec d'un côté un département de musique chinoise et, de l'autre, un département de musique occidentale.

En coulisses, Mao, que le désastre du Grand Bond en avant a obligé, selon ses propres termes, à « se retirer du front », profite en réalité du rétablissement relatif de la situation économique pour chercher à reprendre le pouvoir. Il a compris que pour ce faire il devait isoler ses ennemis politiques et mettre à bas la bureaucratie gouvernementale chinoise, en s'appuyant directement sur le peuple et notamment sur les jeunes auprès de qui il reste un dieu vivant.

Au milieu de ces luttes politiques, je ne suis qu'un tout petit jouet, si facile à manipuler. Pourquoi moi ? À cause de mes mauvaises origines ? Ou par suite d'une sélection arbitraire – de celles dont les régimes totalitaires quels qu'ils soient se font une spécialité ? Je suis en tout cas bien loin de me douter des conséquences.

5

De Mozart à Mao

*Si nos écrivains et artistes venus des milieux intellectuels
veulent
que leurs œuvres soient bien accueillies par les masses, il faut
que leurs
pensées et leurs sentiments changent, il faut qu'ils se
rééduquent.
Sans ce changement, sans cette rééducation, ils n'arriveront à
rien de bon
et ne seront jamais bien à leur place.*

(Mao, « Sur la littérature et l'art »)

Les camions dans lesquels professeurs et étudiants
du Conservatoire ont été entassés roulent sur la route
poussiéreuse. Nous ne voyons que des champs, à perte
de vue.

C'est le début du mouvement de *Shangshan Xiaxang*,
qui a pour but d'envoyer les jeunes instruits à la campagne pour changer en profondeur leur mentalité.

— Cet été, pendant les vacances, nous aurons la
chance d'aller aider les paysans dans leur travail et
d'aller pratiquer notre art à leur service, nous a annoncé
la directrice du Conservatoire.

La route a beau nous secouer, tout le monde est
enthousiaste, surtout moi. J'entrevois là une occasion
de me racheter, de reprendre ma place dans le groupe,

de retrouver confiance… je me suis promis intérieure-
ment d'avoir un comportement exemplaire. Je n'en
peux plus d'être une paria.

Nous arrivons enfin dans le petit village qui nous
accueille. Nous passons devant un grand portrait dessiné de Mao, à côté d'un tableau noir sur lequel est tra-
cée à la craie une maxime du Grand Timonier. Le
portrait a dû être fait par un autochtone pas très doué :
l'original se reconnaît à peine ! Puis les camions s'engagent dans la rue principale de la bourgade. Celle-ci
est constituée d'un vaste ensemble de *Siheyuan*. Les
paysans sont vêtus de haillons et leurs enfants carré-
ment nus. Partout des poules caquettent. Je n'ai jamais
vu une telle saleté, une telle misère.

Pour la plupart d'entre nous, c'est notre première
expérience aux champs, et le choc est immense. Pourtant, par rapport aux autres intellectuels envoyés à la
campagne, soumis à la règle du *Sant'ung,* c'est-à-dire
des « trois avec », se nourrir, se loger et travailler avec
les paysans, nous bénéficions d'un régime spécial.
Nous les aidons aux champs pendant toute la journée,
du lever au coucher du soleil, et dormons avec eux,
sur de vastes paillasses infestées de poux, mais nous
prenons nos repas à part. Le travail est pénible. Plus
les jours passent, plus augmente mon admiration pour
ces gens qui consacrent leur vie entière à la terre.

Le soir, entre nous, lors des séances de dénonciation et d'autocritique, nous tirons les leçons de notre
expérience. Nous commentons les *Interventions aux
causeries sur la culture et l'art à Yenan*, un texte
fameux du président Mao datant de 1942, un passage
notamment, dans lequel il déclare :

« Devenu révolutionnaire, je vécus parmi les ouvriers, les paysans et les soldats de l'armée révolutionnaire et, peu à peu, je me familiarisai avec eux et eux avec moi. C'est alors, et alors seulement, qu'un changement radical s'opéra dans les sentiments bourgeois et petits-bourgeois qu'on m'avait inculqués dans les écoles bourgeoises. J'en vins à comprendre que, comparés aux ouvriers et aux paysans, les intellectuels non rééduqués n'étaient pas propres ; que les plus propres étaient encore les ouvriers et les paysans, plus propres, malgré leurs mains noires et la bouse qui collait à leurs pieds, que tous les intellectuels bourgeois et petits-bourgeois. »

Inspirés par ces lignes que nous connaissons par cœur, nous débattons de la meilleure manière de passer durablement du côté du prolétariat, de créer un art qui puisse réellement servir les ouvriers, les paysans et les soldats.

Vers la fin de notre séjour, on organise une séance de *Yiku Sitian* à notre intention. Une paysanne vient au milieu de nous « se rappeler les souffrances du passé et évoquer le bonheur d'aujourd'hui ». Cette réunion, qui sera suivie de nombreuses autres, reste à jamais gravée dans ma mémoire.

Nous sommes une soixantaine, rassemblés autour d'une table de bois toute branlante, dans un petit local éclairé par des néons sales. Une vieille femme arrive, le visage buriné, les mains calleuses, avec de minuscules pieds. Elle nous sourit : elle a perdu presque toutes ses dents. Nous lui disons bonjour, un à un. Pour chacun de nous, elle a un mot gentil et un sourire plein d'humanité. Elle est curieuse de toutes les nouveautés que nous avons apportées avec nous. « Qu'as-tu là, toi ? » me demande-t-elle en désignant mon petit transistor.

Puis nous passons à table. Pendant que nous partageons son repas, un brouet proprement immangeable, elle nous raconte son histoire.

Elle est née il y a soixante-dix ans. Dès son plus jeune âge, elle a travaillé pour un propriétaire foncier qui l'employait du matin au soir sans lui verser aucun salaire, ne lui donnant qu'un peu de son pour nourriture. En hiver, pour se réchauffer, elle n'avait d'autre solution que de plonger ses mains et ses pieds dans la bouse de vache. Un jour, sa mère tombe malade, mais le propriétaire exige qu'elle continue d'aller aux champs. Elle voit sa mère s'affaisser en labourant. Elle se précipite : elle est morte. Un de ses petits frères est mort de faim alors qu'il n'avait pas dix ans. Mariée à seize ans, elle a vécu avec son mari dans une pauvreté telle qu'ils ont dû vendre une de leurs filles comme domestique.

À ce moment de son récit, la vieille femme se met à pleurer. Elle ne peut plus continuer. Personne n'ose dire un mot. Nous sommes émus aux larmes. Comment de telles choses ont-elles pu se produire ? Comment ont-elles pu exister ? Nous faisons notre possible pour la consoler. Sa situation s'est-elle améliorée ? Oui, dit-elle, grâce au président Mao, sa vie est meilleure, aujourd'hui. Elle n'est plus exploitée, elle a retrouvé une dignité. Elle doit tout au Grand Timonier et au Parti communiste. Elle a cessé de pleurer et se lève, proclamant d'une voix tremblante d'émotion :

— Longue vie à Mao !

Dès le lendemain, nous débattons longuement des

leçons à tirer de cette soirée. Le récit de la vieille femme nous a touchés au plus profond de nous-mêmes. Personne ne peut accepter qu'un être humain soit ainsi exploité, personne ne peut contester que sa condition se soit améliorée.

Alors que le moment de notre départ approche, nous donnons un petit concert de musique au profit de nos hôtes. La nouvelle s'est propagée et, spontanément, des cortèges de paysans viennent de plusieurs dizaines de kilomètres à la ronde pour nous entendre. Le village est noir de monde, l'assistance, avide de musique, applaudit à tout rompre.

Lorsque nous prenons congé, nous sommes tous persuadés d'avoir été transformés par ce séjour. Les paysans pleurent quand ils nous voient remonter dans les véhicules qui nous ramènent à Pékin. Nous aussi, nous sommes émus aux larmes, et convaincus que l'expérience que nous venons de vivre contribue à changer le monde, à le rendre meilleur.

Dans le camion du retour, je pense à tout ce que j'ai appris au cours de ce mois de *Shangshan Xiaxang*, au cours de la soirée de *Yiku Sitian*. Je pense à la dureté du travail aux champs, à son importance pour nourrir la Chine. À la générosité des paysans. Je suis boule-versée. Je me dis que je suis en dehors de la réalité, moi qui ne pense qu'à jouer de la musique classique. Elle ne représente rien, pour ces paysans. La preuve en est que, dans notre concert d'adieu, le seul morceau de musique classique que nous avons joué est une petite pièce de Grieg. Le reste était composé d'œuvres authentiquement populaires.

Quelques semaines plus tard, c'est la rentrée; je reprends le chemin du Conservatoire. Avec un peu de chance, le souvenir de mes écarts s'est estompé. Les vacances d'été et notre séjour à la campagne sont passés par là, et aucune nouvelle catastrophe n'est arrivée. J'ai donné, il est vrai, les gages d'un comportement exemplaire.

Cette rentrée ne ressemble pas aux précédentes. Les cours individuels sont remplacés par des cours collectifs dans lesquels tous les élèves, quel que soit leur niveau, doivent étudier les mêmes morceaux. Mon nouveau professeur, un membre du Parti choisi par la direction du Conservatoire, nous fait travailler surtout de la musique chinoise.

Au cours des séances de dénonciation et d'autocritique, les discussions se font de plus en plus animées. Deux grandes questions nous occupent désormais, plus encore nous obsèdent. Jouons-nous une musique qui sert réellement la grande masse du peuple ou une musique de classe? Faut-il chercher à éduquer le peuple en l'amenant à la musique classique ou composer et jouer une musique qu'il aime spontanément?

Au fil des jours, mon esprit se réforme, se modèle. Je comprends mieux ce qu'on attend de nous, je deviens une meilleure révolutionnaire, je le sens.

Et plus je le sens, plus je suis mal à l'aise dans ma famille. Je vois bien que mes parents ne pourront jamais être de bons révolutionnaires, eux. Et je leur en veux. Je leur en veux d'être de mauvaise origine : tous mes ennuis viennent de là. Mon père est de plus en plus effacé, ne dit rien. Sa seule réaction, après mon autocritique, a été de m'interdire de lecture sur la recommandation de la directrice du Conservatoire ! Je ne peux m'empêcher d'exprimer mon hostilité, mon mépris, même. Quand je rentre, le dimanche, pas un sourire. Ma mère me prépare mes plats préférés; jamais je ne la remercie. Un jour, elle vient me voir au Conservatoire pour me proposer de l'accompagner au théâtre; je refuse. Pourtant, tandis que je la regarde partir, mon cœur se serre. Qu'ai-je fait? Comment puis-je lui causer de la peine? Mais ce que j'ai fait, c'est ce qu'on attend de moi. La Chine nouvelle ne peut se bâtir si les enfants de mauvaise origine ne renient pas les parents.

En 1964, tout bascule.

Nous rentrons de nos vacances d'hiver. Nous les avons passées cette fois dans une aciérie, au milieu des ouvriers, et ce séjour a renforcé notre sentiment de servir une mauvaise cause avec la musique. Les débats sur notre rôle dans la société reprennent de plus belle. Oui, la musique classique occidentale est réservée à une élite. D'ailleurs, qui l'aime vraiment, parmi les paysans, les ouvriers et les soldats? Une infime minorité. Oui, il nous faut jouer de la musique, des chansons populaires, celles que le peuple apprécie et comprend. C'est ainsi que nous contribuerons à servir l'idéal révolutionnaire. Les discussions sont enflammées. Nous prenons la parole les uns après les autres :

— La musique classique est bourgeoise : elle n'a pas été écrite pour le peuple !

— Beethoven était un égoïste.

— Bach a écrit toute sa vie pour l'Église. Vous croyez à l'histoire de Marie, la mère du Christ? Non? Eh bien, pourtant, il a écrit des œuvres sur elle !

— Chopin, ce n'est rien qu'un sentimental.

— Et Debussy un idéaliste.

Seul Mozart échappe à ce feu roulant de critiques. Je n'ai jamais su vraiment pourquoi. Une nouvelle preuve de son génie, sans doute ?

Quelques mois plus tard, nous sommes tous convaincus : il faut jouer désormais de la musique authentiquement prolétarienne, et aller la jouer dans les campagnes, les usines ou les camps militaires. Je vais encore plus loin que les autres : je veux changer de vie, arrêter le piano et devenir soldat. Être une vraie révolutionnaire ! On nous montre en exemple de jeunes universitaires partis s'installer à la campagne. Parmi eux, un de mes cousins – il est mon idole. Nombreux sont les étudiants *Chushen Buhao* qui rompent les liens avec leurs familles. Une de mes camarades a ainsi renié sa mère et s'en cherche une nouvelle, en usine ou à la campagne.

À la fin du printemps, les événements s'accélèrent.

Le Petit Livre rouge vient d'être publié. L'épuration des milieux littéraires et artistiques commence. Nous partageons notre été entre un nouveau *Shangshan Xiaxang* et quelques semaines de vacances avant de reprendre le chemin du Conservatoire. Dès le jour de la rentrée, la directrice nous fait part des instructions reçues du ministère de la Culture : désormais, nous ne jouerons plus de musique classique occidentale. Seules seront tolérées quelques œuvres d'exercices techniques : Czerny, le *Hanon*, rien d'autre.

Comme mes camarades, je n'en suis ni surprise ni affligée. C'est une décision logique. Nous y étions préparés. En un an, la très grande majorité des quatre cents élèves et professeurs du Conservatoire de Pékin ont été complètement retournés. Nous sommes tous désormais convaincus qu'il faut faire table rase de Bach, Mozart et Beethoven, et jouer de la musique authentiquement prolétarienne. Mao peut être fier de lui : il a réussi ce que personne dans l'Histoire n'avait osé imaginer avant lui.

Dans un tel contexte, notre vie au Conservatoire ne ressemble plus à grand-chose. Faute de partitions, les cours de musique n'ont plus de raison d'être. Mao a inventé un « Conservatoire sans musique ». Ne demeurent que les cours d'enseignements généraux ainsi que les séances de dénonciation et d'autocritique. Nous discutons des nouveaux héros que le régime nous donne en exemple, au premier rang desquels Lei Feng, un jeune soldat mort en 1962 après une vie de dévouement à la cause révolutionnaire. Nous nous plongeons avec émotion dans ses carnets, suivant en cela le slogan lancé par le président Mao : « Apprendre de Lei Feng. » Chaque jour, nous nous demandons comment l'imiter, en essayant, à notre tour, de venir en aide à nos proches. Et l'on nous explique que Lei Feng tirait sa force d'une lecture assidue des écrits de Mao. C'est parce que avant d'agir toujours il les interrogeait qu'il avait pu atteindre une telle perfection. Je suis subjuguée : Lei Feng envahit ma vie.

De nouvelles formes de contrôle mutuel sont instaurées – le régime pressent que la relative oisiveté de plusieurs centaines de musiciens, pour la majorité d'origine bourgeoise, reste dangereuse. Chacun d'entre nous est donc obligé d'être associé en « binôme rouge », dont chacun des deux membres doit critiquer l'autre pour l'aider à progresser. La composition des binômes est soigneusement dosée entre bons et moins bons révolutionnaires, et elle change fréquemment, pour éviter toute collusion.

Cependant, la situation créée par l'interdiction de la musique occidentale devient vite intenable. À l'automne, les professeurs décident d'écrire collectivement un certain nombre de compositions. Au moins aurons-nous quelque chose à jouer !

Les œuvres qui voient le jour quelques semaines plus tard puisent leur inspiration dans les scènes de la vie des paysans, des ouvriers ou des soldats. Parmi les titres : *Le Petit Berger*, *Le Retour de l'entraînement au tir* ou encore *La Danse des blés*. L'œuvre la plus gaie est *Le Retour de l'entraînement au tir*.

Les partitions sont d'une difficulté redoutable : d'essence pentatonique, elles nous obligent à retravailler des pans entiers de notre technique. Pendant des mois, le « Conservatoire sans musique » va retentir de cette poignée d'œuvres que plusieurs centaines d'élèves jouent en même temps.

Au même moment, la direction décide de nous apprendre à danser et de nous former à l'art théâtral afin que nous puissions participer à la représentation des *Yangbanxi,* ces « œuvres modèles » que Mme Mao, dont le rôle politique ne cesse de croître, a décidé de faire composer pour compenser le vide laissé par l'interdiction des grandes œuvres occidentales. Les *Yangbanxi* monopolisent désormais les programmes de tous les concerts donnés en Chine, quel que soit le lieu, scène de théâtre, camp de soldats, usine ou campagne, et les élèves du Conservatoire se doivent d'en assurer la promotion. Pour moi, c'est un supplice : malhabile de mon corps, je suis malgré tout obligée de tour à tour danser, chanter, déclamer et jouer du piano. De nouveau, je suis violemment critiquée : si je suis incapable de danser, c'est parce que je n'ai pas le sens du prolétariat !

Inutile de préciser que, dans ces conditions, toute émulation et toute envie de réussite ont disparu. La manière de jouer est devenue une question annexe : seul désormais compte le comportement politique.

Fin 1964, le mot d'ordre est à l'intensification de la lutte des classes. Mao nous demande, à nous les jeunes, de ne pas l'oublier. Le terme de « Révolution culturelle » fait son apparition. Toute l'année 1965 se passe entre la vie monotone du « Conservatoire sans musique » et un nombre croissant de *Shangshan Xiaxiang*, à la campagne, dans des usines ou des camps militaires. Sous le calme apparent, l'ouragan menace.

6

Ce piano a été acquis
en exploitant le peuple

Intellectuels, révolutionnaires,
C'est l'heure du combat !
Unissons-nous !
Dazibao de 1966

L'Orient est rouge,
Le soleil se lève,
Mao Zedong est né,
Il va nous apporter le bonheur
Et nous sauver.

En ce jour de juin 1966, la musique qui nous réveille chaque jour à l'aube sonne plus fort que d'habitude. Je sors brusquement de mon sommeil et je me dresse sur mon lit, saisie d'un mauvais pressentiment. À peine levés, nous sommes convoqués dans la grande salle du Conservatoire.

— Professeurs, ouvriers et étudiants, nous dit la directrice tandis qu'on nous distribue un article paru dans la presse du jour, nous venons de recevoir une information très importante. Prenez-en connaissance immédiatement. Il faut que nous en parlions.

L'article reprend un *dazibao*[1] écrit quelques jours

---

1. C'est-à-dire une affiche en gros caractères. Les *dazibaos* constitueront une des armes de dénonciation les plus fréquemment utilisées pendant la Révolution culturelle.

plus tôt par une certaine Nieh Yuanzi, assistante de philosophie de l'université de Peita, la grande université de Pékin. Celle-ci y dénonce avec violence le recteur de l'université et la municipalité de Pékin, leur reprochant d'être révisionnistes. Pour défendre la Révolution culturelle, elle invite le peuple chinois à prendre les armes.

Dans l'assemblée, c'est la stupéfaction. La Révolution est en danger ! Les discussions se poursuivent hors de la grande salle. Nous nous réunissons pour étudier en détail l'article de Nieh Yuanzi.

Chaque fois que quelqu'un prend la parole, je ne peux m'empêcher de trembler : on va me mettre en accusation, c'est sûr ; mon père a caché quelque chose, cela va ressortir ; je vais être précipitée dans l'abîme. Puis je me rassure. Il faut faire confiance à Mao, il a raison, il a nécessairement raison, il n'est pas imaginable qu'il en soit autrement.

Mon salut, ce jour-là, je le dois à un autre poisson, bien plus gros que moi : la directrice du Conservatoire. Les quelques élèves qui manipulent les discussions suggèrent qu'elle pourrait être révisionniste et antirévolutionnaire. Le Conservatoire se partage immédiatement en deux clans : défenseurs de la directrice d'un côté, opposants de l'autre. Je me range dans le camp de ses défenseurs : comment la personne qui m'a fait écrire mon autocritique, qui nous a accompagnés dans tous nos *Shangshan Xiaxiang*, pourrait-elle être contre le président Mao ?

On nous l'explique : à cause des cadres du Conservatoire, nous avons reçu une éducation bourgeoise qui nous a coupés des forces vives de la Chine nouvelle : les paysans, les soldats et les ouvriers. Le sentimentalisme des œuvres qu'on nous a enseignées nous a conduits à être des égoïstes préoccupés seulement d'élitisme. Nous oublions la lutte des classes pour nous placer au-dessus du prolétariat, et, en cela, nous mettons en péril ce qui est le but essentiel de la Révolution : rendre dignité et bonheur aux opprimés. Donc on nous forme à être des ennemis de la Révolution, et donc des ennemis du peuple.

Nous nous interrogeons : n'ont-ils pas raison ? Je repense à cette vieille paysanne qui a tant souffert dans sa jeunesse et qui remerciait le président Mao de tout ce qu'il avait fait pour elle. C'est d'elle que nous sommes en train de nous couper par la faute de nos professeurs, adorateurs de musiciens étrangers. Et n'est-ce pas elle qui compte le plus ?

L'excitation monte. *Dazibaos*, dénonciations, insultes, injures : peu à peu, les élèves extrémistes prennent le pouvoir, organisant réunion sur réunion, orchestrant l'agitation. Pour la plupart, ils sont issus des familles de dignitaires, entrés par faveur au Conservatoire moins pour leurs talents de musiciens que pour leur comportement politique. Ils se sont toujours montrés excellents dans l'enseignement général, mais leurs dons médiocres d'instrumentistes les ont placés dans une situation inconfortable vis-à-vis des plus éminents de nos professeurs de musique

Des professeurs qui vont être la prochaine cible.

Nous sommes convoqués sur le terrain de sport. Lorsque j'y arrive, je découvre nos professeurs à genoux sur la piste d'athlétisme, entourés de gardes rouges[1].

---

1. Officiellement, le mouvement naîtra le 18 août ; il s'agit ici des étudiants extrémistes qui deviendront plus tard des gardes rouges. Voir le chapitre suivant. *(N.d.A.)*

— Camarades, voici les coupables ! hurle un garde rouge.

Puis il se tourne vers eux :

— Vous êtes des intellectuels bourgeois. À cause de vous, professeurs, le Conservatoire trahit la Révolution. À cause de vous, ce lieu est devenu un temple de l'élitisme. À cause de vous, une élève a tenté de se suicider !

Mon cœur s'arrête de battre. Il va me demander de sortir de la foule. Mais non, il préfère poursuivre la litanie de ses injures. Je reprends mon souffle pendant que les gardes rouges demandent à chaque professeur de faire son autocritique. Ils les obligent à se courber toujours plus bas devant nous ; quand les plus âgés tentent de redresser le dos, un coup sur la nuque les projette en avant.

— Ce n'est pas assez ! Tu es superficiel ! Tu caches des choses. Donne-nous des détails, crient-ils à chacun d'eux, tour à tour.

Alors une autre marche est franchie dans l'escalade de la violence : les gardes rouges détachent leurs ceinturons, les brandissent au-dessus d'eux et frappent. Les boucles égratignent, coupent, labourent…

J'observe de loin les hommes et les femmes à genoux. La plupart sont en sang, maintenant. Un professeur de violon a le crâne ouvert : comme il est chauve et que le sang dégouline de ses plaies, sa tête est entièrement rouge, il semble sur le point de mourir. J'ai peur, mais, en même temps, j'ai honte d'avoir peur. Pour me donner du courage, je repense inlassablement au visage de la vieille paysanne marqué par l'oppression. Il faut choisir entre les classes, c'est la loi de la Révolution. Et je choisis mon camp : celui des opprimés, contre celui des bourgeois et des petits-bourgeois. Ce sang qui coule me fait horreur mais il faut payer de ce prix l'avenir de la Chine nouvelle.

Le bain de sang continue. Chaque autocritique se termine par des coups, des plaies.

— Il est coupable, conclut un des gardes rouges.

— Il est coupable, devons-nous reprendre en chœur, avant de crier sans fin en agitant le poing : Longue vie à Mao et à la Révolution !

De loin, j'aperçois Maître Pan dans la foule. Il est trop jeune pour être sur la piste d'athlétisme mais son temps va venir, il doit le pressentir. La séance se termine. Les gardes rouges couvrent chaque professeur d'encre, puis de farine et d'eau, avant de les faire défiler devant nous qui hurlons :

— Longue vie à Mao et à la Révolution !

Les jours suivants, la violence s'étend encore. Nous nous déchaînons contre nos professeurs ; nous écrivons *dazibao* sur *dazibao*, nous cherchons chaque jour quelque chose de nouveau, peu importe s'il y a des preuves ou non. « C'est à cause de nos professeurs que nous avons eu une mauvaise éducation ! » « Le père de notre professeur de russe était un traducteur de Chiang Kai-shek ! »

Maître Pan n'est plus épargné. Plusieurs *dazibaos* le mettent en cause. « Pan Yiming nous a donné une éducation bourgeoise. Il nous invitait chez lui. Nous y mangions de la nourriture bourgeoise. Il nous emmenait en voyage. » « Pan Yiming nous a fait travailler la *Deuxième Ballade* de Chopin, il nous a dit qu'elle était inspirée d'un poème de l'intellectuel bourgeois polonais Adam Mickiewicz, sans le critiquer. » Nous écrivons tellement de *dazibaos* qu'ils ne peuvent rester placardés plus d'un jour, faute de place sur les murs.

Nous voyons maintenant nos professeurs défiler tout le jour dans la cour de l'école ou nettoyer les toilettes. Les plus anciens, suspects de collusion avec l'ancien régime, subissent les pires humiliations. Les professeurs n'osent plus nous parler, fuient dès qu'ils aperçoivent un élève. Quant à nous, nous ne les saluons même plus. Quand je croise Maître Pan, je ne lui parle pas et je fais mine de ne pas le connaître... Je sais à présent que ce qu'il m'a apporté n'est rien comparé au mal qu'il m'a fait en m'éduquant comme une intellectuelle.

Certains ne survivront pas. Deux professeurs de piano du Conservatoire de Shanghai, Gu Shengying et Li Cuizhen, décident, comme beaucoup de grands intellectuels chinois, de mettre fin à leurs jours.

Après avoir été battue en public et humiliée, Gu Shengying se suicide avec sa mère et son frère. Elle ouvre le gaz, se met à son piano et joue la *Sonate funèbre* de Chopin. L'annonce de sa mort est pour moi un choc terrible. C'est elle qui jouait lors du premier concert auquel j'ai assisté de ma vie : une femme frêle et très belle qui avait ce soir-là interprété les *Scherzos* de Chopin avec légèreté, fluidité, simplicité. En l'écoutant, j'avais fait un souhait : être capable un jour de jouer comme elle.

Puis c'est une autre légende qui se suicide, Li Cuizhen. Quand j'étais toute petite, on demandait souvent : « Sais-tu quelle est la seule pianiste chinoise qui a à son répertoire les trente-deux sonates de Beethoven et tout *Le Clavier bien tempéré* de Bach ? » C'était elle, un modèle pour nous tous, une femme qui avait donné sa vie à la musique. Elle met ses plus beaux vêtements de scène, ceux avec lesquels elle a donné tant de magnifiques concerts, et se donne la mort.

Pourquoi une si grande artiste a-t-elle refusé de prendre la voie qui nous conduira au socialisme ? Pourquoi s'est-elle défiée du président Mao ? Son geste est une marque de lâcheté. On nous le répète chaque jour, dans chaque réunion, dans chaque autocritique : la Révolution est en grand danger, la lutte des classes doit continuer, sinon les traîtres au prolétariat rétabliront l'ordre ancien. Et moi, en cette année de mes seize ans, je ne peux faire autrement que d'y croire. Une question de survie mais aussi une question d'idéal : à cet âge-là, on brûle de se vouer corps et âme à une grande cause. Et le bonheur du prolétariat n'est-il pas une grande cause ?

Le Conservatoire dérive ainsi vers l'anarchie jusqu'au point où le Comité central décide de réagir. Je suis au premier rang, devant la porte de l'établissement, lorsque débarque une vingtaine de militaires envoyés pour rétablir l'ordre. Nous les applaudissons, nous leur crions notre enthousiasme. L'armée est mon modèle, désormais. Je vénère les soldats, tous des *Chushen Hao*, des « êtres de bonne origine », courageux, dévoués, désintéressés. Leur uniforme m'impressionne. Pour moi comme pour beaucoup d'entre nous, suiveurs plus que meneurs, que l'armée prenne la responsabilité du Conservatoire est plus que rassurant ; c'est un honneur.

Nous sommes immédiatement convoqués dans la

grande salle pour une réunion. Un militaire nous exhorte à la raison :

— Il faut que l'ordre règne, ici ! Vous, étudiants, n'avez pas à vous seuls la charge de la Révolution !

Un semblant de calme revient. Chaque classe est placée sous l'autorité d'un soldat et, pour calmer les ardeurs des extrémistes, l'armée les interroge sur le détail de leurs activités au cours des « dix-sept dernières années », selon l'expression alors en vigueur, qui se sont écoulées depuis 1949.

Mais l'accalmie sera courte. Une nouvelle ligne de fracture se dessine. Elle sépare cette fois partisans et opposants des soldats. Les seconds insinuent que l'intervention de l'armée est antirévolutionnaire. Ils écrivent à Mme Mao, accusent les militaires de vouloir étouffer la Révolution. Mao lui-même prend le parti des étudiants en proclamant qu'il faut cesser de s'intéresser à leur attitude au cours des « dix-sept dernières années » : seule compte leur attitude aujourd'hui en faveur de la Révolution. Quelques jours plus tard, l'ordre du Comité central tombe : les soldats doivent quitter l'établissement.

Ainsi, un à un, mes repères s'écroulent : après la directrice, l'armée… Je ne comprends décidément rien à la Révolution, rien à la lutte des classes. J'en ai assez d'être toujours dans le mauvais camp, de toujours perdre des batailles, de tout rater. Mes amis répètent que Mao a toujours raison, et que la meilleure des stratégies est de le suivre, même quand on ne comprend pas sur-le-champ où il veut en venir. Alors nous suivons. C'est la plus sûre façon, la seule, de se rassurer. Il faut aller de l'avant, abandonner la musique, répondre à l'appel du président Mao, prendre l'initiative de la Révolution…

Le départ des soldats ouvre la voie à la tragédie.

Fin juillet, une instruction du ministère de la Culture ordonne d'arrêter tous les cours au Conservatoire. Le « Conservatoire sans musique » devient un « Conservatoire sans enseignement ».

Bientôt, on annonce que Mao va prononcer un discours capital, place Tian anmen. Devant des centaines de milliers de jeunes en délire brandissant le Petit Livre rouge, le président Mao reçoit d'un groupe d'étudiants un brassard portant les caractères « garde rouge » ; il donne ainsi officiellement sa bénédiction au mouvement. Les plus extrémistes des élèves du Conservatoire considèrent alors qu'ils ont pris le pouvoir avec le soutien public et sans réserve de Mao.

Les premières victimes sont des *Chushen Buhao*. Au début, je rase les murs, mais, vite, je me rends compte que je n'intéresse pas les gardes rouges. « Maman Zheng », l'homme qui s'est occupé de nous comme une mère, est une proie plus intéressante.

Les étudiants fanatiques se rendent à l'infirmerie, là même où il nous a soignés, tous, et depuis si longtemps. Ils le forcent à se mettre à genoux et l'insultent :

— Que faisais-tu en Indonésie, sale chien ? Pourquoi es-tu venu en Chine ? Pourquoi as-tu donné ta fortune au Conservatoire, sale bourgeois ! Espion !

Le vieil homme ne sait pas quoi répondre. Il pleure en silence, muet.

Cette nuit-là, un orage éclate au-dessus de Pékin ; le tonnerre, les éclairs, le vent, la pluie nous empêchent de dormir, et, dans notre dortoir, nous passons un long moment à écouter la tempête, sans nous parler, ensemble et pourtant si seuls.

Au matin, nous apprenons la nouvelle : Maman Zheng s'est pendu à un arbre, dans la cour, devant l'infirmerie.

Nous n'osons pas nous regarder mais nous nous rappelons l'orage – la fureur du ciel. Et des images de Maman Zheng me reviennent, alors qu'il me massait les mains, l'année de mes onze ans, de ses verres d'eau chaude qui me faisaient du bien. Je me souviens du réconfort qu'il m'a apporté. Quelque chose de terrible vient de se passer, je le sens.

Pourtant, à ce point de ma vie, je ne sais plus qui est coupable et qui est innocent, qui est victime et qui est bourreau. Au fond de mon cœur, je demande à Maman Zheng : pourquoi n'as-tu pas fait confiance au président Mao ? Oui, pourquoi, comme Gu Shengying, comme Li Cuizhen, as-tu manqué de courage ?

Un peu plus tard, une autre nuit, à deux heures du matin, la sirène du Conservatoire se met à hurler. Nous nous réveillons en sursaut. On nous ordonne de nous rendre immédiatement dans la grande salle. Cette fois, sur la scène, il y a un de mes camarades, Cunzhi, un merveilleux bassoniste. Il est attaché et entouré de six gardes rouges – cinq filles et un garçon – qui ont commencé à le battre à coups de ceinturon avant même notre arrivée. Les gardes rouges attendent que la salle se remplisse. Un silence absolu règne. Puis une fille prend la parole :

— Camarades, il se passe quelque chose de très grave. Ce chien de Cunzhi a essayé de combattre le régime. On a trouvé un fusil chez lui et un drapeau du Guomindang !

Sur ces paroles, les gardes rouges se mettent à le bourrer de coups de pied.

— Je suis innocent, je ne comprends rien à ce qui se passe, je suis fidèle au président Mao, râle Cunzhi.

Chacune de ses dénégations est ponctuée d'un nouveau coup de pied ou de ceinturon. Il n'a plus de voix pour protester. Finalement, les gardes rouges le sortent par les bras hors de la grande salle. Heureusement, un étudiant à la forte légitimité politique, Dapeng, un tromboniste, s'interpose discrètement :

— Laissez-le ou il va mourir.

Les gardes rouges nous renvoient dans nos dortoirs. Nous sommes pétrifiés, incapables de nous rendormir. Qui est suspect ? Qui ne peut l'être à coup sûr ? Je ne cesse de penser à ma famille, à son passé.

À l'aube, je me précipite chez mes parents.

— Maman, est-ce qu'il y a un fusil chez nous ?

Ma mère ne comprend rien à ma demande.

— Tu veux tuer quelqu'un ?

J'insiste :

— Maman, a-t-on caché quelque chose de compromettant à la maison ?

Je lui raconte enfin ce qui vient de se passer au Conservatoire. Je tremble que les gardes rouges ne m'aient suivie. Ma mère m'apprend que mon père est retenu dans son université sous haute surveillance.

Nous restons toutes les deux quelques instants silencieuses. Nos pensées se rejoignent.

— Xiao-Mei, dit-elle, nous n'avons rien à nous reprocher. La seule chose qui est dangereuse pour nous, c'est le piano, me dit ma mère. Il faut s'en séparer.

Je l'approuve : il faut couper les liens avec ce symbole du passé. Il n'y a plus de sens à le conserver : nous n'allons quand même pas mettre notre vie en danger à cause de lui.

Ma mère sort prendre contact avec les premiers gardes rouges rencontrés. Qu'ils l'aident à se débarrasser au plus vite de l'instrument ! Ils viennent le voir.

— Pas question, disent-ils. On n'y touche pas.

Une saleté intransportable et sans valeur, selon eux. Il n'y a plus qu'une chose à faire : rassembler toutes les vieilles couvertures que l'on peut trouver et en recouvrir le piano pour lui donner l'apparence d'un meuble de rangement. Une couverture, puis deux, puis trois ! Plus nous cherchons à le cacher, plus il grandit, me semble-t-il. Il a maintenant disparu mais sa présence est plus imposante que jamais. Par précaution, nous l'affublons, lui aussi, d'un *dazibao* :

« Ce piano a été acquis en exploitant le peuple,
En le faisant transpirer et en suçant son sang.
Nous voulons le rendre au peuple. »

Quelques jours plus tard, à la fin du mois d'août 1966, la violence atteint un nouveau sommet. *Le Quotidien du peuple* a lancé un appel aux gardes rouges : « Débusquez un à un tous les vieux parasites, suceurs de sang du peuple réfugiés dans de sombres recoins. » Cette fois-ci, j'en ai la certitude : les gardes rouges ne m'ont rien fait au Conservatoire, mais c'est chez moi qu'ils vont venir me chercher.

7

La petite fumée de Bach

La Révolution n'est pas un dîner de gala.
C'est un acte de violence par lequel
une classe en renverse une autre.

(MAO ZEDONG)

Je suis à la maison, avec ma mère, ma grand-mère et mes deux petites sœurs, lorsque, en fin d'après-midi, nous entendons du bruit à l'extérieur. On tambourine à la porte. Nous sursautons de peur. Nous nous regardons toutes les cinq. Je vais ouvrir et me retrouve face à quatre gardes rouges :

— Ton père est un criminel. On est en train de l'interroger à l'université et il a commencé à avouer. À partir de maintenant, il n'a plus aucun droit. Est-ce que vous cachez quelque chose ?

— Non, répond ma mère.

— C'est pas vrai.

Les gardes rouges entrent, nous dévisagent une à une puis, sans un mot, entreprennent de faire le tour de l'appartement. Nous nous tenons là, muettes, pétrifiées, dans l'attente.

— C'est à vous, ça ?

Comment ces lettres et ces papiers de famille pourraient-ils ne pas être à nous ? Les gardes rouges s'en saisissent : cela servira pour leur enquête. Enhardis par ce premier coup d'éclat, ils prennent notre livret d'épargne bancaire : confisqué.

— Et ça, qu'est-ce que c'est ?

Un des gardes rouges montre le petit flacon qu'il tient dans la main. Ma mère y garde depuis sa jeunesse sans y toucher un peu de parfum de Paris. Il a tellement vieilli que sa couleur a tourné au brun foncé.

— Je t'ai demandé ce que c'était ! insiste le garde rouge.

Ma mère ne répond toujours pas. Le garde rouge renverse le contenu du flacon qu'il jette, une fois vide, contre le mur. Il se brise en mille morceaux avant de retomber sur le sol, laissant flotter autour de lui une odeur raffinée.

— Est-ce que vous avez des livres ?

Non, nous n'en avons pas. Par précaution, nous nous en sommes déjà débarrassés, à l'exception du recueil de mon enfance *Piano Music Masterpieces* que ma mère a caché dans le tabouret du piano. Un des gardes rouges s'adresse alors à ma sœur Xiaoyen :

— Toi, va préparer de la colle ! Vous en aurez besoin pour coller ça, dit-il en désignant un *dazibao* qu'ils ont apporté avec eux. Ça concerne ton chien de père !

C'en est trop pour ma mère ; elle perd connaissance. Avant de partir les gardes rouges nous lancent :

— Nous reviendrons demain. Le *dazibao* a intérêt à être collé sur le mur de l'immeuble !

Le soir venu, je descends avec mes sœurs coller l'affiche infamante, qui accuse notre père. En remontant, nous trouvons nos voisins, les Guan, en train de parler avec ma mère et ma grand-mère. Ce sont des gens très simples, qui travaillent comme ouvriers dans une usine de fabrication de chaussures. Ils n'ont rien manqué de la visite des gardes rouges mais se sont terrés et ont attendu la tombée de la nuit pour venir nous voir.

— Ce n'est pas possible que M. Zhu soit un espion, disent-ils à ma mère. – Puis ils se tournent vers nous, incapables de comprendre ce qui se passe. – Votre père est quelqu'un de très bien. Comment peut-on l'accuser de choses pareilles ?

La conversation dure une partie de la nuit. Je sens, lorsqu'ils partent, combien cette visite a fait du bien à ma mère. Les Guan viendront désormais tous les jours la voir, lui dire ces quelques mots, lui adresser ces quelques sourires qui sauvent du désespoir. Sans eux, je m'en rends compte aujourd'hui, il est probable que ma mère aurait fait comme Maman Zheng.

Le lendemain commence pour nous dans l'humiliation. Pendant toute la journée, de notre fenêtre, nous voyons des attroupements se former devant notre *Siheyuan* pour lire le *dazibao* que nous avons placardé. Les regards se portent sur nos fenêtres, parfois un doigt les désigne, puis les gens repartent. Nous n'osons plus sortir. C'est l'après-midi et nous sommes en pleine discussion avec mes sœurs sur la manière de faire disparaître le *dazibao* lorsque nous entendons de nouveau du bruit à l'extérieur. Les gardes rouges sont de retour. Ils s'adressent cette fois à ma grand-mère :

— Toi, quelle est ton origine ?

— Bourgeoise, répond-elle sans se démonter.

— D'où tu viens ?

— De Shanghai.

— Tu dois y retourner. Les *Chushen Buhao* ne doivent pas rester à Pékin. Ils sont dangereux pour le président Mao. Nous ne voulons plus te voir ici demain matin !

Je tente de m'interposer en utilisant tous les arguments possibles, j'explique que nous n'avons pas l'argent pour acheter un billet de train puisque les gardes rouges nous ont confisqué notre livret d'épargne bancaire.

— Débrouille-toi ! Nous repasserons demain matin. Elle a intérêt à être partie.

La porte refermée, nous restons un long moment en silence. Puis ma grand-mère prend la parole :

— Le mieux est que je vous quitte. Je vais retourner à Shanghai et je reviendrai plus tard. Sinon, demain, cela sera terrible. Xiao-Mei, Xiaoyin, essayez de me trouver un billet de train.

Le billet de train pour Shanghai coûte douze yuans. Je passe une grande partie de la nuit à bicyclette, avec Xiaoyin, à aller d'ami en ami, essayant d'emprunter l'argent nécessaire pour le payer. Finalement, c'est l'étudiante du Conservatoire qui a écrit à Mao à mon sujet qui me le prête. Elle y met une condition :

— Tu dois faire confiance à Mao. Nous sommes trop jeunes pour savoir si ta grand-mère, ta famille sont ou non coupables, mais lui le sait.

Vers minuit, je reviens enfin à la maison. Mon père est là. Il a pu rentrer chez lui, tard dans la soirée. Muré dans le silence, il ne nous dit que ces quelques mots :

— On ne peut rien faire.

Le lendemain, au réveil, je vois que ma grand-mère s'est coiffée avec soin et a revêtu ses plus beaux vêtements. Elle croise mon regard étonné. Il faut dire que depuis trois mois, en bonne révolutionnaire, je ne me lave plus guère, porte une vieille vareuse et un pantalon, enchaîne des gros mots dont j'ignore le plus souvent le sens.

— Tu sais, Xiao-Mei, me dit ma grand-mère dans un demi-sourire, si les gens ne me respectent pas, moi je me respecte moi-même. – Et elle ajoute : – Ne t'inquiète pas pour moi. Regarde, ils ne m'ont pas battue et ne m'ont pas mis d'écriteau pour voyager. J'ai de la chance. Je connais beaucoup de monde à Shanghai. Je ne serai pas seule. Cela me sera facile. Et soyez rassurés, je suis sûre que nous nous reverrons.

Je l'accompagne à la gare. Sa force de caractère m'impressionne. À côté d'elle, je me sens si faible, incapable de la protéger. Alors que nous sommes sur le quai, elle me sourit.

— J'ai bien vécu. J'ai eu une belle vie. C'est surtout pour vous que je suis inquiète.

Puis elle monte dans son wagon bondé. On ne s'embrasse pas en Chine et, même dans les moments les plus douloureux, on cherche à ne pas laisser paraître ses émotions. Nous nous disons au revoir, simplement. Le train part et je la vois disparaître dans le lointain.

De retour à la maison, je remarque que le *dazibao* infamant a disparu. Dans notre appartement, je trouve les Guan en discussion avec ma mère. Ils ont eu une idée pour faire disparaître l'affiche et nous en ont réservé la surprise. Un petit garçon de six ans qu'ils connaissent bien est allé l'arracher comme si de rien n'était. À son âge, personne ne pouvait lui faire de reproches et, au pire, s'il avait été pris, nous ne le connaissions pas et personne n'aurait pu faire le lien entre lui et nous. Le lendemain, ma mère est déjà plus sereine.

Dans Pékin, la violence règne. Les gardes rouges s'attaquent à tous ceux qui représentent l'ordre ancien, de près ou de loin. Le moindre ex-petit commerçant est désigné comme capitaliste suceur de sang. Des familles entières sont renvoyées dans leur ville d'origine. D'autres sont obligés de vivre avec un écriteau « De mauvaise origine » accroché à leur cou. D'autres encore ont la tête à moitié rasée, en guise de stigmate. Il y a des femmes qui sont battues non par les gardes rouges eux-mêmes mais par leurs propres fils, contraints d'obéir. Et pis encore[1]...

À peine suis-je arrivée au Conservatoire, à cette rentrée de septembre 1966, qu'un ordre est lancé par les gardes rouges :

— Apportez vos disques et vos partitions. Tout ce qui vous reste.

Un de mes camarades leur demande ce qu'ils veulent en faire.

— Les brûler.

Je me rappelle soudain avoir laissé des affaires dans l'annexe du Conservatoire, cette ancienne impri-

---

1. « Pis encore » : le bilan de la Révolution culturelle se comptera en millions de morts (mais aucun chiffre précis n'a pu être à ce jour établi). Dans toute la Chine des événements semblables à ceux de Pékin se répéteront, orchestrés en sous-main par Mao Zedong, qui craint de perdre le pouvoir au profit de ses rivaux politiques, Liu Shaoqi, le « Khrouchtchev chinois », et Deng Xiaoping, qui l'accusent d'être responsable des résultats catastrophiques du « Grand Bond en avant », ainsi que de la famine consécutive, qui a fait de vingt à trente millions de morts. *Cf.* John Faibank, *La Grande Révolution chinoise, 1800-1989*, Flammarion, Paris, 1989. Voir aussi Simon Leys, *Essais sur la Chine*, Robert Laffont, Paris, 1998. *(N.d.E.)*

merie reconvertie en salles de classe. Je m'y précipite. Alors que je franchis le seuil, je rencontre Dapeng, mon camarade tromboniste. Il m'arrête.

— Que fais-tu ? Tu ne sais donc pas ce qui se passe ? Cela fait une semaine que des cadavres sont entreposés ici.

À ce moment précis, l'odeur me parvient, si forte que je suis sur le point de me sentir mal. Je lui fais face, incapable d'articuler le moindre mot.

— Va voir si tu ne me crois pas, me dit-il.

Mais je reste immobile, pétrifiée.

Dapeng m'explique que les studios de répétition sont tous remplis de cadavres. Comme le crématorium ne brûle les corps que le mardi, face à l'afflux de cadavres dans Pékin, les gardes rouges ont transformé l'annexe du Conservatoire en une gigantesque morgue.

— Il y en a même certains qui ne sont pas encore morts, là-dedans, qui agonisent, ajoute-t-il. Et d'autres à qui les gardes rouges ont fait porter leurs vêtements de fourrure avant de les exécuter. C'est pour cela que cela sent si mauvais.

C'est plus que je ne peux supporter. Je m'enfuis.

Tout brûle, les corps aujourd'hui, l'esprit demain.

J'imagine le bûcher où les gardes rouges sont en train de faire fondre nos disques, de brûler nos partitions… Une fumée légère s'élève vers le ciel. Bach, Mozart et Beethoven s'envolent.

Mais après tout, les gardes rouges ont raison. Il faut le faire. Mao l'a dit : « La Révolution n'est pas un dîner de gala. C'est un acte de violence par lequel une classe en renverse une autre. »

8

Révolutionnaire

Si vous comprenez, vous devez appliquer.
Si vous ne comprenez pas, vous devez appliquer quand même.
C'est en appliquant que vous comprendrez alors.

(LIN BIAO)

Désarroi. Vide. Néant. En cette fin d'année 1966, les cours au «Conservatoire sans musique» ont laissé la place à l'action politique. Étude intégrale du Petit Livre rouge, discussions entre factions étudiantes : chacun veut prouver qu'il est capable d'interpréter la pensée de Mao mieux que les autres. Un ordre étrange règne dans l'établissement : d'un côté, une propreté jusque-là inconnue est assurée par nos professeurs devenus hommes et femmes de ménage à notre service ; de l'autre, toute éducation est abandonnée : plus de devoirs, plus de livres, plus d'objectif autre que celui d'abattre l'ordre ancien.

C'est le moment que le régime choisit pour lancer le mouvement de *Da Chuanlian*, c'est-à-dire de «prise de contact». Le but est d'étendre la Révolution culturelle à tout le pays en procédant à des échanges de gardes rouges et d'étudiants entre villes et universités. Les meilleurs éléments du Conservatoire sont invités à y participer activement. Je n'en suis pas, en raison de mon origine, mais, en cet automne 1966, on me donne l'autorisation de me rendre à l'université de Peita, où la Révolution culturelle est née. J'y vois un signe avant-coureur de réhabilitation : la possibilité de devenir une vraie révolutionnaire me reste ouverte.

L'apprentissage de la pensée de Mao Zedong est désormais imposé à la population tout entière, des enfants aux vieillards. À la montée du bus, les gardes rouges s'interposent et interrogent : où, dans le Petit Livre rouge, se trouve tel passage ? tel autre ? Si on ne peut répondre, l'accès au bus est refusé. Évidemment, les personnes âgées ont souvent la mémoire qui défaille ; elles sont alors écartées sans ménagement par les gardes rouges.

Les confessions publiques se multiplient. De l'une d'elles, je garde des images ineffaçables, qui aujourd'hui encore me hantent. Elle se déroule dans un stade de Pékin, devant huit mille personnes. La victime est un jeune homme de vingt-sept ans qui a osé soutenir que l'on peut très bien être un bon révolutionnaire même si ses parents ne le sont pas. Luimême se considère comme tel bien que de mauvaise origine. Malgré nos convictions révolutionnaires, j'ai du mal à étouffer le réflexe bourgeois qui me pousse à admirer le courage de ce jeune homme qui n'a pas renié ses parents. Pendant une heure, il résiste à toutes les humiliations, à tous les coups qu'on lui porte. La séance terminée, on l'emmène pour un tour de ville, afin de le montrer à la population. Puis il est exécuté. «Père réactionnaire, fils salaud» est un slogan en vogue.

Au début de 1967, j'ai enfin l'autorisation de quitter Pékin pour procéder à des « prises de contact » en province. On me met en garde sur le sérieux de ces voyages. Que je n'en profite pas pour voir ma famille. Un camarade m'accompagne, car je ne suis pas encore autorisée à voyager seule, mais la mesure est un encouragement, et je la reçois comme telle.

Ma première visite est pour Shanghai. J'ai une enquête à mener dans cette ville qui est celle de ma naissance, un mystère à élucider : mon père est-il oui ou non cet espion qu'on dénonce aujourd'hui ? A-t-il été au service de l'impérialisme capitaliste ? Si les gardes rouges ont raison, peut-être trouverai-je le courage de le renier ? Et ainsi je me sentirai moins déchirée entre ma foi révolutionnaire et mon attachement à ma famille, moins écrasée par le poids de ma mauvaise origine – quarante ans plus tard, je me revois telle que j'étais cette année-là, telle qu'on m'avait modelée : une créature sans cerveau conçue pour un seul but, être comme les autres.

À Shanghai, les réunions politiques sont censées occuper tout mon temps mais la réalité est différente : je reste oisive pendant des heures. Ça tombe bien.

C'est plus fort que moi. Contrairement à la consigne, je ne peux m'empêcher d'aller voir ma grand-mère. La rue où elle habite, à la périphérie de la ville, est sordide. Les habitants l'ont transformée en étroit boyau à force d'y dresser des constructions de toute nature, cuisines, garages, destinées à accroître la taille de leurs logements. Celui de ma grand-mère est une ancienne cuisine de quinze mètres carrés, sans lumière, meublée seulement d'un lit et d'une table, avec un seau hygiénique dans un coin.

— Xiao-Mei ? Que fais-tu là ? Que se passe-t-il ?

Elle parle d'une voix lente et faible, et ne cesse de tousser. Tandis que je la regarde, si faible, si petite, elle m'évoque une bougie en train de s'éteindre. Je lui explique les raisons de ma venue à Shanghai. Et aussi mes bonnes résolutions : je vais devenir une vraie révolutionnaire. Cette fois, j'ai des chances d'y arriver, mais pour cela, il faut que mon comportement soit exemplaire. Ma grand-mère me demande des nouvelles de la famille. J'aperçois nos photos dans un coin de la pièce.

— Je les regarde, me dit-elle. Et je relis sans cesse les lettres que m'adresse ta mère.

Je pense tout à coup que je ne lui ai rien apporté, que j'aurais dû lui acheter des brioches de Chenghuang Miao, les temples bouddhistes de Shanghai, qu'elle adore. Tout à coup, je me sens mal à l'aise. Quand je m'apprête à partir, je lis la déception sur son visage. Ma grand-mère qui disait connaître beaucoup de monde à Shanghai est très seule, manifestement. Fréquenter une proscrite est un risque, pour ses amis.

Elle insiste pour que je reste.

— Je ne peux pas, je n'ai pas le droit. J'ai peur qu'on me trouve ici.

— Alors essaie de revenir avant ton départ. Tu séjournes combien de temps ? Reviens déjeuner avec moi. Je ne peux pas cuisiner mais je demanderai aux voisins de préparer des bambous au soja.

Elle sait bien que c'est mon plat préféré ; pourtant, je ne reviendrai pas. Par crainte. Et aussi parce que je dois mener mon enquête.

Pour commencer, je rends visite à une sœur aînée de mon père :

— Xiao-Mei, tu sais, ton père est un homme bien. Pendant des années, sans que ta mère le sache, il nous a envoyé de l'argent. Sans lui, nous n'aurions même pas eu de quoi manger.

Ce ne sera pas auprès d'elle que j'apprendrai la vérité sur les activités d'espion de mon père…

Ensuite, je vais voir l'endroit où je suis née. Je regarde l'immeuble bourgeois, le parc Fuxing, l'avenue si large… Comment ne pas se sentir coupable ?

J'interroge d'anciens amis de mon père. Ils ne comprennent même pas le sens de mes questions :

— Mais enfin, ton père est l'honnêteté incarnée ! Il n'a jamais été espion !

Mais l'un d'eux prend soin d'ajouter :

— Si tu ne comprends pas ce que le Parti reproche à ton père, fais confiance au Parti. Tu comprendras plus tard.

C'est une paraphrase de ce que nous entendons répéter indéfiniment : « Si vous comprenez, vous devez appliquer. Si vous ne comprenez pas, vous devez appliquer quand même. C'est en appliquant que vous comprendrez. »

Je rentre à Pékin à la fois satisfaite et frustrée. Satisfaite parce que j'ai réussi ma première épreuve de bonne révolutionnaire, mais frustrée parce que je n'ai pas pu découvrir la vérité sur mon père ; il me faudra continuer à vivre avec ce doute.

Entre-temps, ma mère a reçu une lettre de ma grand-mère.

— Tu sais, elle est si triste que tu ne sois pas retournée la voir, dit-elle seulement.

L'image de ma grand-mère appartient au monde de l'enfance ; moi, je dois regarder devant, vers l'avenir lumineux de la Chine communiste.

Après Shanghai, on me propose le pèlerinage dont tous les Chinois rêvent : aller à Shaoshan, le lieu de naissance de Mao Zedong. Trois mille cinq cents kilomètres de voyage dans des trains bondés, mais un vrai bonheur. Moi qui n'ai jamais vu le président Mao, il m'est enfin accordé d'approcher plus près de lui, d'aller puiser de la force dans ses pas.

Shaoshan est un village de montagne de quelques centaines d'âmes, situé à une cinquantaine de kilomètres du chef-lieu de district. La maison natale de Mao est plutôt plus vaste que ses voisines et plus belle, avec son toit en tuiles grises. Depuis 1949, elle a été transformée en une sorte de sanctuaire. Nous faisons la queue pendant deux bonnes heures avant de pouvoir entrer. Je me rends aussi dans la petite école du village, où le président Mao a étudié. Ma plus grande émotion, je la ressens dans sa chambre. Comment cet homme a-t-il fait pour arriver au sommet de l'État ? Lui qui est né dans un milieu modeste, dans un si petit village du fin fond de la Chine et sans jamais aller à l'université ? Comment ne pas admirer son intelligence, son courage et sa volonté ? Je déambule dans le village pendant des heures, ressassant ces mêmes questions. À la fin de la journée, le but est atteint : ma dévotion est proche de l'exaltation.

De retour à Pékin, je reçois l'autorisation d'entreprendre un nouveau voyage, cette fois à Chendu, dans la province du Sichuan. La situation, me dit-on, y est particulièrement grave. Des affrontements violents se déroulent entre factions étudiantes, et chaque jour apporte son lot de morts. Avant de partir, j'adresse un mot à mes parents :

> *Je pars à Chendu où la Révolution est en danger. Si je meurs, il ne faut pas me regretter. J'ai donné ma vie à Mao. Ce que je fais est la plus belle chose que je puisse faire dans la vie.*
>
> *Xiao-Mei*

Le régime ayant décidé depuis quelques mois la gratuité des transports afin de faciliter le mouvement de *Da Chuanlian*, le train dans lequel je monte est bondé à un point tel que je voyage dans les toilettes pendant une grande partie du trajet.

Le lendemain, en arrivant à Chendu, je me précipite à l'université, au bureau chargé de l'accueil des visiteurs :

— Nous venons de Pékin.

Notre interlocutrice est impressionnée : elle s'imagine que Mao lui-même nous a envoyés ! Ce n'est que de la naïveté de sa part, mais j'en éprouve un profond plaisir : enfin, on ne me critique plus, on me flatte, on me respecte… Je suis naïve moi aussi, mais d'une autre manière.

Elle nous informe de la situation :

— C'est le désordre le plus total. L'université est partagée entre deux grands clans, eux-mêmes divisés en factions. Il y a d'un côté le « Mouvement du 26 août » et de l'autre le « Mouvement de Chendu rouge ». Faites attention. Il y a déjà eu beaucoup de morts. Les étudiants ont des fusils.

Les jours suivants, j'écoute avec attention les arguments des factions en présence ; il s'agit de choisir laquelle défendre. Qui défend le mieux la Révolution ? Aujourd'hui, quarante années plus tard, je serais bien incapable de répondre, pas plus que je ne saurais dire pourquoi ces factions s'opposaient. Mais à l'époque, je fais mon choix : ce sera celle de l'université de médecine.

Ma première mission est d'écrire des *dazibaos*. Critiquer l'adversaire, résumer nos convictions… tout devient slogans, méticuleusement inscrits sur ces affiches que nous accrochons partout dans la ville. Je prends part à toutes sortes de débats, entrecoupés de fusillades entre les différents bâtiments de l'université.

À l'issue d'une journée particulièrement sanglante, la faction à laquelle j'ai adhéré compte une dizaine de morts. Une réunion est organisée pour décider de la suite à donner à ce massacre. Pas question que ces camarades aient perdu leurs vies pour rien ! Pourquoi ne pas exposer les cadavres pour convaincre les indécis de la justesse de notre cause ? La préparation de l'événement dure plusieurs jours. Il faut s'occuper de la conservation des corps et les installer afin d'obtenir le maximum d'effet – ce qui est plus facile à ces étudiants en médecine qu'à d'autres. Et retrouver des photos afin que chaque cadavre puisse disposer, comme dans un musée, de sa fiche signalétique. Et mettre le visiteur en condition par une musique adaptée. Le choix s'est porté sur la *Marche funèbre* de la *Symphonie héroïque* de Beethoven – qui, pour l'occasion, n'est pas censurée.

Ce sont les premiers morts que je vois de près.

Quelques jours plus tard, le gouvernement décide enfin d'arrêter le massacre. Il confisque les armes et lance un nouveau mot d'ordre : « Lutter par la parole, non par les armes. » Je regagne alors Pékin pour repartir aussitôt ; je tiens à profiter de mon autorisation de voyager pour « prendre des contacts et attiser le feu de la Révolution ».

Marx distingue trois types d'esclaves : celui qui obéit, celui qui veut devenir maître et le révolutionnaire qui veut changer la condition des esclaves. J'évolue désormais dans la deuxième catégorie : moi aussi, j'ai envie de donner des ordres. À n'importe qui, mais en donner.

À l'automne 1968, le gouvernement chinois poursuit sa reprise en main d'une situation devenue totalement anarchique. Le président Mao s'est personnellement impliqué dans la question en publiant une instruction. « Continuer la Révolution mais reprendre les classes », « Mener la Révolution dans l'enseignement » sont ses derniers mots d'ordre. Un certain nombre de cours sont ainsi rétablis.

Mais on ne remet pas sur pied une institution comme le Conservatoire de Pékin en trois jours. Nous n'avons plus de partitions, ni de livres de classe. Dans les librairies, on ne trouve désormais que le Livre rouge – dans plusieurs éditions il est vrai : relié, broché, en format petit, moyen, gros. Mis à part ça, tout a disparu, même les dictionnaires.

En matière artistique, seuls demeurent les *Yanbangxi*, les « œuvres modèles » composées sous l'égide de Mme Mao, ainsi qu'un peu de musique albanaise, conséquence de l'amitié unissant alors la Chine et l'Albanie.

En cette fin d'année 1968, huit *Yanbangxi* ont été

créées : quatre opéras, dont *La Lanterne rouge* et *La Prise de la montagne du tigre par la stratégie*, deux ballets, dont *Le Détachement féminin rouge*, un concerto pour piano, le *Concerto du fleuve Jaune* et une pièce de théâtre, *La Cour où l'on perçoit les fermages*. Ces œuvres ne sont pas sans qualités, ayant toutes été écrites par des artistes dotés d'un solide métier. Détail cocasse, certains reprennent des passages entiers de grands chefs-d'œuvre de la musique classique occidentale, par ailleurs radicalement condamnée. Ainsi, par exemple, le *Concerto du fleuve Jaune* cite-t-il le passage médian de la *Polonaise héroïque* de Chopin.

Les *Yanbangxi* étant très demandés dans toute la Chine, un pianiste protégé de Mme Mao, entouré d'un petit groupe de musiciens, a eu l'idée d'en réaliser des transcriptions pour piano afin d'en faciliter la diffusion. Il a notamment transcrit huit morceaux extraits de l'opéra *La Lanterne rouge*. Cela me donne une idée ; je me souviens d'avoir rencontré des personnes de l'université de Peita intéressées par l'organisation de tournées de spectacles théâtraux. Je retourne les voir et leur demande si elles sont toujours partantes. C'est le cas. Je me remets à mon piano. Les transcriptions sont d'une difficulté redoutable et je les travaille jour et nuit, avec un grand plaisir car elles sont très réussies. Et les avoir à mon répertoire, c'est la perspective de faire des tournées partout en Chine.

Les premiers concerts ont lieu à l'automne. Camps militaires, usines, universités, administrations, villages de campagne… en quelques mois, c'est à une soixantaine de spectacles que je vais participer avec mes extraits de *La Lanterne rouge*, parfois à raison de deux représentations par jour.

En dehors des extraits de *La Lanterne rouge*, mon horizon musical est des plus réduits puisqu'il se limite aux chœurs de l'Armée rouge – que j'ai la possibilité d'écouter chez Yukuan, un des professeurs du Conservatoire. Nous sommes tous les deux dans le même groupe politique et je l'aime beaucoup. C'est un éminent musicologue spécialiste de musique russe, qui a fait partie de la première promotion du Conservatoire. Sa connaissance du russe lui avait permis d'être également l'interprète du célèbre violoniste David Oïstrakh lorsque celui-ci venait donner des concerts en Chine. Dans les premiers jours de la Révolution culturelle, il a remis comme tout le monde sa discothèque aux gardes rouges qui se sont empressés de la faire fondre. Sauf ce disque des chœurs de l'Armée rouge, que nous écoutons inlassablement, faute de mieux.

C'est en cette fin d'année 1968, pendant que je suis en tournée avec mes *Yanbangxi*, que Mao décide, pour tourner définitivement la page de la Révolution culturelle, de relancer le mouvement de *Shangshan Xiaxiang* et d'envoyer à la campagne des millions de citadins, «jeunes instruits» comme adultes, pour l'essentiel dans des *Laogai Chang*, c'est-à-dire des « camps de rééducation par le travail ».

Au total on estime à environ dix-sept millions le nombre de Chinois qui seront ainsi exilés. En l'espace de quelques mois, les sept membres de ma famille vont se trouver dispersés aux quatre coins de la Chine.

9

Départs

*Je n'ai pas peur, car je suis passé par les orages et les
déserts.
Je n'ai pas peur, car je dois passer par les déserts et les
orages.*

(I Men, *N'aie pas peur*)

Ma sœur Xiaoyin est la première à partir.

Un choix fait en toute liberté, de sa part. Excellente
calligraphe, elle avait été choisie pour imiter l'écriture
du président Mao sur le brassard portant les deux
mots magiques : « garde rouge » qui lui avait été remis
lors de la grande cérémonie de la place Tian anmen
du 18 août 1966. Mais elle n'avait pas eu pour autant
l'autorisation de participer à la manifestation, étant
de mauvaise origine, *Chushen Buhao*. Plus tard, elle
me racontera comment, après la cérémonie, tous ses
camarades se pressaient pour venir serrer la main de
la jeune fille qui avait eu la chance de remettre son
brassard au président Mao. Cette jeune fille était son
amie – du moins elle l'avait été, avant. Désormais,
Xiaoyin avait l'impression qu'une paroi de verre était
dressée entre elle et le reste des jeunes. Un autre effet
de sa mauvaise origine.

C'est pourquoi elle est parmi les premières à se

porter volontaire pour un *Shangshan Xiaxiang*. La destination qu'elle propose est proche de la frontière russe ; on la soupçonne aussitôt de vouloir s'évader. Elle se décide alors pour la Mongolie-Intérieure.

Bien que toujours sous haute surveillance à l'université, mon père adhère aux idées du *Shangshan Xiaxang*. Il pense que le mouvement est bénéfique pour ses filles, que celles-ci doivent être envoyées au grand large, « en haute mer » comme il le dit lui-même, pour grandir et se transformer. Je partage ses vues, et mes sœurs aussi.

Ma mère, en revanche, m'inquiète. Elle vient d'apprendre la mort de ma grand-mère à Shanghai. Ses voisins n'ont découvert son corps que deux jours après le décès. Elle en est bouleversée. Moi aussi. Malgré tous mes efforts pour effacer tout sentiment familial petit-bourgeois, je ne peux m'empêcher d'être rongée de remords en pensant à ma visite, à ma fuite.

Le départ de Xiaoyin déchire de nouveau le cœur de ma mère : ma sœur part de la maison en remontant la petite ruelle où nous habitons sans se retourner pour lui dire au revoir. Par crainte des larmes, sans doute, mais la douleur de ma mère n'en est que pire.

À la fin de l'année 1968, c'est à ma sœur Xiaoyu de devoir partir. Sa destination : une contrée lointaine du Yunnan connue pour ses coutumes barbares – on raconte que les hommes y enlèvent les jeunes filles en les enroulant dans des couvertures, comme des animaux. C'est un nouveau choc : je regarde ma petite sœur avec un regard neuf ; elle pour qui, jusque-là, j'avais une condescendance d'aînée, que je considérais avec négligence, comme la moins douée d'entre nous, voilà qu'elle se met à exister pour moi.

Nous attendons avec anxiété de ses nouvelles. Chaque jour qui passe, je vois grandir l'angoisse de ma mère. Il est arrivé quelque chose à sa fille, c'est certain. Enfin une lettre arrive ; Xiaoyu y explique qu'elle a voyagé pendant dix jours et dix nuits, la moitié en train, l'autre en bus, avant d'atteindre sa destination. Elle est épuisée. Ses jambes sont tellement ankylosées qu'elle ne peut quasiment plus marcher. Au moins est-elle vivante.

Nous sommes à la veille du Nouvel An chinois lorsque, un soir, on frappe à la porte. Ma mère va ouvrir :

— Xiaoyin !

Ma sœur se tient là, sale, amaigrie, méconnaissable.

— Je voulais vous voir, dit-elle simplement.

Au bout de quelques mois passés en Mongolie-Intérieure, n'y tenant plus, Xiaoyin et trois amies se sont lancées dans une aventure folle : rentrer à Pékin pour revoir leurs familles. Elles ont traversé les steppes désertes, seules, sans carte, sans vivres, nourries par des autochtones ébahis. Elles ont eu recours à tous les moyens de transport imaginables, charrettes, camions. Leur voyage a duré dix-huit jours.

Xiaoyin passe un mois chez nous avant de regagner la Mongolie, toujours de son plein gré. Avant de partir, elle demande à ma mère de lui procurer un accordéon, car là-bas, elle souffre de l'absence de toute musique. Elle ne sait pas que, cette fois, son absence va durer vingt et un ans : après la fin de l'ère Mao, elle changera à plusieurs reprises de lieu de résidence, dans diverses

provinces de Chine, puis épousera par conviction politique autant que par amour un ouvrier auquel elle
restera toujours fidèle, fondant un foyer loin de sa
famille.

Ma sœur Xiaoyin est encore avec nous quand vient
le tour de mon père de devoir partir en camp.

Un jour, alors que je rentre à la maison, je le trouve
en train de préparer ses affaires. Les gardes rouges
viennent de ressortir une pièce de son dossier personnel, remontant aux derniers mois de notre séjour à
Shanghai. À leurs yeux, elle prouve pour de bon sa
qualité d'espion. Mon père avait alors été sollicité par
un personnage louche qui lui proposait du travail :
« Ne nous recontacte pas. Nous le ferons nous-mêmes »,
lui avait dit l'individu en le quittant. Mon père,
inquiet, était allé déclarer l'incident auprès des autorités, une démarche que rien ne l'obligeait à faire. Cette
histoire, jointe à celle du départ de son frère Qiwen
pour Taiwan, nous a déjà coûté cher puisqu'elle a
empêché mes sœurs aînées d'entrer à l'université.
Voilà maintenant qu'elle envoie mon père dans un
camp. Cruelle leçon pour la jeune révolutionnaire que
je suis : si l'on veut survivre, dans ce pays, il ne faut
pas être honnête.

En nous quittant, mon père a une pensée pour ma
sœur Xiaoru. Mariée, celle-ci va bientôt accoucher de
son premier enfant.

— Vous m'écrirez si c'est un garçon ou une fille,
dit-il à ma mère.

C'est une fille, mais mon père ne le saura pas. À ce
moment-là, il est en transit dans une prison des envi-

rons de Pékin d'où il doit être envoyé en camp. L'administration pénitentiaire nous demande de lui porter des vêtements de rechange. Ma sœur Xiaoyin et moi nous nous en chargeons : quatre heures en vélo pour l'aller et quatre heures pour le retour.

À peine mon père est-il entré dans le parloir, qu'il nous pose la question qui lui brûle les lèvres :

— C'est une fille ou un garçon ?

Aussitôt, ma sœur fond en larmes. Elle pense à mon père, qui attendait tellement cette naissance, et qui ne peut même pas voir sa petite-fille. Mais lui interprète ses pleurs d'une autre façon, s'imagine que le bébé est mort à la naissance… et fond en larmes à son tour en répétant simplement :

— C'était une fille ou un garçon ?

Alerté par le bruit, un gardien surgit, le considère, et hurle :

— Pourquoi tu pleures ? Tu te prends pour une victime ? Retourne dans ta cellule et au travail !

Je m'adresse à mon père :

— Tu dois dire ce que tu as fait de mal contre le pays. Tu dois avoir ce courage ! Tu comprendras plus tard. Réfléchis !

Mais l'entrevue est terminée. Elle n'a même pas duré cinq minutes. Nous sommes poussées vers la sortie tandis que j'entends mon père crier :

— Si je meurs, sachez que je suis innocent ! Je vais écrire au président Mao. Il me rendra justice !

Sur le chemin du retour, face à un vent glacial, Xiaoyin et moi nous pédalons en silence, incapables d'échanger un mot. La voix de notre père, ses cris résonnent en nous ; ils resteront à jamais gravés dans notre mémoire.

En ce début d'année 1969, alors que trois membres de ma famille sont déjà partis, ma sœur aînée Xiaoru reçoit à son tour une consigne : elle doit rester à Pékin. Pourquoi ? Nous ne le savons pas. Nous ne savons jamais pourquoi les uns doivent partir et les autres non.

Puis c'est mon tour. L'ordre de Mme Mao est tombé : toutes les écoles artistiques de Pékin doivent partir en camp. Je suis affectée à Zhangjiako, au nord de la province de Hebei, quasiment en Mongolie puisque jusqu'à la création de la République populaire de Chine, la région de Zhangjiako faisait partie de la province de Chahar et appartenait donc à la Mongolie-Intérieure. Je me sens privilégiée : à la différence des autres, je pars dans un camp militaire et non à la campagne. J'imagine un séjour d'un an, deux tout au plus, et une expérience enrichissante. Le départ est fixé au 16 mars.

En cette triste matinée de fin d'hiver, nous sommes toutes les deux, ma mère et moi, dans l'appartement. Je la regarde qui finit de préparer mon sac, le remplissant d'objets divers, lampe-torche, papier toilette…

— Tu en auras peut-être besoin. Je préfère que tu les aies avec toi.

Dans quelques instants, il va falloir nous séparer. Après mon départ, elle restera seule avec ma petite sœur Xiaoyen. Comment vont-elles faire, toutes les deux ? Pourront-elles faire face ? Elles aussi vont sûrement devoir partir un jour.

C'est le moment. Elle me tend mon sac et nous sortons toutes les deux dans la rue. Le ciel est gris, un vent glacial souffle sur Pékin. Pas d'au revoir, nous sommes en Chine.

— C'est l'heure. J'y vais, Maman.

Je remonte la petite ruelle où nous habitons. Arrivée au coin de la rue, je me retourne. Je la vois pâle, le regard perdu dans le vide.

10

Camp 4619

Si Dieu n'existe pas, tout est permis.
(DOSTOÏEVSKI, *Les Frères Karamazov*)

Quel contraste entre les rues désertes de Pékin, vidées par le départ de ses habitants, et la gare grouillante de monde, couverte de banderoles à la gloire de la Révolution !

Je me fraye un passage dans la foule compacte en essayant de me repérer, et, enfin, j'aperçois le quai désigné pour être notre lieu de rassemblement. Mes futurs compagnons arrivent les uns après les autres. Toutes les écoles artistiques de Pékin sont représentées : Conservatoire, École des Beaux-Arts, École du Cinéma, École de Danse, École de l'Opéra de Pékin. Un soldat pointe chacune des arrivées et nous affecte à une section. Deux wagons spéciaux nous ont été réservés dans un train de voyageurs à destination de Zhangjiako.

Dans l'attente de notre départ, je regarde autour de moi. Des familles se séparent, des couples se disent leurs derniers mots tendres, des grands-parents murmurent des adieux à leurs enfants. Les gens se regardent, pensant, pour certains, ne plus jamais se revoir.

De loin, je vois de jeunes mamans confiant leurs bébés à leurs familles. À cette vue, j'éprouve un haut-le-cœur et mon courage vacille. Puis je me raisonne. C'est ridicule. Une vraie révolutionnaire se détourne de tout sentimentalisme.

Nous sommes au complet, environ une centaine. Les soldats nous font monter dans les wagons. Une première secousse, et le train s'ébranle. La gare de Pékin s'éloigne, doucement, tranquillement. Peu après le départ, notre *Jigifenzi*, l'activiste affectée à notre section, nous invite à entonner des chants révolutionnaires à la gloire du président Mao et à lire à voix haute des extraits du Petit Livre rouge. Au milieu de notre voyage, le ciel s'assombrit. Je regarde par la fenêtre. Les nuages sont si menaçants qu'on a l'impression qu'il fait déjà nuit. On ne distingue plus rien du paysage, sauf quelques lumières, de temps en temps.

Nous arrivons à Zhangjiako en fin de journée. Les soldats nous font descendre du train, et, après nous avoir rassemblés sur la place de la gare, nous entassent dans deux camions militaires découverts à raison d'une cinquantaine d'étudiants par véhicule. Notre destination : le camp 4619, à Yaozhanpu.

Nous traversons la ville de Zhangjiako. Nous ne sommes qu'à cinq cents kilomètres de Pékin, et pourtant, nous avons le sentiment d'être au bout du monde. Les rues en terre battue sont vides ; seul le bruit des moteurs trouble le silence. Je regarde les bâtiments, tous modernes, tous laids. Zhangjiako est sur le passage d'une éventuelle invasion soviétique. C'est sans doute pour cela que l'on a laissé à la ville son aspect de grand village. Impossible d'imaginer qu'elle a connu un âge d'or, au XVIIe siècle, sous la dynastie mandchoue des Qing ; elle était alors le centre du commerce du thé et de l'opium entre la Chine et la Russie. Aujourd'hui, tout y respire la pauvreté et la tristesse.

Au sortir de la ville, nous prenons une route défoncée. Deux heures plus tard, nous arrivons enfin à destination, le visage couvert d'un masque de poussière. Nous ressemblons si peu à des être humains que nous sommes incapables de nous reconnaître les uns les autres. Une préfiguration des années à venir.

Le camp de Yaozhanpu, situé sur les hauteurs, est constitué de trois bâtiments bas en brique rouge, typiques des édifices de l'armée, qui entourent une vaste place.

— Rassemblement !

Nous nous tenons tous debout, dans le noir et dans le froid.

— Étudiants, vous allez être répartis par sections. Puis vous gagnerez vos chambres.

Je pénètre avec mes compagnons dans la chambre qui nous a été attribuée. C'est une pièce d'une vingtaine de mètres carrés, avec une dizaine de paillasses posées à même le sol, si étroites que je me demande comment nous allons y dormir. Je dépose mes affaires sur la mienne ; elle est couverte de cafards. À ce moment, un soldat entre.

— Étudiants, au réfectoire !

À l'entrée du local, on nous remet une vieille gamelle sale qui semble avoir servi à la toilette plutôt qu'à prendre un repas. L'estomac noué, je suis incapable d'avaler quoi que ce soit.

La première nuit, je ne trouve pas le sommeil. Je pense aux cafards. Ils vont entrer dans mes oreilles et me crever les tympans, j'en suis sûre. Ma voisine est Ouyan, pianiste elle aussi. Chaque fois qu'elle bouge, je me réveille. Finalement, nous nous plaçons tête-bêche pour pouvoir dormir.

Le lendemain à six heures, un soldat vient nous réveiller et nous sommes bientôt réunis sur la place d'armes. Un homme d'une cinquantaine d'années, aux yeux très doux, s'avance vers nous. C'est Tian, le chef du camp. Il nous regarde longuement puis s'adresse à nous, d'une voix grave :

— Il y a parmi vous des tigres et des dragons (une expression chinoise qui signifie «personnalités remarquables») mais vos esprits restent bourgeois ; c'est pourquoi il faut vous rééduquer.

L'allocution de Tian terminée, d'autres soldats prennent la parole, nous expliquent notre programme d'activités et nous communiquent le règlement du camp. Le moindre détail est prévu : pas de vêtements d'une couleur autre que noir, gris ou bleu, des cheveux courts, un même chapeau pour tout le monde, pas de jupe pour les femmes.

En très peu de jours, l'espoir que j'avais d'apprendre et de me transformer en vraie révolutionnaire s'effondre. La vie au camp n'est pas faite pour nous éduquer ; elle est faite pour nous abrutir. Toutes les journées désormais se ressemblent, rythmées par les mêmes travaux forcés. Et cela, je ne le sais pas encore, va durer cinq ans !

Chaque matin, réveil à six heures.

— Debout ! hurle le soldat chargé de notre chambrée en allumant la lumière.

La journée commence par un exercice de course et

de pas cadencé. Puis nous étudions pendant une heure le Petit Livre rouge de Mao. Toujours les mêmes passages. Nous travaillons particulièrement deux traités fondamentaux : *De la pratique* et *De la contradiction* ; et trois articles : « Servir le peuple », « L'hommage au pauvre Chang Szu-teh », un soldat mort pour le peuple, et « Comment Yukong déplaça les montagnes », l'histoire d'un vieillard qui avait décidé d'enlever à coups de pioche les trois grandes montagnes barrant les abords de sa maison. Son voisin se moquait de lui, mais pas le Ciel, qui finissait par lui envoyer deux génies pour emporter les obstacles sur leur dos. Les trois montagnes de Mao sont l'impérialisme, le capitalisme et le féodalisme.

L'étude du Petit Livre rouge terminée, vers huit heures, nous partons aux champs. Notre mission : cultiver du riz dans un des endroits de Chine qui s'y prête le moins. Des terres sèches et stériles, battues par des vents glaciaux, enserrées dans des paysages jaunes et noirs, oppressants. Première chose à faire : creuser des canaux d'irrigation avec des pelles le plus souvent cassées. Nous allons ensuite chercher de la merde dans les toilettes du camp pour la répandre sur le champ. Puis nous transportons de l'eau que nous déversons dans les canaux.

Après quelques minutes dans l'eau glacée, je ne sens plus mes pieds. J'ai souvent de la fièvre, qui me fait transpirer. Très vite, je n'ai plus mes règles et mon ventre me fait souffrir, mais il n'y a ni médecin ni infirmerie au camp : ce sont des camarades ayant des rudiments d'acupuncture qui apaisent un peu mes douleurs. En été, nous sommes couverts de piqûres d'insectes et les sangsues nous collent aux jambes. J'ai beau me raisonner, mon courage m'abandonne.

Pour nous stimuler, notre *Jigifenzi*, aidée par les soldats, organise la compétition entre nous. En combien de temps allons-nous être capables de creuser ce canal ? Qui sera le plus rapide pour aller chercher de l'eau ? Qui rapportera la plus grande quantité de merde des toilettes du camp ? Lui-même donne l'exemple en travaillant plus vite que nous tous. Je fais de mon mieux, angoissée à l'idée des critiques qui m'attendent, le soir, en séance de dénonciation publique. Mais avec ma petite taille, je n'ai aucune chance de jamais gagner.

À midi, nous déjeunons sur place, dans le champ. L'un de nous est de corvée pour aller chercher eau chaude et nourriture, le plus souvent des pommes de terre que nous coupons chaque jour de manière différente, en petits dés, en bâtonnets, en tranches ou que nous mélangeons à quelques choux et carottes, histoire de varier les plaisirs. Parfois, nous avons droit à de la viande de porc.

Plus encore que les matinées, les après-midi sont interminables, et je regarde ma montre toutes les cinq minutes. Nous travaillons jusqu'au coucher du soleil. Puis nous rentrons au camp. Après une journée passée à transpirer les pieds dans l'eau, nous sommes d'une saleté repoussante mais il faut aller tout droit en séance d'autocritique et de dénonciation sans avoir eu le temps de se laver – le détail n'est pas neutre, il joue son rôle dans la « rééducation » : nous empêcher de nous laver est une façon parmi toutes les autres de saper notre sentiment de dignité.

Réunis par petits groupes de dix, nous sommes placés sous l'autorité d'un soldat formé dans l'art de nous dresser les uns contre les autres. Les exercices d'autocritique, je les pratique depuis longtemps, mais ce huis clos au bout du monde leur donne une couleur particulière. Nous avons en effet très vite compris que l'enjeu était crucial, bien que tacite : ceux qui feront preuve du meilleur comportement partiront les premiers. La lutte est ouverte. La liberté, nous le sentons, est à ce prix.

Quand l'existence est réduite à des tâches abrutissantes, quand aucune conscience supérieure, culturelle ou religieuse, n'est là pour canaliser les instincts, on ne trouve le moyen de se défendre qu'en agressant. «Zhang n'a pas assez travaillé, lance un camarade ; il est resté vingt minutes dans les toilettes... » Et Zhang de répondre en attaquant à son tour : « J'ai entendu Li se plaindre de la vie au camp, deux fois ! » Nous sortons de ces séances épuisés. Toute conversation est impossible. Nous ne pouvons même plus nous regarder dans les yeux. Et pourtant, nous devons continuer à vivre ensemble.

Nous regagnons nos chambres pour dîner, installés sur nos paillasses devant nos pommes de terre aux choux accompagnées de petit riz jaune. Ce n'est qu'une fois le repas terminé que nous avons le droit de nous laver. Penchés au-dessus d'un trou creusé dans un coin de la chambre, chacun à notre tour, nous nous aspergeons d'un peu d'eau. Devant les autres. Il n'y a aucune place pour aucune sorte d'intimité, ici. L'idée même relève de sentiments bourgeois.

Notre toilette terminée, nous osons enfin nous regarder, nous adresser quelques mots. Mais le seul endroit où nous pouvons parler librement entre nous est une petite pièce attenante où nous allons chercher de l'eau chaude.

Officie là une personnalité exceptionnelle, Guo Baochang. Il sera un jour un des plus grands cinéastes chinois. Notre aîné à tous, c'est parce qu'il a été considéré dès son arrivée comme un opposant très actif à la Révolution qu'il s'est trouvé affecté au chauffe-eau du camp. Chaque jour, il lui faut transporter des quantités d'eau et de charbon, passer du froid glacial de l'extérieur à la chaleur humide de la chaudière. Ce qui n'entame pas sa bonne humeur.

Ainsi, il y a quelques jours, il est tombé amoureux d'une d'entre nous, une très jolie chanteuse du Conservatoire. Pour lui déclarer sa flamme dans la pure tradition chinoise, il charge un messager de transmettre une lettre d'amour. Son choix est, croit-il, judicieux : un jeune élève de l'Opéra de Pékin, qui a fait si peu d'études qu'il a du mal à rédiger ses propres autocritiques. Guo Baochang se pense ainsi à l'abri de toute indiscrétion. Malchance, le jeune artiste n'est pas seulement inculte ; il est aussi curieux. Il ouvre la lettre, découvre un texte difficile dont un dictionnaire ne suffit pas à lui donner les clefs. Alors il consulte ses camarades… et voilà le camp tout entier au courant avant même que la belle ne reçoive sa lettre !

La journée est finie. Mais nous ne sommes pas au bout de nos peines. Souvent, des exercices d'alerte nous réveillent en pleine nuit pour nous préparer à une invasion des Soviétiques. Nous entendons une sirène hurler puis un ordre de rassemblement :

— Alerte ! Alerte !

Nous devons alors quitter le camp dans l'urgence en emportant notre paquetage. La première épreuve est de rassembler nos affaires dans l'obscurité totale de notre chambre, si bien que je finis par dormir tout habillée, pour plus de sécurité. Il nous faut ensuite courir plusieurs heures d'affilée, en pleine nuit, dans la montagne. Puis nous regagnons le camp à l'aube sans avoir pu dormir.

Quand ce n'est pas une alerte qui nous réveille, c'est une voix qui s'élève au milieu de la nuit. Mystérieuse, venue d'on ne sait où, qui chante la gloire de la Révolution. Notre *Jigifenzi* parle dans son sommeil… Au début, nous avons été impressionnés : une telle fidélité, une telle loyauté, exprimées alors que la conscience est endormie, n'est-ce pas admirable ? Peu à peu, toutefois, le doute s'installe. Toutes les nuits, n'est-ce pas beaucoup ? Et n'est-ce pas pour vérifier que nous avons bien entendu sa profession de foi qu'elle s'inquiète le matin de nous avoir dérangés ? Nous mettons alors au point une parade : chaque fois qu'elle présente ses excuses, nous la rassurons :

— Mais non, cela ne nous a pas dérangés, nous n'avons rien entendu.

Le dimanche est consacré au nettoyage. Lorsque nous lavons nos draps, nous regardons le ciel dans l'espoir qu'un minimum de soleil nous permettra de les faire sécher. Très souvent, moins d'une heure plus tard, le vent de sable s'est levé et nos draps sont tous gris et jaune, comme le paysage, encore plus sales qu'avant.

Parfois, le dimanche, nous avons droit à des séances de cinéma : des films albanais, en général. Leur qualité laisse à désirer mais nous n'en manquons pas un, pour leurs quelques baisers – inimaginables dans un film chinois de l'époque. Chaque fois qu'une scène torride s'annonce, le soldat responsable de la projection se précipite devant l'écran pour nous cacher l'inconcevable. Mais souvent, il arrive trop tard, pour notre plus grand plaisir. Faut-il rappeler que nous avons alors tous entre dix-neuf et trente ans ?

Au milieu de cette misère quotidienne demeure un rayon de soleil : l'arrivée du courrier. Quand il n'est pas censuré, et quand le récipiendaire n'est pas obligé d'en lire publiquement le contenu. Ce qui est arrivé à une amie, dans un autre camp : elle a dû révéler à tous ses camarades assemblés le détail des lettres reçues de son fiancé.

Je corresponds régulièrement avec ma mère, restée à Pékin, et avec Xiaoyen. Bientôt, ma sœur cadette, qui a alors quinze ans, est envoyée à Beidahuang Anlun, dans le Grand Nord sauvage de Mandchourie, d'où elle va continuer de m'écrire.

Ses premières lettres sont effrayantes. Pendant les récoltes, elle doit travailler de deux heures du matin jusqu'à onze du soir. Pour pouvoir déjeuner, à midi, il faut se ruer au bout du champ où est posée la nourriture. Les premiers arrivés mangent autant qu'ils peuvent. Étant la plus jeune du camp, elle court moins vite que les autres, et souvent, elle se retrouve sans rien.

Entre autres tâches, elle doit s'occuper d'un élevage de daims – en Chine les daims sont élevés pour leurs bois, dont on fait des remèdes. Un jour qu'elle poursuivait une de ses bêtes échappées, elle a failli mourir enlisée dans un marécage. Une autre fois, alors qu'elle fauchait, elle a vu sa meilleure amie mourir électrocutée parce qu'elle avait touché un câble tombé à terre. Elle s'est chargée de veiller la dépouille mortelle jusqu'à l'arrivée de ses parents, mais une nuit, elle s'est assoupie et, à son réveil, elle a eu sous les yeux le spectacle du corps rongé par les rats. Le père de la jeune fille en est devenu fou. Il est mort peu de temps après.

Que répondre aux lettres de Xiaoyen ? Je ne peux qu'essayer de lui rendre courage. Plus tard, pour la soutenir, je lui adresserai un exemplaire du *Manifeste du Parti communiste* de Karl Marx.

Un jour, je reçois une lettre de ma mère. Elle aussi est désormais en camp.

11

Un porcelet et cinq chatons

La nuit est bien avancée,
Donne-moi une allumette...
(Lu Yuan, *Mélancolie*)

En quelques mois, le régime du camp a eu raison de ma santé. Très affaiblie, je souffre d'interminables diarrhées qui m'obligent à me traîner dix fois par jour aux latrines, à l'extrémité du camp, d'où je n'ai plus la force de revenir. Sur le chemin du retour, je m'écroule, je me relève, je rampe pour regagner le dortoir.

Lorsque j'ai perdu dix kilos, on se résout à me transférer à l'hôpital de Zhangjiako. J'y retrouve un ami, Like, un merveilleux violoncelliste. Je connais Like depuis l'École de musique pour enfants où il étudiait le piano. Au Conservatoire de Pékin, nous avons longtemps partagé le même pupitre : c'est un garçon au regard vif, direct, généreux et si humain. Il est grand et d'une constitution solide, ce qui ne l'a pas empêché d'attraper une septicémie aiguë. On me fait le même diagnostic. Rien d'étonnant. L'eau que nous buvons est trouble ; la nourriture apportée à midi, déposée au coin du champ, est recouverte par le vent d'une pellicule de sable sale quand nous y arrivons enfin, après avoir marché sur plusieurs centaines de mètres.

Allongée sur mon lit d'hôpital, je me sens seule au monde. Je me demande ce que je fais là, comment j'ai pu me retrouver dans cette chambre triste et crasseuse. Je vais mourir, je le sens, loin de mes parents, abandonnée de tous. Ma mort n'aura eu aucun sens, pas plus que ma vie. Je pense à ma famille et aux souvenirs que nous avons ensemble. Tout est fini. Plus jamais, je ne les reverrai, plus jamais, je ne connaîtrai la liberté. Dans mes cauchemars, je vois mon père ; il travaille dans les champs, et, tout à coup, il est à terre, écrasé par les chargements que son mal de dos ne lui permet pas de porter. Est-il mort ?

Pendant plusieurs jours, je m'enfonce dans mon délire, oscillant entre la vie et la mort sans que les médecins me disent un seul mot. Mais mon heure n'est pas encore arrivée. Un jour, je me sens mieux. La fièvre tombe. Petit à petit, je me rétablis. On me renvoie au camp pour ma convalescence.

Une après-midi, peu après mon retour, alors que je suis allongée sur ma paillasse, j'entends au loin l'écho d'une musique. Je tends l'oreille. Qui peut bien jouer dans le camp en plein milieu de la journée ? J'arrête de respirer pour mieux entendre : c'est le son d'un accordéon. Je sors pour voir ce qui se passe. Tian, notre chef, se tient dans un coin de la cour, entouré d'artistes.

— Tout est en place. Alors, à ce soir, leur dit-il.

On dirait Hamlet saluant les comédiens arrivant à Elseneur de son « Vous êtes les bienvenus mes maîtres ; bienvenue à tous ! ».

Ancien instituteur, Tian, au fond de lui-même, est un intellectuel. Il a décidé de profiter de la présence des élèves artistes de Pékin dans la région pour organiser des tournées dans les camps autour de Zhangjiako. Il a sélectionné pour cela quelques chanteurs, danseurs et instrumentistes. Cela lui coûtera cher, plus tard : dénoncé par certains, dont moi-même, qui ne le jugeront pas assez révolutionnaire, il sera contraint de quitter ses responsabilités.

Le lendemain, alors que tout le monde est aux champs et que je déambule dans le camp, j'aperçois de loin, entreposé sur une table, l'accordéon qui a servi à la représentation de la veille. Je m'approche de lui : il est vieux, ses touches sont sales, sa lanière usagée. Mais, cet instrument seul au milieu de ces bâtiments sinistres, c'est un signe que l'on m'envoie : il faut en profiter.

Je regarde autour de moi. Personne. Je me saisis de l'instrument, essaie de jouer quelques notes. Toujours rien. Et si j'essayais de jouer un vrai morceau ? Après cette maladie, après toutes ces frustrations, j'en ai trop envie ! Mais lequel ? Il faut une pièce essentiellement pour la main droite. Je cherche dans mon répertoire. J'ai trouvé ! La *Deuxième Étude* de l'opus 10 de Chopin. C'est une étude pour la main droite, assez simple pour la main gauche : une étude idéale pour l'accordéon même s'il me manque des octaves. Je la joue sans fin, une grande partie de l'après-midi et les jours suivants jusqu'à ce que les artistes repartent. J'avais oublié le pouvoir de la musique : il s'est rappelé à moi.

Au début de l'automne, nous quittons le camp. Nous sommes transférés à Qingshuire, à une cinquantaine de kilomètres de Yaozhanpu. Officiellement, parce que les bâtiments que nous occupons doivent être rendus aux militaires. Il est vrai que Yaozhanpu, situé sur les hauteurs, constitue un formidable point d'observation alors que Qingshuire, installé dans la plaine, au bord d'une rivière, ne présente pas le même intérêt stratégique. Mais plus sûrement parce que les soldats ne souhaitent pas nous laisser trop longtemps au même endroit, de peur que nous ne nouions des contacts avec la population voisine.

À Qingshuire, la vie est plus dure encore qu'à Yaozhanpu. Deux dortoirs seulement, l'un pour les hommes et l'autre pour les femmes. Le chef de camp, Cui, est strict, raide, mal à l'aise ; chez lui, le respect de la règle ne laisse jamais la place à un sourire.

Peu après notre arrivée, on nous invite à méditer l'exemple d'une universitaire d'un camp voisin qui a donné une preuve exceptionnelle de sa fidélité à Mao. Deux télégrammes successifs l'ont informée que son jeune fils était gravement malade et qu'il lui fallait revenir d'urgence à Pékin. Chaque fois, elle a répondu qu'elle devait soigner un porcelet, lui aussi souffrant, dont elle avait la charge. Un troisième télégramme lui a annoncé le décès de son fils. Elle n'a pas versé une larme. Quelques jours plus tard, le porcelet est mort. Elle l'a pleuré.

Nous restons perplexes. Est-il *vraiment* nécessaire d'aller aussi loin pour être fidèle à la pensée du président Mao ? Mais le premier moment de stupeur passé, nous nous habituons à l'idée et bientôt, la plupart d'entre nous jugent cette femme estimable : un cochon nourrit la collectivité, l'attachement que l'on porte à son enfant est un sentiment individualiste et bourgeois. Les jeunes mères autour de moi émettent quelques réserves mais finissent par approuver. Sont-elles vraiment convaincues ? Il me faudra encore cinq ans pour que je devienne capable de me poser la question en toute lucidité. Cinq longues années de camp avant d'accepter le doute, avant de laisser naître en moi quelque chose qui ressemble à de la lucidité.

L'hiver arrive. Le paysage se couvre de neige et les températures deviennent glaciales. Comme nous ne pouvons plus aller dans les champs, nous sommes cantonnés dans d'immenses granges à extraire les grains des plants de maïs. L'année 1970 commence. Puis le printemps revient. Les saisons rythment désormais notre vie. Les mois passent, et rien ne change. La dureté physique du travail aux champs, l'hostilité de la nature environnante, la promiscuité avec les mêmes compagnons… Et aussi, surtout, l'ennui, la monotonie de nos journées dont je compte chaque minute qui passe, l'absence de perspectives. Je comprends de moins en moins ma captivité, je me demande pourquoi je suis là.

Le temps vient où quelques-uns d'entre nous reçoivent l'autorisation de partir. Ils rentrent chez eux. Les autres restent. Alors, pour la première fois depuis mon arrivée en camp, j'éprouve un sentiment de révolte. L'injustice est trop flagrante. Je ne peux oublier l'accordéon, la sélection qui a été faite parmi nous au moment d'aller jouer de la musique au profit des soldats : pourquoi les uns avaient-ils eu ce privilège et les autres non ? J'en ai conservé une rancune qui ne guérit pas, je m'en rends compte.

C'est alors qu'un événement fait tout basculer. Un

de mes compagnons, jeune marié, prend la décision de fuir – il veut revoir son épouse, à tout prix. Il est vite rattrapé, et contraint de procéder à une longue autocritique publique, qui d'ailleurs n'effacera pas la faute : plus tard, au moment de sa *Fenpai*, de son « affectation » à la sortie du camp, il la paiera cher.

Cela me fait réfléchir... Fuir ! Une autocritique publique ? J'en ai l'habitude... Une de plus ou une de moins, cela n'importe pas vraiment. Un risque sur mon affectation à la sortie du camp ? C'est plus grave. Mais la perspective semble si lointaine, si abstraite. Qui parle de liberté, à ce stade ? Et ma mère vient de m'écrire qu'elle est de retour à Pékin : elle est en trop mauvaise santé pour supporter la vie au camp ; les autorités ont préféré la renvoyer chez elle.

J'en parle à deux camarades dont je sais qu'elles partagent mes sentiments. J'ai repéré une sortie : les latrines sont dépourvues de toit et contiguës à l'enceinte extérieure. Je leur demande si elles veulent me suivre dans mon aventure. Oui ? Eh bien, la semaine prochaine, le temps d'arrêter les derniers détails de notre évasion, nous partirons.

Le jour dit, à cinq heures du matin, nous nous glissons dans les latrines. Personne en vue. Nous franchissons le mur en nous faisant la courte échelle et nous précipitons à la gare. Quelques heures plus tard, dans le train pour Pékin, nous savourons nos premiers instants de liberté depuis plus d'un an.

Alors que le paysage défile, nous discutons de notre grand projet : écrire à Mme Mao, celle qui nous a envoyées dans ces camps de rééducation, pour lui décrire la situation réelle à Zhangjiako. Les départs, les injustices, les compromissions, l'absence de véritable esprit révolutionnaire : tout cela, elle ne peut pas le savoir, et elle ne l'acceptera pas. L'entreprise a été pervertie par des exécutants incapables, il faut qu'elle intervienne. Comme les *zeks* russes décrits par Soljenitsyne qui, du fond des camps de Sibérie, étaient persuadés que Staline ignorait tout du Goulag, nous lui gardons toute notre confiance et nous nous donnons rendez-vous dès le lendemain pour lui écrire la lettre qui enfin lui ouvrira les yeux.

Après avoir traversé un Pékin encore plus désert que lors de mon départ, j'arrive dans notre ruelle. Rien n'a changé.

— Xiao-Mei, que fais-tu ici ?

Ma mère est maigre, faible, enveloppée de bandages destinés à soulager les douleurs qu'elle a au ventre. Végétarienne, elle était incapable de consommer la graisse de porc qui constituait l'ordinaire des détenus de son camp. Un matin, de fatigue, elle s'est écroulée dans le champ où elle travaillait et y est restée une journée inanimée avant qu'on vienne la rechercher. C'est alors qu'il a été décidé de la faire partir.

Elle se tait. Elle ne me dira rien d'autre sur le sujet, et moi non plus, je ne lui parlerai pas de mon expérience en camp. Ce sont nos voisins, les Guan, que j'appelle désormais Shushu (Oncle) et Dama (Tante) Guan, qui m'en apprennent plus. Ils me racontent l'histoire de cette petite chatte que ma mère a trouvée dans son camp, à qui l'on avait enlevé ses cinq chatons nouveau-nés. Tous les soirs, au retour des champs, la chatte venait trouver ma mère. Elle se frottait contre elle, se laissait caresser en pleurant la perte de ses cinq bébés. Ma mère pleurait aussi, songeant à ses cinq bébés à elle. La chatte ne savait pas pourquoi mais ma mère, elle, la comprenait.

Comme les jours se succèdent sans que personne ne vienne me chercher, je finis par me risquer jusqu'au Conservatoire. La première personne que j'y rencontre est un professeur de violon. Il fait partie des quelques enseignants jugés inaptes pour raison de santé à être envoyés en camp. Nous engageons la conversation puis, tout à coup, une idée me traverse la tête.

— Savez-vous où je pourrais trouver des partitions ?

C'est plus fort que moi ; je suis consciente du danger mais le vieil accordéon de Yaozhanpu a éveillé en moi un désir de musique que je croyais enfoui sous ma nouvelle personnalité de bonne révolutionnaire.

Il a l'air étonné, me regarde furtivement dans les yeux pour estimer mon degré de sincérité – il craint, je le comprends, que je ne lui tende un piège. Après quelques instants d'hésitation, il me répond à voix basse :

— Je sais qu'il y a une petite pièce, au troisième étage, remplie de partitions. Au début de la Révolution culturelle, des professeurs y ont caché tout ce qu'ils pouvaient. Je crois que personne n'a jamais osé y aller depuis. À mon avis, tu y trouveras ce que tu cherches.

Il jette un bref coup d'œil circulaire autour de lui pour vérifier que personne ne nous écoute et ajoute :

— Si tu veux, nous pouvons essayer d'y aller ce soir. Reviens vers dix heures. Nous serons seuls.

Je le remercie et, le soir venu, je vais au rendez-vous. Tout est vide et étrangement silencieux dans les bâtiments : stade ultime de sa métamorphose, le

« Conservatoire sans musique » est devenu un « Conservatoire sans élèves ».

Le professeur de violon prend une lampe-torche et nous montons tous les deux au troisième étage d'un des bâtiments. Arrivés à la pièce aux partitions, il éclaire une fenêtre placée au-dessus de la porte.

— Je vais te faire la courte échelle. Tu vas passer par là.

Je me faufile dans la pièce aux trésors, la torche à la main. Elle est remplie de partitions, en effet. Je fouille autour de moi, j'en prends une, je tourne les pages, puis une autre, une autre encore…

— Alors ? Tu trouves ton bonheur ?

Comme je ne réponds pas tout de suite, de l'autre côté de la porte, le professeur de violon s'impatiente :

— Tu m'entends ? Qu'as-tu trouvé ?

Ce que j'ai trouvé ? De la musique cubaine ! Rien que de la musique cubaine ! Tous ces risques pris pour des airs de danse ! Je repasse par la fenêtre, quelques partitions sous le bras. Pas question de repartir les mains vides.

De retour à la maison, je débarrasse le piano des couvertures qui le cachent depuis des années.

— Mon pauvre piano, c'est tout ce que j'ai à t'offrir pour nos retrouvailles.

Je ne suis pas sûre qu'il apprécie vraiment, mais durant des journées entières, notre appartement va résonner de musique cubaine pendant que ma mère, qui craint que cela n'attire l'attention des voisins, fait la sentinelle, dans le froid, devant notre logement. Elle y passe ses après-midi, prête à donner l'alarme à la moindre alerte.

Quelques jours plus tard, nous apercevons deux soldats par la fenêtre. Dominant sa peur, ma mère va leur ouvrir la porte.

— Nous cherchons l'étudiante Zhu Xiao-Mei. Est-elle là ?

— Elle est là.

Ils m'interrogent, ainsi que ma mère, sur les raisons de ma fuite. Je leur explique que je suis consciente d'avoir commis une faute mais que je voulais revoir ma mère. Ils font mine de me comprendre. Si je repars avec eux, je ne serai pas punie, ils en prennent l'engagement.

Ainsi se termine mon escapade. De retour à Qing-shuire, il me faut procéder à mon autocritique. Sans surprise. Je m'y étais préparée. Mais après cela, lorsque nous sommes entre camarades, on me pose des questions et je raconte plus en détail mon séjour à Pékin. Certains restent silencieux, mais d'autres m'approuvent, m'envient. Les temps changent – lentement, mais ils changent… Et je reprends le chemin des champs.

Au cours de cet été-là, nous changeons de camp pour la deuxième fois. Cette fois, nous sommes cantonnés dans un village, Quijiazhuang, au milieu des paysans. Le camp se compose de quelques étables suintantes d'humidité, réquisitionnées auprès des villageois qui ont tout juste de quoi se vêtir et se nourrissent chaque jour d'un peu de riz dilué dans beaucoup d'eau. Du riz qu'ils reçoivent en fonction d'un système de points fondé sur leur productivité aux champs. Plus ils produisent, plus ils gagnent de points !

Notre nourriture à nous, si elle est médiocre, est servie à volonté. Aussi imaginons-nous de demander aux soldats deux fois plus que nous n'en pouvons manger afin de leur donner le surplus. Les soldats laissent faire : certains parce qu'ils n'y voient que du feu, d'autres parce qu'ils nous approuvent. Très jeunes, pour la plupart fils de paysans pauvres, ils se sentent spontanément solidaires des gens de Quijiazhuang.

Les conditions de vie sont un peu meilleures et le rythme de travail s'est un peu assoupli ; du coup, nous avons plus de temps libre et le choix des lectures autorisées s'élargit. Après toutes ces années pendant lesquelles nous n'avons rien pu lire d'autre que le Petit Livre rouge, nous avons à présent deux autres auteurs à notre disposition : Lénine et Marx ! *Le Capital* devient notre bible mais, faute d'éducation, combien d'idées, combien de mots, même, m'échappent ! Karl Marx évoque un certain Napoléon... je n'en ai jamais entendu parler. Pourtant, ma soif d'apprendre est immense, je m'acharne.

Une amie propose alors de m'aider. Son père, Zho Henli, travaille pour la Banque de Chine, à Hong Kong : bon communiste, respecté par le régime pour ses compétences et sa fidélité, il a plus de latitude et plus de culture pour s'exprimer que ceux qui nous entourent. Lui, m'assure-t-elle, saura m'expliquer les points difficiles de Marx. J'entame donc une étrange correspondance avec cet homme que je ne connais pas et qui vit si loin de là, à Hong Kong. Mes lettres font parfois dix pages, mais il me répond toujours, avec patience et gentillesse.

Nouveau signe d'assouplissement : l'opéra de Zhangjiako réclame notre aide pour monter un *Yanbangxi*. En tant que pianiste, je suis désignée, ainsi que Huang Anlun, fils d'un célèbre chef d'orchestre chinois qui a étudié à Yale, aux États-Unis, et un grand musicien.

Ainsi puis-je à nouveau travailler mon piano. Il m'arrive même de disposer de plusieurs heures d'affilée sans être dérangée. C'est une joie, même si nous manquons de partitions. Curieusement, je me découvre parfaitement capable de jouer de mémoire des morceaux appris étant tout enfant, mais le répertoire travaillé auprès de Maître Pan, après tant d'années d'interruption, m'échappe. Si je me souviens des grandes lignes, combien de détails j'ai oubliés ! Enfin… je suis si heureuse de rejouer. Si heureuse que, lorsque je dois cesser pour retourner travailler aux champs, je me trouve en manque de musique, enfermée dans un sentiment de frustration bien pire qu'avant.

Vers cette époque survient l'épisode de ma vie au camp qu'il m'est le plus pénible de raconter, l'ultime étape de la déshumanisation orchestrée par le système.

Un soir, au retour des champs, je suis convoquée par le chef du camp.

— Nous avons besoin de toi. Nous avons des informations comme quoi une société secrète, le Mouvement des Cinq Cent Seize, conspire contre le régime. Elle est très active dans les milieux de la culture. La violoncelliste Shaohua a été dénoncée comme en étant membre. Nous comptons sur toi pour la surveiller et la pousser à avouer.

Bien sûr, il est impensable de refuser. D'ailleurs, je n'y pense même pas. La démarche est l'aboutissement logique de tant d'années de séances d'autocritique et de dénonciation. Je suis sincèrement convaincue que cet homme n'aurait pas accusé sans raison sérieuse.

Je commence donc ma surveillance discrète, à la recherche d'indices, même le plus mince. Arrive le jour où, par l'entrebâillement de la porte d'un bureau, je surprends ma camarade en train de fouiller dans des dossiers auxquels elle n'est pas censée avoir accès. En fait, elle cherche les lettres de dénonciation qui l'incriminent, mais je ne le sais pas ; c'est elle qui me l'apprendra, plus tard, quand je serai capable d'entendre et de juger, enfin. Sur le moment, je ne veux pas y réfléchir, je veux démasquer l'espionne, c'est tout.

Je m'en vais raconter l'affaire à un soldat et lui suggère de profiter de notre prochaine réunion de dénonciation pour confondre Shaohua preuve à l'appui : elle a été surprise en train de fouiller dans des dossiers confidentiels. Le soldat m'approuve, la séance arrive… Tout le camp est réuni pour l'occasion. Les attaques fusent de toutes parts. Shaohua, blême, fait face et réfute tout en bloc. Puis, tout à coup, une fille se lève et la gifle. C'en est trop pour moi. Je sens ma respiration s'arrêter. C'est comme si je me réveillais d'un cauchemar : je me rends compte que je suis cause de cette scène dont je ne supporte pas la violence. En conséquence des coups qu'elle a reçus ce soir-là, Shaohua restera sourde pendant une semaine.

Elle et moi, nous vivrons encore ensemble pendant une année, sans nous adresser la parole, comme étrangères l'une à l'autre, et nous serons toutes deux parmi les derniers à être libérés. Hasard ou destin, nous nous trouverons alors dans le même train pour Pékin.

12

Un ami me rejoint

Assis seul à l'écart au milieu des bambous,
Je joue de la cithare et chante à pleine voix ;
Dans la forêt profonde, où les hommes m'oublient,
Seul un rayon de lune est venu m'éclairer.
(WANG WEI, *La Gloriette aux bambous*)

Au début de l'année 1971, nous sommes transférés dans un quatrième camp. C'est une véritable prison, cette fois, nommée Dayu, c'est-à-dire la « grande prison » en chinois. Les murs sont hauts, couronnés de fils de fer barbelés, on a l'impression que même les oiseaux ne peuvent s'évader de cet endroit. Une porte unique en commande l'accès, ce qui rend le contrôle de nos allées et venues particulièrement aisé.

Nos jours et nos nuits défilent, d'une tristesse mortelle. Je suis hanté par une musique, celle du *Deuxième Concerto* que Rachmaninov avait écrit au sortir d'une profonde dépression ; elle s'accorde si bien avec l'immensité désolée des paysages qui entourent Zhangjiako.

La musique m'obsède. C'est l'aboutissement d'une redécouverte : Chopin, joué un jour sur un accordéon de fortune, les airs de Cuba dans la grisaille de notre *Siheyuan*, l'opéra de Zhangjiako… tout se rejoint dans un désir de musique de plus en plus envahissant. J'y songe le jour, la nuit. Si bien qu'un projet fou est en train de sourdre au fond de moi : faire venir mon piano de Pékin.

J'en parle à mes amis les plus proches, en secret, à Huang Anlun en particulier, qui rêve lui aussi d'avoir un instrument. Tous me mettent en garde. C'est pure folie. Ça pourrait me valoir des années de camp supplémentaires : cela ne constituerait-il pas une preuve absolue que ma rééducation demeure à faire ? Et, au-delà, je courrais le risque, au moment de ma libération, d'avoir une *Fenpai*, une affectation que je regretterais toute ma vie. On me le ferait payer, c'est certain.

Je les écoute sans cesser de ruminer mes plans. Je les interroge : et si j'expliquais que je fais venir mon piano pour travailler les *Yanbangxi* ? Après tout, c'est une musique que nous avons plus que le droit, le devoir, de jouer. Mes amis continuent de me dissuader et s'inquiètent. C'est trop dangereux.

Pourtant, un jour, l'un d'eux arrive avec une idée. Il a fait la connaissance de He, un ancien acteur de cinéma qui habite près du camp, dans une petite baraque isolée. Du fait de ses prises de positions politiques dans les années 1950, il a été emprisonné et séparé de sa famille. Avec le temps, les conditions de sa captivité se sont assouplies et il peut désormais vivre seul : on ne le surveille que de loin. Mon ami l'a mis dans la confidence : il est prêt à accueillir mon piano chez lui.

Il n'y a pas à hésiter. J'écris aussitôt à ma mère :

J'ai vraiment très envie d'avoir mon piano ici, à Zhangjiako. Penses-tu qu'il te serait possible de me l'envoyer ? J'ai tout arrangé pour le recevoir. Je compte sur toi et je te fais confiance. Réponds-moi vite !

Xiao-Mei

Je n'ai rien arrangé du tout et voilà qu'en toute innocence, je demande l'impossible à ma mère ! Elle me répond qu'elle est prête à tout pour moi, mais que là, vraiment, je vais trop loin. J'insiste, envoie lettre sur lettre. J'ai trop envie de ce piano, il me le faut. Je l'incite à engager toutes les démarches imaginables. Bien que seule et malade, ma mère cède. Elle se rend à la gare de Pékin pour se renseigner discrètement sur les moyens d'envoyer un colis aussi encombrant à Zhangjiako. Les chemins de fer chinois sont prêts, moyennant finances, à transporter tout objet, partout en Chine, mais ils ne donnent aucune garantie ni sur l'état du matériel, ni sur le délai de livraison. Comment envoyer un piano, et même bien plus qu'un piano, tout un pan de notre histoire familiale, en courant un tel risque ? Ma mère m'écrit qu'elle ne peut pas le faire. C'est trop lui demander.

Mais je veux ce piano, je veux recommencer à jouer. Encore une fois, je supplie ma mère, qui cède. Oui, nous prendrons le risque et tant pis si un malheur arrive. Elle fait face aux difficultés que soulève la réalisation d'un tel projet, sollicite quatre ouvriers de sa connaissance, et, avec leur aide, emballe le piano jusqu'à le rendre méconnaissable. Il en a l'habitude ! Puis l'équipe se rend à la gare de Pékin pour confier le colis aux employés des chemins de fer.

La petite gare de Sha Lingzi est située sur le chemin qui mène de Dayu aux champs dans lesquels nous travaillons. C'est là que le colis doit arriver, à ma demande. Je profite de nos trajets quotidiens pour poser la question à chaque passage : a-t-on reçu quelque chose à mon nom ? Non, rien. Après tout, c'est normal. Il faut laisser au piano le temps d'arriver, mais tandis que les jours passent, mes espoirs s'effilochent… le piano semble bien être perdu quelque part dans le labyrinthe des chemins de fer chinois, seul à jamais, peut-être condamné à pourrir dans un entrepôt de Mongolie-Intérieure ou pis. La perspective d'en informer ma mère me rend malade. Trois semaines se sont déjà écoulées.

Et le miracle se produit.

— Oui, il y a quelque chose qui est arrivé pour toi, me répond l'employé des chemins de fer. Va voir sur le terre-plein, derrière la gare.

Mon cœur se met à battre très fort. Mon piano est là ! Dans quelques minutes, je vais le revoir. Je cours à la recherche du fameux terre-plein. Je débouche sur une sorte de terrain vague où je distingue au loin un petit tas noir, informe, misérable. Ça ? Mon piano – Trop petit, trop noir… Impossible. Je m'approche, pourtant, la gorge nouée, je défais la première couverture, puis la deuxième, et les autres, et j'aperçois enfin du bois, c'est lui ! Il a voyagé à même le charbon du train, visiblement, mais il est là, et en un seul morceau.

Je m'appuie contre lui et je lui parle tout bas :

— Je ne te laisserai plus tomber ! Je te le jure. Plus jamais !

Seule sur ce terrain vague, je le regarde, je lui tourne autour, je le caresse… Comment peut-il être si petit, lui qui m'avait paru immense, la première fois que je l'avais vu, ce jour de mes trois ans où l'avaient déposé les déménageurs dans la chambre de mes parents ? Je reste là, comme aimantée, incapable de m'éloigner. La vie ne sera plus comme avant, désormais, je le sais.

Mais il faut réagir vite, maintenant. Parer au plus pressé et le faire transporter avant qu'il ne s'abîme. Je cache l'instrument sous ses couvertures et je vais à Dayu chercher de l'aide. Aussitôt, mes compagnons se précipitent. Voir un piano, ici, dans ce bout du monde, posé comme ça au milieu de nulle part… Je le dégage encore une fois de ses couvertures. Il apparaît, rayonnant au milieu du paysage terne et sans couleur des frontières de la Mongolie ; nous nous taisons aussitôt. Le spectacle est bizarre, il est vrai, mais aussi enchanteur. On croirait qu'il vient de tomber du ciel. Mon émotion passe jusqu'à mes amis ; nous le contemplons un moment en silence.

Puis, tous ensemble, nous le chargeons sur la voiture à cheval qui sert habituellement au ravitaillement du camp et qu'un ami travaillant aux cuisines m'a laissée prendre. Direction : la cabane de He, l'acteur de cinéma, où nous le déballons et l'installons avec précaution. J'en fais le tour plus en détail. Le bois n'est pas cassé mais la mécanique ? Il y a une façon rapide de vérifier. Je m'assieds. Pendant un instant, mon trouble est tel que je ne sais plus quoi jouer. J'essaie péniblement le mouvement lent du *Vingt-troisième Concerto* de Mozart. Bizarre… je ne reconnais plus la voix de mon piano, il est comme enrhumé, malade. C'est bien ce que je craignais : je soulève le couvercle du piano : une vingtaine de cordes sont cassées.

Tous ces efforts pour devoir renoncer au moment

même de la réussite : pas question. Je les enlève une à une et, dès le lendemain, je profite d'un instant de loisir pour me précipiter à Zhangjiako faire le tour des magasins de la ville. Ce type de fil de fer ? Non, je n'en trouverai pas ici, me dit-on. Ma seule chance est d'aller directement dans des usines des alentours. Je cours alors d'usine en usine, où j'essuie échec sur échec, jusqu'à ce que, un jour, la chance me sourie.

— Ce fil de fer ? Oui, on en a ici. Tu en veux quelle quantité ?

Difficile d'être moins curieux que mon interlocuteur, qui m'en donne gratuitement de toutes sortes, de toutes les tailles et tous les diamètres. Je rentre le cœur léger et je remplace consciencieusement les cordes cassées. Le résultat est médiocre et même, dans l'aigu du piano, terrible. Mais je suis heureuse : j'entends un son là où il n'y avait qu'un bruit de marteau. Même blessé, mon piano est là, avec moi. Je vais pouvoir reprendre ma route avec lui.

Désormais, dès que la surveillance se relâche, je me rends chez He en cachette, en passant par les latrines du camp, le plus souvent en fin de journée. Alors, je peux jouer sans crainte la musique que j'aime.

— Les paysans qui vivent autour de chez moi sont illettrés, m'a rassurée He. Ils sont incapables de comprendre quelle musique tu joues ; ils ne te dénonceront pas.

Personne, en effet, ne me dénoncera. Et je renoue connaissance avec mon piano. Il est tellement plus qu'un instrument de musique, un ami de toujours qui m'a rejointe. Je repense à ce que nous avons déjà vécu ensemble, à la *Rêverie* de Schumann, au Conservatoire, au *dazibao*, à la musique cubaine. Avec lui, c'est une partie de moi que je croyais disparue qui revient. Plus je le regarde, plus je sens qu'il me réconforte. Oui, il y a de l'espoir, oui, ma vie ne va pas s'arrêter à Zhangjiako.

Pendant ce temps, un nouveau chef est arrivé au camp. Nous l'appelons Millier de gouttes – nous donnons un surnom à tous nos chefs. Lors de sa prise de fonction, son premier soin a été de nous raconter l'histoire édifiante de ce paysan qui avait si bien travaillé dans son champ qu'un millier de gouttes de sueur avait formé une flaque autour de lui.

«Millier de gouttes» n'est pas un intellectuel comme Tian, le chef de notre premier camp, ni un petit sournois comme j'ai pu en connaître dans nos autres camps. C'est un homme simple, spontané, qui donne l'impression d'être à jamais incapable de deviner les arrière-pensées de ses interlocuteurs. Tant et si bien que la tentation devient trop forte. Quelques-uns d'entre nous lui présentent un projet au-dessus de tout soupçon, semble-t-il :

— Nous aimerions beaucoup pouvoir travailler les *Yanbangxi*, mais nous manquons d'instruments. Pouvons-nous nous en procurer ?

Jouer les *Yanbangxi* ? Millier de gouttes ne refuse pas. Tend-il un piège ou est-il réellement dupe ? Le mystère restera entier. Toujours est-il que quelques instruments font leur apparition à Dayu. Like a désormais un violoncelle. Il l'emmène partout avec lui et en joue même dans les champs, sous les arbres ! D'autres compagnons, dont mon ami Huang Anlun, ont réussi à faire l'acquisition de deux pianos. Tout ce manège intrigue notre encadrement mais il continue de laisser faire, c'est l'essentiel.

Je décide alors de rapatrier mon instrument à Dayu. Si mes compagnons jouent dans l'enceinte du camp, pourquoi pas moi ? J'ai repéré une petite pièce isolée où je pense pouvoir être en paix. Quelques amis m'aident à y transporter l'instrument.

Le soir même, je m'y rends après le repas du soir : mauvaise surprise ! La température n'y dépasse pas quelques degrés et la pièce tient plus du frigo que du studio de répétition. Il n'y a qu'une chose à faire : trouver du combustible au plus vite pour alimenter le petit poêle qui est là, dans un coin. Et moi qui n'ai jamais rien pris de ma vie qui ne m'appartienne pas, voilà que je me retrouve, après trois ans de rééducation, en voleuse de charbon. Quand celui que je peux récupérer sur les voies de chemin de fer ne me suffit pas, je vais me fournir devant les maisons des soldats, qui ne comprennent pas pourquoi leur tas fond comme neige au soleil. Je camoufle mon butin dans une cache que j'ai creusée sous le plancher de la petite pièce.

Officiellement, donc, nous travaillons les *Yanbangxi*. Et nous disposons aussi de la *Sonate Appassionata* de Beethoven, car on vient de découvrir qu'elle était le morceau favori de Lénine. Mais cela ne saurait nous suffire. Comment trouver d'autres partitions ? Les nôtres sont toutes parties en fumée dans la cour du Conservatoire.

J'ai une idée. Je vais voir mon amie, la fille de Zho Henli, qui m'a expliqué *Le Capital* de Karl Marx. Peut-être pourrait-il nous envoyer des partitions ?

Mon amie lui écrit. L'opération est bien plus compromettante et plus dangereuse que d'envoyer des commentaires sur la lutte des classes et la dictature du prolétariat, on s'en doute. La musique occidentale reste interdite, et la censure active. Mais Zho Henli ne refuse pas. Il est même d'une efficacité admirable ; sa stratégie est de multiplier les envois, inlassablement. La plupart ne nous arrivent pas, bien sûr, mais quelques-uns passent entre les coups de ciseaux de la censure, miraculeusement. Pour nous, c'est une renaissance. Nous nous rassemblons autour des partitions comme autour d'un trésor perdu, et nous les contemplons longuement avant de les cacher. Qu'arriverait-il si nous étions découverts ? Nous préférons ne pas y penser.

Parmi les rescapées, nous trouvons le premier livre du *Clavier bien tempéré* de Jean-Sébastien Bach, les *Scherzos* et *Ballades* de Frédéric Chopin, les *Sonates pour violoncelle et piano* de Beethoven, le *Concerto* de Grieg et le *Premier Concerto* de Tchaïkovski. Et puis le *Deuxième Concerto* de Rachmaninov, celui-là même dont les thèmes lancinants ont accompagné mes jours les plus sombres. Dès qu'une partition arrive, mon premier geste est de la jouer sur la première table que je trouve, en chantant l'accompagnement d'orchestre s'il le faut.

Ces partitions, nous nous les arrachons. Il y en a si peu ! C'est bien beau d'organiser un calendrier des échanges, mais ce serait tellement mieux que chacun de nous les ait toutes. Cette fois, c'est ma mère qui est sollicitée : il faut qu'elle me trouve du papier à musique. Encore une fois, elle réussit, je ne sais comment. En cachette, tremblant de peur, je recopie alors tous les morceaux un à un d'une écriture à la limite du visible pour économiser au maximum le précieux papier. C'est le premier livre du *Clavier bien tempéré* de Jean-Sébastien Bach que je reproduis avec le plus de soin : je veux que chaque voix de la polyphonie se distingue avec clarté.

Et ainsi, un beau jour, le camp et ses environs retentissent-ils de la musique de Bach, Chopin et Rachmaninov. Certains soldats s'interrogent. Nous les rassurons : il s'agit bien des *Yanbangxi*. Et aussi de musique albanaise ! Nous les sentons dubitatifs mais personne n'exprime clairement de soupçons.

Huang Anlun, de son côté, a réussi à se procurer les traités d'écriture de l'Américain Piston, un élève de Nadia Boulanger qui enseigna longtemps à Yale. Depuis longtemps, ces livres étaient mythiques pour nous. Grâce à Huang Anlun, encore, je retravaille très consciencieusement l'harmonie, le contrepoint ainsi que l'analyse musicale. Il m'apprend à écrire des fugues. Je compare le résultat de mes essais avec les fugues du *Clavier bien tempéré*. La conclusion s'impose : le mieux à faire est d'interrompre au plus vite ma carrière de compositrice et de retourner travailler mon piano dans mon frigo !

13

À la « villa Médicis »

Prends trois hommes au hasard des rues :
ils auront nécessairement quelque chose à t'enseigner.
(Confucius)

Le frigo est désormais mon refuge. Malgré les risques, malgré le froid, j'y suis bien. Pour la première fois, je peux jouer ce que je veux, pour mon seul plaisir, sans penser à l'avenir. Ma relation au piano est pure, ma soif de jouer et ma curiosité du répertoire insatiables. Je suis paisible, en apesanteur, avec un sentiment d'équilibre et de plénitude que seul peut procurer le détachement sur la finalité et l'utilité de ce que l'on fait.

Je me consacre beaucoup à ma technique. Au Conservatoire de Pékin, je l'avais travaillée sans relâche, grâce à Maître Pan. Mais l'enseignement y était très contraignant et il y avait toujours quelqu'un pour me conseiller ou me déconseiller de jouer telle ou telle œuvre, selon qu'elle était censée être ou non « faite » pour moi. Je me forge maintenant ma propre technique, je cherche par moi-même les solutions pour surmonter les difficultés de Bach, Chopin, Liszt ou Rachmaninov. En particulier dans la *Sixième Rhapso-*

die hongroise de Liszt, connue pour ses redoutables passages en octaves, je me mets à développer un jeu au plus proche du clavier avec l'idée de rendre moins audible l'attaque du son. Je la travaille énormément, un peu par défi, car au Conservatoire de Pékin, on m'a toujours dit qu'avec mes petites mains, il m'était impossible de bien jouer Liszt. Huang Anlun et moi, nous nous amusons à jouer les passages d'octaves de cette rhapsodie le plus vite possible.

Formidable expérience que ce réapprentissage personnel de la technique ! Tout oublier, l'esprit libre, pour tout réapprendre, chercher et trouver par soi-même les solutions, parvenir à un résultat dans la limite de ses moyens physiques, retrouver l'évidence de la musique, une activité finalement aussi naturelle que manger ou boire, apprendre par soi-même et avec soi-même, tout cela, c'est à Zhangjiako que je le comprends. Montaigne disait qu'il n'était pas une souffrance qu'une heure de lecture ne lui ait permis d'oublier. Je pourrais reprendre la formule à mon compte en y mettant le mot musique.

Vers la fin de l'année 1971, nous décidons, quelques amis et moi, de donner un concert – le premier ! Le programme officiel : *Yanbangxi* et musique albanaise. Sans voir plus loin, semble-t-il, Millier de gouttes nous laisse faire.

Le soir venu, une vingtaine de compagnons triés sur le volet se pressent dans mon frigo pour assister à ce qui, quelques mois plus tôt, était au-delà de l'imaginable. Huang Anlun présente le programme véritable : le *Trio* de Tchaïkovski, le *Concerto pour violoncelle* de Dvorak, ainsi que les *Concertos pour piano* de Rach-

maninov et de Tchaïkovski. Une musique incroyablement romantique, typique du répertoire que nous
aimons. Le dernier accord posé, je regarde autour de
moi. Les visages expriment une émotion mal conte-
nue. Sur chacun d'eux, on lit les mêmes questions :
pourquoi sommes-nous privés d'avenir ? Qu'avons-
nous fait pour être parqués ici sans avoir le droit
d'exercer notre métier ? Nous sommes incapables de
parler mais tout autant incapables de nous séparer —
cette nuit-là, nous la passerons à boire, à noyer dans
l'alcool nos sentiments mêlés : bonheur de la musique
retrouvée, angoisse de l'impuissance, désespoir d'une
jeunesse brisée. Ainsi Millier de gouttes, en nous laissant entrevoir une lumière qui demeure inaccessible,
a-t-il fait naître en nous une rage qu'il ne soupçonne
pas. Notre situation nous est maintenant insupportable.

Le lendemain, la vie reprend son cours, le travail
aux champs continue, toujours aussi harassant, toujours aussi monotone. Nous plantons, nous récoltons.
Le temps qui passe n'est réellement sensible que dans
la succession des morts et des naissances des animaux
qui nous entourent. Un chien est mort, cinq chiots
sont nés... Mais nous, nous sommes toujours là.

Nous croyons de moins en moins à ce que nous faisons. Lors des séances d'étude collective du Petit
Livre rouge de Mao, nous feignons désormais de lire
les textes imposés tout en étudiant des partitions
cachées sous nos vareuses. La liberté devient pour
nous tous une obsession. Nous ne pensons plus qu'à la
Fenpai, à l'« affectation » qui nous fera sortir de camp.
Une chienne a accouché de deux chiots chez des pay-

sans vivant à proximité du camp. Nous les avons baptisés Fen et Pai.

D'un camp voisin nous parvient la nouvelle d'une tentative de suicide. Un peintre s'est par deux fois ouvert les veines. Puis, une de mes camarades de chambre, Lidi, tombe enceinte. Parce que les relations sexuelles nous sont strictement interdites, elle est contrainte d'avorter et tout le camp est rassemblé pour écouter son autocritique. Mais ça ne marche plus ; on ne peut plus nous duper si facilement ; est-ce que nous ne sommes pas des hommes et des femmes comme les autres ? Des êtres humains arrivés à l'âge où les couples se forment ? Après la séance, nous retrouvons Lidi en larmes dans un des coins du camp. Fille de révolutionnaire, elle a longtemps été un modèle pour nous et voilà qu'elle n'est plus qu'une pauvre fille abattue, anéantie, malade. Dans une maladroite tentative de consolation, nous nous cotisons pour lui acheter une poule, cadeau traditionnel aux jeunes mères, en Chine. Nous nous rendons compte trop tard de notre bêtise. Pauvre Lidi. Elle se mariera plus tard avec le père de l'enfant qu'elle n'a pas eu, mais ne sera jamais mère.

Les départs se poursuivent, au compte-gouttes, comme s'il fallait s'assurer que ceux qui restent à croupir à Dayu sont bien conscients de leur infortune. Like s'en va au début de l'année 1972, peu de temps après ce premier concert que nous avons donné ensemble. Il me promet de plaider ma cause à Pékin mais, au fond de moi, je pressens que je serai la dernière qu'on laissera partir.

Le lendemain de son départ, malgré l'accablement

qui me gagne, je m'oblige d'un pas lourd à aller jusque dans mon frigo travailler mon piano. Je pousse la porte… et je découvre d'énormes sacs posés sur le plancher. Like a tenu à me laisser des provisions de charbon, qu'il a volées avant de quitter Dayu. Je m'empêche de trop penser à mon ami, à nos moments de complicité, aux œuvres jouées ensemble. Contre le désespoir, je n'ai qu'un remède : travailler mon piano, encore et encore.

Ma mère me soutient, comme toujours. Je lui ai écrit que, dans les partitions que je joue, je comprends mal certaines indications de nuances mentionnées en langue étrangère. Peu de temps après, je reçois un petit carnet, écrit de son écriture si belle et si digne. Elle a pu emprunter, je ne sais comment, un des rares lexiques des termes musicaux qui circulent encore dans Pékin – clandestinement – et me l'a recopié, elle qui ne parle ni l'italien, ni l'allemand, ni le français, ni le russe.

Au mois de novembre, on me demande subitement de déménager. La nouvelle pièce dans laquelle on transporte mon piano, orientée plein nord, est encore plus froide que la précédente. La température n'y dépasse pas zéro degré. Cette fois, c'est un authentique frigo ! Les touches me semblent faites de glace. J'essaie quand même de jouer. Très fort, très vite : cela m'aidera sûrement à me réchauffer. Mais, au bout de quelques instants, je dois m'interrompre, transie. Je sors alors courir dans la cour du camp pour me réchauffer. Rien n'y fait. Je me rappelle alors ce que Maître Pan m'a dit un jour : « La meilleure manière de chauffer tes doigts, c'est de travailler les fugues du

Clavier bien tempéré de Bach, de faire entendre clairement chacune des voix de la polyphonie. »

Comment des fugues lentes pourraient-elles produire de tels effets ? Mais là encore, mon premier maître a raison. Sans fin, je me mets à jouer la quatrième fugue en *do* dièse mineur et la vingt-deuxième en *si* bémol mineur. Les deux seules fugues à cinq voix du premier livre, la première même à trois sujets. Des musiques méditatives dont la polyphonie atteint à une sorte de densité minérale. Qui nécessitent, pour qu'en soient révélées toute la puissance et la beauté, que les mains, souvent contraintes à une sorte d'immobilisme, commandent aux doigts des prodiges de tenue, de souplesse, d'indépendance et de respiration. Très vite, je ressens l'effet bénéfique de ce travail : mon esprit se calme, l'énergie circule mieux dans chacun de mes doigts, puis dans le reste de mon corps. La musique naît d'une sorte de non-agir, comme dans le tai-chi-chuan, cet art martial dont l'équilibre repose sur l'équilibre et la concentration, sur l'« agir-sans-agir ». Une force intérieure s'éveille peu à peu en moi. Ce jour-là, je comprends que la mise en doigts a souvent plus à faire avec l'esprit qu'avec la matière.

Je ne fréquente pas seulement les musiciens, à Dayu. Je me lie aussi d'amitié avec Fu, un peintre brillant. À son arrivée dans notre premier camp de Yaozhanpu, Fu peignait de grandes fresques à la gloire de Mao et de la Révolution, dont la beauté nous laissait bouche bée. Il me parle de Rembrandt, de Van Gogh. De mon côté, je l'initie à la musique. Il passe tous les soirs m'écouter jouer la *Sonate Appassionata* de Beethoven et Jean-Sébastien Bach.

Un soir, à la sortie de mon frigo, alors que nous traversons la cour du camp, il s'arrête brusquement.

— Combien de couleurs vois-tu, dans le ciel ?

Je regarde, attentivement, fronce les yeux : je n'en vois qu'une. Il le scrute à son tour.

— Moi, j'en vois sept.

Comme je continue de ne désespérément voir qu'une couleur, il me donne alors un conseil qui va me servir toute ma vie :

— Tous les soirs, lève les yeux, observe et tu finiras toi aussi par voir les sept couleurs du ciel.

Je fais ce qu'il me dit. Et, pour la première fois de ma vie, je me mets à contempler en conscience. Jusqu'alors, pour moi, d'une certaine manière, tout était clair. Une personne, une chose, un fait étaient bons ou mauvais, noirs ou blancs. À travers la contemplation du ciel, je comprends peu à peu qu'il n'en est pas ainsi. Je découvre quelque chose qu'on appelle nuance. Certains soirs, je ne peux rien distinguer. Je m'arme alors de patience, je reviens le lendemain et perçois ce qui m'était caché la veille.

Et puis, bien sûr, je comprends aussi ce que Fu a voulu me dire : la couleur du ciel change avec mes sentiments.

Un autre de mes très bons amis du camp est Teng Wenji. Il était étudiant à l'École du cinéma. Comme Guo Baochang, l'homme du chauffe-eau à Yaozhanpu, il va devenir un des plus grands cinéastes chinois vivants.

De petite taille, incroyablement vif, Teng Wenji est aussi un merveilleux comédien ; il est même capable de nous faire rire, là, dans notre prison du bout du monde. Il m'initie au cinéma. Il me parle avec passion de la querelle entre Stanislavski et Meyerhold, les deux grands hommes de théâtre russes du début du XXᵉ siècle. Stanislavski, inspirateur de l'Actor's Studio, préconise que l'acteur fasse siennes les émotions des personnages qu'il interprète pour mieux les restituer à la scène. Meyerhold, au contraire, combat le naturalisme, préfère la stylisation ; de lui, Anton Tchekhov disait qu'il « donnait libre cours à son imagination afin de ne pas imiter la vie : n'importe quoi sauf la réalité ». Teng Wenji cherche à me convaincre :

— Comment ne pas être du côté de Stanislavski ? Lorsque l'on joue, il faut être *dedans*. *Dedans*, tu comprends !

Il me raconte aussi les films qu'il aime. *Alexandre Nevski* d'Eisenstein, par exemple. Debout devant moi, il me fait revivre la fameuse bataille sur le lac de Tchoudsk. Il me parle du cadrage, du ciel qui écrase les guerriers au début de la séquence, de la virtuosité du montage, du sentiment d'épopée qui s'en dégage. Il est si convaincant que la scène apparaît sous mes yeux ; je vois fondre sur nous les chevaliers teutoniques, avec leurs casques percés de fentes. Terrifiant.

Teng Wenji est des quelques-uns qui viennent m'écouter jouer. Il me dit :

— Tu sais, il est trop tard pour me mettre à la musique. Mais un jour, je pense, nous sortirons d'ici et, lorsque j'aurai un fils, il faudra que tu t'occupes de lui.

Teng Wenji, qui s'est marié la veille de son départ, est obligé de vivre loin de son épouse, envoyée dans un autre camp.

Petit à petit, envers et contre tout, notre groupe s'est

transformé en une sorte de villa Médicis. Nous formons une communauté d'artistes perdue au fin fond de la Chine, mettant en pratique le précepte de Confucius : «Prends trois hommes au hasard des rues : ils auront nécessairement quelque chose à t'enseigner.»

Vers la fin de l'été 1973, je reçois une lettre alarmante de ma mère : ses maux de ventre ont empiré, et elle craint de ne pas nous revoir. Ma décision est vite prise : je me suis enfuie une première fois, je le referai.

Un matin, je m'échappe par les latrines du camp et je me précipite à la gare prendre le train pour Pékin.

C'est la première fois depuis cinq ans que nous nous retrouvons, mes sœurs et moi. Mais la Révolution culturelle n'a pas tout changé : nous n'exprimons pas plus qu'avant nos émotions. Ni célébrations de retrouvailles, ni plaintes, ni apitoiement. De toute manière, il y a urgence. Notre mère doit être opérée et, en l'absence de notre père, qui est en camp sous stricte surveillance, il faut prendre la situation en main. Le chirurgien ne nous laisse guère d'espoir : c'est un cancer ; il donne à ma mère un an à vivre, tout au plus. Celle-ci, sans que nous nous en apercevions, a tout entendu.

— Tant pis, me dit-elle. Je ne me soignerai pas. Je ne veux pas de traitement lourd, seulement que l'on me laisse en paix. La seule chose dont j'ai envie, c'est de revoir Shanghai.

Alors que ma mère est en convalescence à la maison, avant son départ pour Shanghai, survient un événement qui fait date. Invité par Mme Mao, l'Orchestre de Philadelphie, sous la direction de son chef Eugene

Ormandy, effectue la première tournée en Chine d'un orchestre américain depuis le début de la Révolution culturelle. Elle a personnellement choisi le programme du concert que l'orchestre donnera trois soirs de suite : la *Symphonie pastorale* de Beethoven en est le morceau principal.

Entendre l'Orchestre de Philadelphie, c'est un rêve. Il a la réputation, en Chine, d'être le meilleur du monde. Et j'ai tant envie d'élargir mes connaissances, de ne plus travailler la musique seulement par moi-même mais aussi d'apprendre de musiciens occidentaux comment il faut l'interpréter. Évidemment, l'accès au concert est réservé à un public trié sur le volet de soldats, d'ouvriers et de paysans, et il ne saurait être question d'acheter un billet sur un quelconque marché libre. Je décide de tenter ma chance malgré tout. L'occasion ne se représentera pas de sitôt.

Le soir du premier concert, je trouve une foule immense devant la salle. Je me faufile dans la file d'attente, en essayant de me donner la contenance d'une spectatrice sûre d'entrer. Le flot s'écoule, l'entrée approche. Je vois les spectateurs remettre leurs billets au contrôle. Il ne me reste qu'à quitter la queue en toute hâte ! Une fois dehors, je fais le tour du bâtiment à la recherche d'autres portes, mais toutes sont gardées. Deux heures plus tard, le bruit lointain des applaudissements sonne le glas de mes espoirs.

Je reviens le lendemain, plus déterminée que jamais. Mais, comme Tamino à l'entrée du temple de Sarastro, dans *La Flûte enchantée*, pour la deuxième fois, les portes de la salle me restent closes. Alors que je regarde les spectateurs sortir, je remarque tout à coup que certains d'entre eux jettent leur billet usagé par terre et soudain, une idée me vient. J'ai un ami peintre. Si je récupère un de ces bouts de papier, il lui sera facile de le falsifier en le mettant à la date du lendemain.

Alors qu'il achève de contrefaire le billet, mon ami me repose encore une fois la même question :

— Es-tu bien sûr que tu veux courir le risque ?

— J'en ai trop envie. Je sais ce que je fais.

— Bon. Mais si tu es prise, ne dis pas que c'est moi, conclut-il en plaisantant.

Le soir venu, je me rends de nouveau au concert, excitée mais inquiète. Car mon système ne peut marcher qu'à une condition : qu'il y ait au moins un spectateur absent ! Je passe le contrôle et me dirige aussitôt vers les toilettes – le meilleur endroit pour attendre. Puis, quand j'entends au bruit qui diminue que tous les spectateurs sont entrés, je regagne la salle juste avant la fermeture des portes. Un coup d'œil rapide : il y a une place de libre au dernier rang. Je m'y précipite. Eugene Ormandy fait son entrée, salue le public, lève sa baguette. C'est la première fois de ma vie que j'entends pour de vrai un son d'orchestre. Quel choc, quels timbres, quelle beauté miraculeuse du quatuor et des vents ! Mais la peur me reprend. Je regarde furtivement autour de moi. Et si on venait m'arrêter, que raconter à la police ? Qu'arriverait-il à mes parents ? Ces questions me préoccupent trop pour que je puisse apprécier le concert. J'en repars frustrée mais aussi avec le sentiment d'avoir reçu une leçon de musique. Quel orchestre ! Quelle splendeur !

Ce séjour à Pékin est aussi l'occasion de retrouvailles. J'ai appris que Maître Pan passe quelques jours de permission dans la capitale avant de regagner son camp. Je me rends au Conservatoire et frappe à la porte de son logement. Personne. La porte de la laverie collective, à côté, est ouverte. Je passe la tête par la porte entrebâillée et reconnais une silhouette familière penchée sur sa lessive :

— Maître Pan !

La silhouette continue de s'affairer. Il ne m'a pas entendue. Je l'appelle de nouveau, un peu plus fort. Il se retourne, me voit, il est surpris, choqué. Un instant plus tard, un grand sourire éclaire son visage :

— Zhu Xiao-Mei !

— Je suis venue vous saluer.

Il s'approche de moi, me considère.

— Tu sais, dit-il enfin, c'est la première fois depuis le début de la Révolution culturelle qu'un de mes anciens élèves vient me dire bonjour.

Nous passons l'après-midi ensemble. Il a maintenant deux enfants. Il me parle de son séjour en camp, m'explique qu'il a été lui aussi accusé de faire partie du Mouvement des Cinq Cent Seize et privé de sommeil jusqu'à ce qu'il fasse des aveux – faux, bien sûr. Je lui raconte que j'ai fait venir mon piano à Zhangjiako. Il en a peur pour moi.

— J'ai beaucoup de reconnaissance envers vous, lui dis-je. Chaque fois que je joue, je pense à vous.

Il s'enquiert des morceaux que je joue. Nous sommes en confiance, je le sens, alors je lui parle de mon autocritique, celle que j'avais dû faire au Conservatoire, il y a si longtemps, maintenant.

— Vous vous rappelez ?

— Comment veux-tu que j'aie oublié ? J'étais obligé d'être là, et je n'en suis pas fier. Mais en même temps, ce jour-là, en t'observant, au fond de moi, je me suis dit : un jour, peut-être, elle deviendra une vraie artiste. Elle le peut.

Nous prenons congé.

— Fais attention à toi, me glisse-t-il alors que je pars.

Ma mère revient de Shanghai transformée. Le séjour dans sa ville natale l'a apaisée. On dirait même qu'elle est guérie. Je décide alors de regagner le camp de Dayu. Cette fois, personne n'est venu me chercher mais je crains pour mon avenir. J'ai été en effet avertie que, si mon comportement était satisfaisant, j'aurais la possibilité de sortir du camp et d'obtenir un emploi. J'ai peur, si je ne rentre pas de mon plein gré, d'être obligée de finir mes jours à Zhangjiako.

De retour au camp, je m'aperçois que la discipline y a fondu comme neige au soleil. Dans les mois qui suivent, le rythme des départs s'accélère. Signe de l'évolution intervenue dans nos relations, nous ne ressentons plus aucune jalousie lorsque l'un de nous a la chance d'être libéré. Nous organisons même de petites fêtes pour célébrer les adieux. En même temps, voir partir un à un tous mes compagnons me décourage. Je me sens perdue, sans volonté et de plus en plus seule. Nous avions fini par lutter tous ensemble et par développer entre nous des relations d'amitié profondes : chaque départ détruit un peu plus cet édifice si patiemment construit. Finalement, d'une centaine que nous étions, nous ne nous retrouvons plus qu'une dizaine à Dayu et je compte malheureusement au nombre de ceux-là.

Aucune explication ne m'est donnée mais je vois

bien ce qui me vaut ces années de camp supplémentaires : mon statut de *Chushen Buhao*, mes fuites à
Pékin, mes allers et retours chez l'ancien acteur qui ne
sont pas passés inaperçus et, bien sûr, mon attitude
face à la musique. On m'a laissée jouer, officiellement, des *Yanbangxi*, mais nos gardes n'ont pas été si
dupes qu'ils le laissaient croire.

Enfin, un jour, au cours de l'hiver 1974, l'administration du camp m'annonce que l'on m'a trouvé une
affectation pour la rentrée de septembre : professeur à
l'école normale de Shijiazhuang, une ville sans grand
intérêt à proximité de Pékin, où j'aurai la charge d'enseigner le piano à des débutants en tant que matière
facultative. Like a été nommé au Conservatoire de
Pékin. Huang Anlun travaille à l'Opéra de Pékin
– comme Mme Mao chérit cette institution, il a droit
à des vêtements chics, à une nourriture améliorée, et
même à des brioches. Mais à moi, on propose un des
pires postes imaginables. J'essaie de protester. Que
vais-je faire à Shijiazhuang ?

— On est déjà bien gentils de te donner ça ! me
répond-on. Tu t'es enfuie deux fois. Et sache que si tu
refuses d'y aller, on te coupera ton salaire et tu n'auras plus de tickets de rationnement pour manger.

À Pékin, où je suis retournée pour m'occuper de ma
mère, dont la santé reste mauvaise, je demande
conseil.

— Refuse, me dit ma mère. Je partagerai mes tickets avec toi.

Je passe trois mois à Pékin, puis je retourne à
Zhangjiako chercher mes affaires. Sept personnes seulement y sont encore détenues.

Nous sommes à la fin de l'hiver 1974. J'ai passé cinq ans de ma vie en camp.

Je devrais être heureuse de quitter Zhangjiako, mais l'avenir me l'interdit. Pendant des années, je n'ai eu qu'un seul but : recouvrer la liberté. Aujourd'hui, je l'ai, mais que vais-je en faire ? Je n'ai pas de métier, pas de salaire, pas de tickets, même, pour me nourrir. Je dépends de ma mère, dont l'état de santé fragile me pousse à rester à Pékin.

À Zhangjiako, nous étions tous sur un même plan, tous égaux. Aujourd'hui, ce n'est plus vrai. Il y a, d'un côté, ceux qui ont la chance d'avoir eu une *Fenpai*, une « affectation », intéressante et d'occuper un vrai poste. Il y a ceux dont la carrière artistique a été brisée par le camp, comme ces danseurs et danseuses qui ont changé de morphologie au point de ne plus pouvoir remonter sur scène. Et enfin, il y a ceux qui, comme moi, ont l'impression d'être rejetés par leur pays.

Oui, je suis libre mais pleine d'angoisse et d'amertume. Je regarde derrière moi. Je pense aux années perdues, à la musique que je n'ai pas jouée, aux livres que je n'ai pas lus, à l'affection que je n'ai pas donnée aux miens, à ma grand-mère qui est morte seule, à mon père que j'ai soupçonné d'être un espion. Je pense aussi à la dignité dont on m'a privée. Aux actes que j'ai commis.

14

De Mao à Mozart

Il n'y a qu'une seule beauté, celle de la vérité qui se révèle.
(RODIN, *L'Art*)

— Tu n'es pas fatiguée ? Alors continue.

Je viens de jouer la *Sonate Appassionata* et j'enchaîne sur le *Deuxième Concerto* de Rachmaninov.

— Je sais pourquoi tu n'es pas fatiguée, lance Maître Pan en riant, une fois que j'ai terminé. C'est parce que tu n'es pas dedans. Tu n'es pas émue, tu ne joues pas avec ton cœur. Tu ne fais plus travailler ton imagination comme je te l'avais appris. Tu t'en souviens ?

J'ai retrouvé mon ancien professeur quelques jours plus tôt. Lui aussi est définitivement de retour de camp.

— J'ai envie de vous revoir, de vous montrer ce que j'ai travaillé à Zhangjiako. Est-ce que je peux passer ? lui ai-je demandé.

Nous nous retrouvons maintenant là tous les deux, onze ans après que je lui ai joué du piano pour la dernière fois.

— Nous allons retravailler ensemble, me dit Maître Pan. Mais nous le ferons dans un endroit discret. Je ne veux pas de difficultés. Il y a un petit studio dans un des bâtiments du Conservatoire où nous serons tranquilles. Je vais te le montrer. C'est là qu'il faudra que nous nous donnions rendez-vous. Il faudra garder le secret.

S'il se réjouit de tout le travail accompli à Zhangjiako, Maître Pan trouve que j'y ai développé un jeu mécanique, que je joue plus fort et plus vite qu'avant de partir.

— Zhu Xiao-Mei, me dit-il, Rachmaninov, c'est bien mais nous allons en revenir à des choses à la fois plus simples et plus difficiles. Bach, sa *Fantaisie chromatique et fugue*, et surtout Scarlatti.

Corriger sans blesser : le tact de Maître Pan a résisté à la Révolution culturelle.

Quel bonheur de retravailler avec lui ! Quel bonheur aussi de retrouver mon piano, qu'une amie m'a envoyé depuis Zhangjiako et que j'ai fait restaurer, autant qu'il était possible ! Par ailleurs, ma vie quotidienne à Pékin est sombre. Mes sœurs ne sont pas revenues de leur exil. Mon père non plus, même s'il a désormais la possibilité de rentrer une fois par mois pour une brève visite – au cours de laquelle il ne parle guère : il semble s'être mis entre parenthèses de la vie. Même lorsqu'il recevra finalement l'autorisation de demeurer à Pékin, il restera sous surveillance.

Je ne survis que grâce aux tickets de rationnement de ma mère.

Cependant, au fond de moi, j'ai pris une résolution, celle de travailler, travailler encore, chaque jour, chaque heure, chaque minute pour rattraper le temps perdu, apprendre tout ce que l'on ne m'a jamais enseigné pendant ces dix dernières années. J'ai trop vu certains de mes compagnons partis en province renoncer à jamais à leurs études. Je me dis qu'en restant à Pékin, même dans des conditions aussi misérables que les miennes, j'ai au moins cette chance : découvrir, approfondir, fouiller tout ce dont on m'a privée, de la théorie musicale à l'anglais. Étudier, me préparer à d'hypothétiques concours, je n'ai plus que cette idée en tête.

Dans cette folle entreprise, tout le monde me soutient, Maître Pan, bien sûr, mais aussi mes amis fidèles : Huang Anlun, son épouse, Ouyan, Like.

Ouyan, qui travaille à l'École du Ballet de Pékin, œuvre pour m'y faire entrer comme accompagnatrice :

— Xiao-Mei, tu ne peux pas rester sans aucun moyen de subsistance, ne cesse-t-elle de me répéter.

Aussi bonne lobbyiste que talentueuse pianiste, elle parle en mon nom. Lao Xue, le président de l'université de mon père, qui a déjà tant fait pour lui, intervient lui aussi avec toute son autorité en ma faveur. Et, grâce à eux, un beau jour de l'été 1975, je reçois une affectation à l'École du Ballet de Pékin. Je suis accompagnatrice ; ce qui veut dire que pendant plusieurs heures d'affilée j'accompagne au piano de tout jeunes danseurs, même pas encore des adolescents, pour lesquels je dois composer chaque jour des musiques et des programmes nouveaux que je répète indéfiniment. Enfin… au moins, j'ai désormais de quoi vivre.

Je travaille depuis quelques mois à l'École du Ballet de Pékin quand j'y rencontre une de mes amies, Weizhao. Elle a une nouvelle à m'annoncer : son frère et sa sœur viennent de s'enfuir à Hong Kong en traversant la mer à la nage. C'est la première fois que j'entends parler de ce genre d'évasion – j'apprendrai plus tard qu'ils sont des centaines à tenter ainsi chaque jour l'aventure. Cette histoire m'obsède. Ils ont réussi. Je dois y réfléchir. Je me renseigne discrètement : il faut six heures à un nageur très entraîné pour franchir le détroit séparant la Chine de Hong Kong. Passé ce délai, la marée monte et la distance à parcourir augmente d'autant. Je suis mauvaise élève en sport, je le sais depuis mes cours de danse au Conservatoire mais, peut-être, avec un bon entraînement, pourrais-je me débrouiller ?

Une entreprise comme celle-là, ça se prépare. Tous les matins à six heures, je vais nager, je prends des cours, je fais des longueurs. Je travaille aussi mon anglais avec de plus en plus de détermination. Je m'achète un tableau noir sur lequel j'inscris chaque jour les vingt nouveaux mots que je dois apprendre. Je ne vais quand même pas rester toute ma vie à accompagner les exercices de danse de jeunes enfants. D'une manière ou d'une autre, je partirai.

Pendant que j'échafaude mes plans d'évasion, Maître Pan a une autre idée en tête. Un jour que nous travaillons ensemble, il me dit :

— Tu te souviens quand nous préparions ton premier récital au Conservatoire ? Nous n'avons pas pu aller jusqu'au bout. Nous allons le faire maintenant. À l'École du Ballet de Pékin, tu as une grande salle, un piano à queue. Là-bas, cela doit être possible.

Je suis interloquée. Ce premier récital, il y a treize ans qu'il aurait dû avoir lieu si les circonstances l'avaient permis. Je repense au programme que nous avions alors en tête : la *Sonate pathétique* de Beethoven, le *Vingt-troisième Concerto* de Mozart, que j'avais tant travaillé avec lui, et la *Troisième Étude* de l'opus 25 de

Chopin. La musique classique occidentale ne reste-t-elle pas interdite ? Mais je lui fais confiance. Je travaille mon programme : quelques sonates de Scarlatti, la *Dix-huitième Sonate* de Beethoven, des études de Liszt et les *Variations symphoniques* de Franck. Et j'en parle à mes amis :

— Nous ferons cela à quatre heures, discrètement. Gardez bien le secret.

En cet après-midi du printemps 1976, la salle du Ballet de Pékin est pleine à craquer. En guise de secret, le bouche-à-oreille a fonctionné à plein : un concert est organisé à Pékin, disent les initiés, un des tout premiers voire le premier depuis la Révolution culturelle. Ai-je jamais eu de ma vie un public aussi avide de musique ?

Jouer de la musique, en entendre, cela tourne, pour moi, pour nous à l'obsession. Tous les disques n'ont pas été détruits, pendant la Révolution culturelle, dit-on. Des adresses circulent, notamment celle d'un professeur de l'université de Peita, de gens qui ont pu sauver quelques trésors. Huang Anlun s'est transformé en collectionneur, rachetant tout ce qu'il peut. J'investis, quant à moi, toutes mes économies dans l'achat d'un électrophone, et cours Pékin à la recherche de ces quelques enregistrements qui ont été sauvés de la destruction, en particulier ceux du merveilleux Emil Guilels, ce pianiste si puissant et si sensible à la fois qui pâtit un peu de l'ombre de Richter.

Le monde de l'art se met à bouillonner, dirait-on, après avoir été si longtemps prisonnier sous un couvercle de plomb. Est-ce pour cela que mon piano me réveille en pleine nuit, ce 28 juillet ? Ou est-ce plutôt

Xiao-Mei à neuf mois, dans les bras de sa mère. La famille vient de quitter Shanghai pour Pékin.

Les parents de Xiao-Mei à Shanghai, à l'époque de leur mariage.

La grand-mère maternelle de Xiao-Mei. « Gaie, spontanée, généreuse, elle a toujours été le pilier de la famille. »

Le grand-père paternel de Xiao-Mei, un homme fasciné par la culture occidentale.

Une famille que le régime désigne comme étant « de mauvaise origine » : Xiao-Mei au milieu de ses quatre sœurs. On note le changement dans le costume des parents de Xiao-Mei : à l'élégance des années Shanghai succède l'austérité de l'ère Mao.

Xiao-Mei a cinq ans et commence le piano. Ses dons de pianiste vont bientôt être remarqués : les émissions de radio et de télévision s'enchaînent…

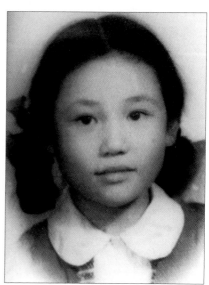

Xiao-Mei a dix-neuf ans. La Révolution culturelle a brisé net sa carrière de pianiste. Elle ne songe plus qu'à devenir une bonne révolutionnaire et, comme ses compagnons, méprise la musique classique occidentale.

Hua Bing Zheng, surnommé « Maman Zheng » parce qu'il a voué sa vie au bien-être des élèves du Conservatoire. Il se suicidera au cours de la Révolution culturelle, après avoir été dénoncé publiquement pour ses origines bourgeoises.

Pan Yiming, « Maître Pan », professeur au Conservatoire et premier maître de la jeune pianiste. Xiao-Mei le retrouvera à son retour en Chine, en 1992.

Au milieu d'un groupe d'élèves du Conservatoire, se tient Aizhen (au centre, avec des lunettes, au cours d'un voyage « au contact du prolétariat »). Quand Xiao-Mei a été mise au ban de l'école pour comportement antirévolutionnaire, Aizhen a été la seule parmi ses compagnons à ne pas se détourner d'elle.

Xiao-Mei arrive en camp de rééducation, aux frontières de la Mongolie-Intérieure, à Zhangjiako. Elle croit être là pour parfaire pendant quelques mois sa formation révolutionnaire. Elle ne sait pas qu'elle va faire l'objet d'une entreprise de destruction mentale qui durera cinq ans.

En 1973, la discipline dans le camp s'est assouplie. Ayant convaincu le chef du camp qu'elle répète les opéras révolutionnaires de Mme Mao, Xiao-Mei peut recommencer à jouer du piano : ici, dans un concerto de Rachmaninov.

Une partition du *Clavier bien tempéré* de Bach.
Les œuvres des compositeurs occidentaux étant interdites, Xiao-Mei l'a copiée clandestinement pendant les séances d'étude du *Petit Livre rouge* de Mao, en la cachant dans les plis de son manteau.

Le dernier jour en Chine communiste : Xiao-Mei va quitter son pays
le lendemain pour l'inconnu. Elle porte le pull que lui a tricoté
sa mère – un pull que sa cousine va jeter à la poubelle dès son arrivée
à Hong Kong. « Ça fait vraiment trop communiste », lui dit-elle.

Tom et Greg, deux amis de Xiao-Mei à Brattleboro (Vermont,
États-Unis). Ils lui feront un cadeau précieux : le mariage blanc grâce auquel
elle ne sera pas expulsée vers la Chine à l'expiration de son visa.

Un pèlerinage qui met Xiao-Mei au bord des larmes : l'église Saint-Thomas, à Leipzig, où Jean-Sébastien Bach était Kantor (2002).

Xiao-Mei, à Prague, devant le pianoforte sur lequel a joué Mozart.

À Varsovie, Xiao-Mei joue en concert public une mazurka de Chopin (1986).

Les mains de Xiao-Mei sur le clavier. Des mains « trop petites », pensait-elle, pour jouer du piano. « Les petites mains sont les plus véloces », répondait son maître Pan Yiming.

pour nous alerter? Il émane de lui un son bizarre, sourd et grave. Je me lève; il s'est déplacé de lui-même jusqu'au milieu de la pièce. Mes parents sont eux aussi réveillés. Une clameur monte progressivement de la rue. Un tremblement de terre! Tandis que nous nous ruons hors de chez nous, j'ai une pensée pour le piano que j'abandonne derrière moi.

Mais, par bonheur, notre maison va résister au séisme.

Le tremblement de terre de Tangshan, qui a fait des centaines de milliers de morts, apparaît à beaucoup de Chinois comme le signe annonciateur d'un événement majeur, d'un changement de dynastie imminent. De fait, le 9 septembre après-midi, alors que j'arrive à l'École du ballet, on nous diffuse un communiqué:

«Grand leader, estimé et adoré, de notre Parti, de notre armée et des peuples de toutes les nationalités de notre pays, le camarade Mao Zedong, le maître du prolétariat international, des peuples et des nations opprimés, est mort…»

En rentrant à la maison, en fin de journée, je trouve mon père alité, le visage pâle, le souffle haletant, comme s'il avait eu un malaise cardiaque.

— Xiao-Mei, j'ai peur. Tout va recommencer comme avant.

On vient de le mettre en garde: le président Mao est mort, oui, mais qu'il ne cherche pas à profiter de la situation! J'essaie de le rassurer lorsqu'on frappe à la porte. Mon père sursaute. On vient le chercher, c'est sûr. J'éteins la lumière de sa chambre et je vais discrètement jusqu'à l'entrée; qui peut bien nous rendre visite à une heure pareille? Nous n'attendons personne. J'entends une voix faible derrière la porte:

— C'est Huang Anlun.

J'ouvre. Huang Anlun est là, avec Ouyan.

— Est-ce que tu as du vin, qu'on fête ça ? chuchote-t-il.

Je leur adresse un grand sourire.

— Entrez !

Après la mort de Mao, les tensions politiques sont vives : une lutte politique s'engage entre d'un côté Hua Guofeng et, de l'autre, la bande des Quatre et en particulier, Mme Mao, qui s'achève par l'arrestation des seconds. Mais cette période tendue est aussi une période d'ouverture et de réformes.

En 1977, les universités retrouvent un fonctionnement depuis longtemps oublié : les examens d'entrée sont de nouveau fondés sur les aptitudes et les connaissances, et non plus sur les origines familiales ou des critères politiques. Le Conservatoire de Pékin rouvre ses portes, et est annoncée l'organisation des premiers concours d'entrée normaux depuis plus d'une décennie.

Je n'hésite pas une seule seconde : je dois y retourner, je dois achever mes études ! J'attends ce moment depuis si longtemps. Toutes les frustrations accumulées ces dernières années explosent. L'absence de partitions à Zhangjiako, la nécessité de les recopier ou d'organiser des plannings pour se les partager. L'obligation de se cacher pour étudier avec Maître Pan ou pour jouer en public. L'absence de disques et de concerts : ces dernières années, je n'ai pu assister qu'à une seule vraie manifestation, celle de l'Orchestre de Philadelphie, et encore, dans quelles conditions ! Au Conservatoire, tout sera différent et les années de galère que je vis depuis mon retour de Zhangjiako trouveront enfin leur raison d'être.

Je me précipite au Conservatoire pour retirer un dossier d'inscription. Impossible : l'âge limite pour y entrer est fixé à vingt-cinq ans. La déception est cuisante. J'ai travaillé si durement ces dernières années, j'ai tant sacrifié, sans même avoir toujours de quoi manger... Dire qu'on ne veut même pas me laisser passer le concours d'entrée. Je cours chez Maître Pan, qui m'encourage avec vigueur :

— Va au ministère de la Culture. Insiste, n'en pars pas tant que tu n'as pas eu gain de cause.

Avec quatre camarades qui se trouvent dans la même situation que moi, je vais faire le siège du ministère, organisant un *sit in* dont le slogan est simple :

« Si nous avons le même niveau que les plus jeunes, prenez-les. Si nous sommes meilleurs, prenez-nous ! »

Nous sommes prêts à tout, et ça se voit tellement qu'on finit par nous écouter. Nous recevons l'autorisation de passer le concours d'entrée des classes supérieures. Je revis.

J'ai trois mois pour me préparer. Trois mois pour rattraper le temps perdu – dix ans ! Toutes les classes d'âge sont en concurrence, dans une horrible compétition. Harmonie, contrepoint, analyse musicale, mais aussi chinois, chinois ancien, anglais, sciences politiques : je travaille jour et nuit.

Les livres manquent mais les professeurs du Conservatoire, ceux-là mêmes qui, quelques années plus tôt en étaient réduits à nettoyer les toilettes, nous donnent tous les cours que nous voulons gratuitement, font l'impossible pour nous. J'analyse toutes les sonates de

Beethoven, en détail, avec une des rares professeurs du Conservatoire qui a été formée en Allemagne.

— Tu vas réussir, me dit-elle un jour.

Je me sens portée par ses encouragements. À l'École du Ballet, j'accompagne les jeunes danseurs tout en lisant des livres d'anglais ou de sciences politiques. Ma mère m'y apporte mon déjeuner pour que je perde le moins de temps possible, tant et si bien qu'un professeur de l'École finit par comprendre ma situation et me renvoie chez moi :

— Va travailler. Nous nous exercerons sans musique.

Chaque jour, Maître Pan me donne une leçon. Tous mes amis, qui, pour la plupart, ont renoncé à reprendre leurs études, me soutiennent.

Le jour du concours arrive. Je n'ai pas voulu donner la date à mes parents. À mon programme figurent la *Fantaisie* de Schumann et *Prélude*, une pièce composée par Huang Anlun, en hommage à un de ses amis, *Chushen Buhao*, « être de mauvaise origine » que la Révolution culturelle a broyé. Quand il m'a donné son morceau pour la première fois, Huang Anlun m'a dit :

— C'est une musique qui décrit la révolte d'un animal en cage.

Avoir pu l'inscrire à mon programme de concours me donne l'impression d'être invincible. À travers ce morceau, c'est toute ma génération qui crie sa révolte. J'y mets tellement d'énergie que, pour la première fois de ma vie, je casse une des cordes du Steinway du Conservatoire en jouant. Bravant le règlement qui interdit toute manifestation, des spectateurs du deuxième balcon applaudissent. Tous mes amis sont là. Ils ont compris l'émotion que je voulais exprimer, en notre nom à tous.

Le lendemain, c'est l'annonce des résultats. Quatre noms sont inscrits sur un petit papier rouge affiché sur un mur, à l'entrée du Conservatoire. Je m'approche. Mon nom est là, au milieu des trois autres. Victoire ! Finalement, j'ai eu raison de ne pas accepter de *Fenpai*, d'« affectation » à mon retour de Zhangjiako. J'ai eu raison de préférer le dénuement, le refus, le travail obscur. Grâce à mon obstination, je vais pouvoir reprendre mes études ! Je me précipite à la maison pour annoncer la nouvelle à mes parents. Ces derniers, pas dupes de mon manège des derniers jours, la connaissent déjà : ils se sont rendus en cachette au Conservatoire. Ma mère a préparé un repas de fête.

— Je suis très fier de toi, me dit mon père.

Enfin, une de ses filles accède à des études supérieures, trouve une place honorable dans son pays. Pour lui, c'est une magnifique revanche.

Alors que la situation se normalise progressivement dans l'enseignement, les domaines culturel et artistique profitent eux aussi de la politique d'ouverture.

Les intellectuels, de retour de leur *Shangshan Xiaxiang*, se réunissent et publient des écrits souvent à double sens. Huang Anlun m'introduit dans les milieux de l'édition, où je fais la connaissance de Xiaoqin, une jeune éditrice avec laquelle je sympathise tout de suite. Elle écrit de la poésie, me lit ses œuvres, vient m'écouter jouer, me présente des intellectuels qui militent en faveur de la démocratie. Elle est alors très amoureuse d'un Français avec lequel elle veut se marier et partir en France.

Quelques livres occidentaux réapparaissent. Sur les conseils d'un ami peintre qui m'en a parlé avec enthousiasme, j'échange une traduction de *L'Art* de Rodin contre deux ans de leçons de piano gratuites. Rodin ne parle que d'arts plastiques, mais ce qu'il exprime correspond parfaitement à mon expérience musicale. Je peux transposer ses réflexions à la musique et m'en nourrir, celle-ci par exemple : « Le dessin, le style vraiment beaux sont ceux qu'on ne pense même pas à louer, tant on est pris par l'intérêt de ce qu'ils expriment. De même pour la couleur. Il n'y a réellement ni beau style, ni beau dessin, ni belle couleur : il n'y a qu'une seule beauté, celle de la vérité qui se révèle. »

Teng Wenji prépare son premier film, *Les Trémolos de la vie*, qui va témoigner courageusement de la catastrophe culturelle subie par la musique en Chine sous l'influence de Mme Mao. Nous nous revoyons d'autant plus souvent qu'il a maintenant un fils, un petit garçon très doux à qui j'enseigne le piano, comme il l'avait souhaité à Zhangjiako. Je m'ouvre souvent à Teng Wenji de mes rêves de départ.

— Ne pars pas, me dit-il. Il y a tellement de choses à faire, ici.

Mes autres amis me disent la même chose :

— Tu dois aimer ton pays. Tu dois rester.

Mon pays, je l'aime, mais j'ai l'impression qu'il ne m'aime pas.

À la suite de la visite de Richard Nixon, l'influence américaine se renforce. Parmi les quelques films qu'il est possible de voir, deux marquent profondément les jeunes de ma génération : *Love Story* et *Jonathan*

Livingstone, le goéland. L'amour, l'idéalisme ! Ce ne sont pas des chefs-d'œuvre mais ils nous font rêver. Comme les scénarios sont écrits d'après deux livres qui sont eux aussi disponibles, une fois que nous avons vu et revu les films, nous pouvons lire et relire les livres. L'histoire de Jonathan Livingstone le goéland, de cet oiseau qui ne veut pas vivre comme tout le monde, qui souhaite voler plus haut que tous les autres quitte à en mourir, me bouleverse tout particulièrement. Les États-Unis n'évoquent pour moi que de beaux sentiments, de belles idées. Quelle chance ont ceux qui vivent dans ce pays !

Après l'Orchestre de Philadelphie, c'est au tour de l'Orchestre symphonique de Boston d'effectuer une tournée en Chine. Il est dirigé par Seiji Ozawa, japonais certes mais considéré comme chinois par le public car né en Mandchourie. Il va éblouir l'assistance en dirigeant de mémoire des œuvres contemporaines chinoises, et se met à pleurer lorsqu'il découvre la surprise qui lui a été réservée à la fin du concert : des instruments traditionnels chinois jouent en son honneur.

Dans le domaine musical, l'influence culturelle américaine connaît un sommet avec la visite en Chine, en 1979, du célèbre violoniste Isaac Stern. Il vient donner des *masterclasses* au Conservatoire. Un film sera tiré de cette expérience, *De Mao à Mozart*, qui rencontrera un grand succès en Occident. Isaac Stern se montre très sévère avec les étudiants chinois qu'il fait travailler ; il critique durement leur manière de jouer la musique occidentale, ne comprend pas le sens de leur interprétation, n'y décèle pas les sentiments justes. La raison ? La Révolution culturelle a tout cassé

– pour preuve, seuls quelques élèves très jeunes qui en ont été préservés échappent aux critiques de Stern. Lorsque lui-même donne en concert un des concertos pour violon de Mozart, l'abîme qui sépare son interprétation de celles des étudiants chinois apparaît dans une aveuglante clarté. Il donne l'impression de parler, et d'une manière si touchante ! De plus en plus précisément, je rêve d'étudier auprès de grands maîtres occidentaux.

La visite d'Isaac Stern marque un tournant. Nous comprenons que, désormais, pour peu qu'ils y disposent d'un parrainage, les musiciens chinois auront la possibilité d'aller étudier à l'étranger.

Je veux partir. Et aux États-Unis, le pays de la liberté.

La direction du Conservatoire tente de me dissuader. Je dois rester, me dit-on, la Chine se reconstruit, elle ne peut pas se permettre de laisser partir ses nouveaux diplômés. Des semaines durant, j'insiste, je m'obstine. En vain. Je n'ai pas l'autorisation de partir. Mais, heureusement pour moi, des enfants de dignitaires bien placés du régime préparent des projets semblables. À ces jeunes-là, on ne va rien refuser, bien sûr. Et c'est ainsi qu'un beau jour j'obtiens en même temps qu'un groupe d'entre eux le sésame tant espéré. J'ai franchi un premier obstacle.

Les autres suivent, que je passe un à un. Un cousin de ma mère qui vit à Hong Kong me donne le nom de son fils installé à Los Angeles, Chen, qui propose de m'accueillir. Puis j'obtiens le parrainage nécessaire pour l'obtention du visa : celui du Californian Institute of Arts, auquel j'ai fait parvenir l'enregistrement que j'ai pu réaliser sur le seul magnétophone dont je dispose. C'est alors que les choses s'enlisent… L'administration chinoise, qui doit donner son aval, laisse traîner le dossier en longueur. Les semaines s'écoulent, les unes après les autres, et mon angoisse monte tant et si bien que je tombe malade. Puis c'est au tour de l'ambassade des États-Unis de me torturer. Rien n'avance… si bien qu'un jour je tente le tout pour le tout.

Un ami australien vient de réussir à joindre pour moi l'ambassadeur des États-Unis en Chine. Sans réfléchir, je m'empare du combiné et bredouille quelques mots d'anglais :

— Il faut m'aider. Cela fait déjà plusieurs semaines que j'attends. Vous m'avez refusé plusieurs fois mon visa. Je veux venir vous voir.

Dès le lendemain, je suis dans le bureau de l'ambassadeur.

— Vous ne pouvez pas savoir ce qu'a été ma vie…

Il m'interrompt.

— Je sais tout, dit-il dans un chinois parfait. Je sais tout ce qui se passe dans ce pays. Je sais ce que vous avez enduré. Vous n'avez pas besoin de me raconter. Votre visa, vous l'aurez, et tout de suite.

En rentrant chez moi, ce soir-là, je suis portée par un soulagement indescriptible, un sentiment de victoire qui oblitère tout le reste. C'est avec un sourire de bonheur que j'annonce la nouvelle :

— Maman, je l'ai ! J'ai mon visa ! J'ai réussi !

Mais ma mère, elle, ne sourit pas. Elle ne me répond même pas. Simplement, elle se détourne, sans un mot. En un quart de seconde, je comprends. Et je m'en veux : comment ai-je pu oublier ? Bien sûr, elle m'a encouragée à partir, elle a appuyé toutes mes démarches, mais la réalité n'en est pas moins là, cruelle : moi, je gagne la liberté, elle, elle perd un enfant.

Pourtant, ça ne change en rien ma décision. Nous sommes à quelques jours du Nouvel An chinois mais je n'attendrai pas. Je veux partir au plus vite, fuir. Pour toujours.

J'ai mon visa, mais comment acheter un billet d'avion pour Los Angeles ? Et les cadeaux que je dois apporter à mes cousins ? Nous avons si peu d'argent. Un soir, alors que nous sommes en pleins préparatifs, ma mère me dit :

— J'ai bien réfléchi. Je ne vois qu'une solution : vendre le piano. L'instrument a de nouveau de la valeur, maintenant. Tout le monde veut rejouer de la musique. Les pianos sont rares et très demandés.

Nous prenons quelques contacts dans Pékin. Effectivement, il nous est facile de trouver un acquéreur.

— Nous viendrons le chercher lundi soir prochain, nous prévient-il après que nous avons conclu avec lui.

Le jour dit, à sept heures du soir, il se présente avec trois déménageurs, une enveloppe à la main contenant le règlement convenu.

— Non, je n'y arrive pas, leur déclare simplement ma mère. – Elle ajoute, en se tournant vers moi : – Le piano, c'est toi. Si tu nous quittes et le piano aussi, tu partiras deux fois. C'est trop pour moi.

Et le piano reste chez nous. Comment ai-je pu accepter la proposition de ma mère ? Comment ai-je pu envisager de vendre mon compagnon de captivité, à qui j'avais promis, à la gare de Zhangjiako, de ne jamais l'abandonner ? Le billet pour Los Angeles, je le paierai en travaillant durant quelques mois à Hong Kong, voilà tout.

Arrive le jour du départ. Ma mère n'a pas la force de m'accompagner à la gare. Jusqu'à la dernière minute, elle a caressé l'espoir que je passe le Nouvel An en famille, de gagner quelques jours encore avant notre séparation. Mais de mon côté je n'ai qu'une peur : que l'on me retire mon visa. Alors que je suis sur le point de partir de la maison, mon père – qui jusque-là est demeuré silencieux sur mon projet – me dit :

— Reste aux États-Unis, ne reviens pas. Ici, il n'y a pas de justice. Toi là-bas, au moins une personne de la famille aura été sauvée.

C'est tout. Nous restons fidèles à notre pudeur : il n'y a eu entre nous ni au revoir, ni embrassades. Une amie m'accompagne à la gare. Nous nous disons adieu, je monte dans un wagon, prends place en face d'un Occidental qui a l'air d'un Américain, et le train pour Hong Kong démarre.

Je sens ma gorge qui se serre et les sanglots qui montent. « Il ne faut jamais pleurer, me disait ma mère. Si tu sens que tu ne peux plus t'en empêcher, au moins, cache-toi. » Je regarde autour de moi. Le wagon est vide ou presque, c'est comme si j'étais seule. Je ne connais personne, personne ne me connaît. De l'autre côté de la fenêtre, les faubourgs de Pékin s'éloignent. Alors, tout à coup, la digue rompt, et je me laisse submerger. C'est fini. Je laisse couler mes larmes sans les retenir, sans les essuyer. Je pleure et je pleure encore, comme jamais je ne l'ai fait, comme une enfant.

Nous sommes le 1er février 1980.

15

Un goéland à Hong Kong

De patrie, je n'en ai point.
Les miens, je les ignore.
Je suis un exclu.
(RICHARD BACH, *Jonathan Livingstone,*
le goéland)

Je pleure tellement que ça devient contagieux. L'Américain assis en face de moi et la jeune serveuse du wagon tentent de me consoler, en vain, tant et si bien qu'ils en ont la larme à l'œil, eux aussi. Entre deux sanglots, je leur raconte un peu mon histoire. Rien qu'à leurs regards, je vois qu'ils me comprennent. Je contemple indéfiniment les paysages. C'est la dernière fois que je les vois, il me faut les graver dans ma mémoire, après, ce sera trop tard.

Ma mère m'a préparé un petit sac dans lequel elle a disposé toutes les spécialités que je préfère. C'est la dernière chose qu'elle a pu faire pour moi et qu'elle fera jamais. Mais je suis incapable d'avaler quoi que ce soit. Je les donne à mes deux compagnons de voyage.

Je me suis repliée dans mes pensées, songeant à ce que mon père m'a dit : « Ne reviens pas… au moins une personne de la famille aura été sauvée. » Lui-même me pousse à partir. Mais que vont-ils devenir, tous ? Et moi, sans eux ?

Puis je m'interroge sur le passage de la frontière. Et si j'étais refoulée, arrêtée, emprisonnée ? Je suis saisie d'un mauvais pressentiment. Enfin le soir tombe, comme un rideau sur les paysages de Chine, comme un chuchotement à mon oreille : « Regarde-les, ils disparaissent pour toujours. »

Après une journée et une nuit entières de voyage, nous arrivons à la frontière. Il faut descendre pour passer le contrôle de police et traverser à pied le pont Luohu qui sépare la Chine de Hong Kong. On m'a prévenue : un mot de trop, un geste déplacé, une démarche suspecte, et tout peut s'arrêter. C'est une loterie qui décide de ton destin.

Je regarde une dernière fois vers la Chine. Je repense à ces trente années passées dans mon pays natal, à l'École de musique, au Conservatoire, à Zhangjiako. Dans quelques instants si tout se passe bien, tout basculera. Si tout se passe bien… Je respire un grand coup et m'engage en direction du pont à la rencontre de la police chinoise. Je regarde devant moi, évitant les regards. J'arrive face aux policiers chinois. Ils prennent mes papiers, me les rendent. Pas un mot, pas un signe. Qu'ont-ils dans la tête ? Tout le temps que je suis devant eux, et même quand je leur tourne le dos pour m'éloigner, j'ai l'impression que, la seconde suivante, ils vont me rappeler, me barrer la route.

Mais non, je suis passée.

Une étape est franchie, la plus difficile. Il n'en reste qu'une, plus facile. Je me présente à la police de Hong Kong.

— Peux-tu ouvrir ton sac à dos ?

Je leur confie l'unique petit bagage avec lequel je suis partie qu'ils se mettent à fouiller.

— Qu'est-ce que c'est que ça ?

Le policier vient d'extraire un des cadeaux que j'ai achetés pour mon cousin Chen.

— Un sabre d'arts martiaux. C'est un cadeau.

— C'est dangereux. Tu ne passes pas. Attends.

Le policier va chercher des instructions. Les minutes s'écoulent, interminables, et personne ne revient. J'avise l'un de ses collègues :

— Mais si cela gêne, je te le laisse.

Il refuse de m'entendre. Trois heures se sont déjà écoulées depuis que mon sac a été ouvert. Enfin un supérieur vient, regarde le sabre…

— C'est bon. Tu peux y aller.

Je ne suis pas longue à obéir. Mais à vrai dire, une fois sortie de là, je me trouve un peu perdue : où suis-je ? Je m'adresse aux gens qui marchent à côté de moi au milieu d'une foule compacte :

— Est-ce que vous pouvez me dire où est le pont Luohu ?

Ils me regardent interloqués :

— Mais le pont est derrière toi. Tu es à Hong Kong. Tu es libre.

Je suis sortie du territoire chinois sans même m'en apercevoir !

Je me rue dans un taxi et donne une adresse d'un ton très sûr. Si l'on te voit hésiter, m'ont avertie mes cousins, tu risques d'aller droit en prison. Il y a tant de clandestins qui traversent chaque jour le détroit à la nage.

Quelques minutes plus tard, je sonne à leur porte, au quinzième étage d'une grande tour. La porte s'ouvre et les voilà devant moi, chaleureux, bavards… Je ne suis pas chez eux depuis dix minutes qu'ils me lancent un ultimatum :

— Avant toute chose, Xiao-Mei, il faut que tu te changes et que tu ailles chez le coiffeur. Nous parlerons du reste plus tard.

Je me retrouve bientôt dans une chambre à enfiler la première chemise cintrée et le premier jean de ma vie. Ma cousine paraît soulagée. Elle se saisit du pull-over mauve avec lequel j'ai voyagé. Je l'ai pourtant choisi avec soin avant de partir. C'était le plus beau que je possédais. Et puis, ma mère me l'avait tricoté : avec les spécialités qu'elle m'avait préparées pour le voyage et quelques photos, c'est le seul souvenir que j'ai emporté d'elle. Avant que je me rende compte de ce qui se passe, ma cousine revient vers moi.

— Je l'ai mis au vide-ordures, dit-elle. Tu ne pouvais vraiment pas porter un pull pareil.

Dès le lendemain, je pars à la découverte de Hong Kong. Je n'avais jamais imaginé une telle richesse matérielle, une telle débauche d'opportunités. On m'invite, on me donne des conseils : « Établis-toi ici, donne des cours et gagne de l'argent pour aider ta famille. » « Tu ne pourras jamais faire carrière. » Mes cousins, de leur côté, se mettent en tête de me trouver un mari. Je suis saisie par le doute. Que faire ? Travailler et envoyer de l'argent chez moi ? Ou m'en tenir à mon projet et partir pour les États-Unis ?

En attendant la réponse, je prends un emploi : accompagnatrice de cours de danse. Je n'ai jamais eu un travail aussi rémunérateur, jamais même imaginé gagner autant d'argent. J'observe la vie autour de moi, confortable mais en même temps si ennuyeuse. Je me renseigne sur l'enseignement du piano à Hong Kong. Le niveau m'apparaît très bas.

C'est la première fois de ma vie que j'ai un choix à faire en toute liberté. Eh bien, je vais le faire. Un mois après être arrivée, ma décision est prise. Une décision comme souvent plus intuitive, inconsciente même, que raisonnable et logique. Mais la raison ne m'a jamais intéressée. Je ne veux pas faire comme tout le monde : l'impossible est tellement plus exaltant.

Cette vie à Hong Kong n'est pas pour moi. Si peu de choses s'y passent sur le plan culturel alors que j'ai soif de tout, de musique, de littérature, de cinéma, de peinture. Et je ne vais quand même pas donner toute ma vie des leçons de piano à des enfants gâtés. Et seulement pour l'argent. Il y a tant de choses plus importantes, dans la vie. C'est ridicule. Les communistes méprisent l'argent et, sur ce point, ils ont bien raison !

Non, cela n'aurait aucun sens de m'arrêter ici, à mi-chemin, sans être allée *jusqu'au bout*. Que m'a apporté la vie, jusque-là ? Rien. J'ai plus de trente ans. La Révolution culturelle m'a pris ma jeunesse, à moi et à toute ma génération. Je veux rattraper le temps perdu, voir ce dont je suis capable, jusqu'où je peux aller. Je sais qu'il est trop tard pour passer des concours internationaux mais tant pis. J'ai compris que le piano comptait pour moi plus que tout et je suis prête à tous les sacrifices pour réussir ma vie d'artiste. À m'enfoncer dans l'inconnu, à me priver de tout, à me battre, à renoncer à revoir ma famille et à en fonder une. Je risque l'échec, peut-être. Mais au fond de moi, je crois à mon étoile, à la chance. Plus tard, cette décision m'apparaîtra égoïste. Mais pour l'heure, le sort est jeté, l'évidence s'impose : dès que j'aurai économisé le prix du billet pour Los Angeles, je partirai aux États-Unis.

Fin mars 1980, tout est prêt. J'ai mon billet, et Chen m'attend à Los Angeles. Je prends congé de mes cousins et de tous les amis que je me suis faits au cours de ce séjour de deux mois à Hong Kong.

Un beau matin, je pars pour l'aéroport. Je pense à *Jonathan Livingstone, le goéland,* l'histoire de l'oiseau qui rêvait de voler plus haut que les autres. La Californie m'attend. Les États-Unis, le pays de la liberté et de l'opulence, le pays où tout est possible.

Deuxième partie

EN OCCIDENT

16

Au pays de la liberté

La bonté suprême est comme l'eau
Qui favorise tout et ne rivalise avec rien.
En occupant la position dédaignée de tout humain,
Elle est tout proche du Tao.

(LAO-TSEU)

— Qui est Lao-tseu ?

J'avoue mon ignorance à ma voisine, une femme discrète qui sourit sans arrêt.

Nous avons fait connaissance peu de temps après le décollage. Elle m'a rassurée sur la boisson rouge que l'on nous a servie en apéritif : ce n'est pas du sang, mais du jus de tomate. Quant à la petite plaquette emballée dans du papier doré à l'effigie d'un tigre, ce n'est pas du baume du tigre, comme je l'ai cru d'abord, mais quelque chose qu'on appelle du beurre, me dit-elle. Nous avons définitivement engagé la conversation après que je lui ai renversé mon plateau-repas sur sa robe.

— Ce n'est pas grave, me rassure-t-elle.

J'ai alors appris qu'elle était américaine, professeur d'université et sinologue.

Elle essaie de nouveau :

— Lao-tsi ? Lao-tsieu ? Lao-zi ?

Rien à faire, ce n'est pas une question de prononciation. C'est moi qui suis en cause, pas elle : je n'ai tout simplement jamais entendu parler de Lao-tseu.

— Je comprends, me dit-elle. Je sais ce qui s'est passé pendant la Révolution culturelle.

Alors cette Américaine m'apprend ce que moi, une Chinoise, je ne sais pas.

— Lao-tseu est le plus grand des philosophes. C'est mon opinion, en tout cas. Sa vie est un mystère. On dit qu'il a vécu au VIe siècle avant Jésus-Christ et qu'il exerçait la profession d'archiviste à la cour des Zhu, pendant la période des «Printemps et automnes». Il voulait conseiller le roi mais n'y parvint pas. Il comprit alors que le renoncement aux vanités était la voie de la sagesse et décida de s'exiler. Il arriva à la frontière et, là, un gardien le reconnut et le supplia de ne pas partir sans avoir livré la quintessence de son savoir. Lao-tseu accepta et écrivit le *Tao-tö-king* avant de disparaître à jamais. C'est un contemporain d'Héraclite en Grèce, il précède Platon d'un siècle et, pourtant, il est tellement moins connu qu'eux. Je l'enseigne beaucoup dans mes cours. J'aimerais qu'il soit mieux connu en Occident. On en a tellement besoin dans notre monde de violence.

Elle se lève sans se rendre compte que je connais encore moins Platon et Héraclite et va chercher un opuscule dans son sac.

— Je vais vous en lire un passage, peut-être celui que je préfère, « La bonté suprême est comme l'eau, / Qui favorise tout et ne rivalise avec rien. / En occupant la position dédaignée de tout humain, / Elle est toute proche du Tao. »

Je la regarde avec stupéfaction. Pour moi, la vie est

faite de luttes. De luttes pour réussir, notamment, et je pars pour les États-Unis dans ce but. Je ne vois vraiment pas ce que Lao-tseu veut dire : s'il y a une place que je souhaite occuper, c'est la première et sûrement pas celle « dédaignée de tout humain ». Ma voisine doit lire dans mes pensées car elle ajoute en souriant :

— Réfléchissez-y. Un jour, vous verrez comme c'est juste.

Alors que nous approchons de Los Angeles, elle m'aide à remplir le formulaire destiné aux autorités de contrôle de l'immigration et me donne son adresse :

— J'habite loin de Los Angeles. Mais n'hésitez pas à m'appeler. Et surtout, faites-le en PCV.

L'avion s'est posé. Direction la sortie. La sortie ? Mais où est-elle ? L'aéroport est si grand, une vraie ville ! J'ai eu le malheur de m'écarter quelques instants du flux des voyageurs et me voilà perdue. Un escalator m'a conduite à une cafétéria, et je ne sais plus où aller. J'avise un Chinois, attablé devant un immense gobelet en carton. Je m'approche de lui, déjà rassurée :

— Monsieur, je suis désolée de vous déranger. Je suis perdue, j'ai pris l'escalator et, maintenant, je ne trouve pas la sortie.

Le Chinois détache à contrecœur sa bouche de la paille plantée dans le gobelet, et me toise avant de répondre avec un fort accent de Taiwan :

— Réfléchis ! S'il y a un escalator qui monte, il doit y en avoir un qui descend, non ?

Je ne suis pas longue à comprendre sa réaction : impossible de cacher que je viens de Chine populaire, et ça ne me rend pas sympathique à ses yeux. Ma confiance m'abandonne. Je ne connais pas Lao-tseu, je ne sais pas ce que c'est que le jus de tomate, et voilà maintenant que je ne trouve pas la sortie de l'aéroport. J'erre encore un long moment avant d'apercevoir enfin, au loin, une main qui me fait signe : mon cousin Chen ! Il est venu m'attendre avec ses deux plus grandes filles.

Quelques instants plus tard, nous roulons en direction de Beachwood, près de Hollywood, où la famille habite.

— Tu sais, m'avertit-il, beaucoup de Chinois ont émigré aux États-Unis depuis la fin de la Révolution culturelle. Leur comportement nous a souvent déçus. Ils avaient envie de réussir, de gagner beaucoup d'argent, mais sans travailler.

J'ai une pensée pour mon père qui a travaillé dur toute sa vie sans rien gagner. Je le rassure.

— Je vais gagner ma vie moi-même. Je ne ferai pas comme eux. Je vais me débrouiller.

Pendant que nous parlons, j'admire les maisons qui défilent sous mes yeux ; elles ont toutes des allures de palais.

Ma cousine, Amy, une femme ravissante, m'attend sur le seuil, son dernier bébé dans les bras. Je jette un premier coup d'œil autour de moi. La maison est spacieuse et meublée avec goût. Mais quel fouillis ! Moi qui n'ai vécu que dans des lieux aux murs nus, aux pièces dépouillées, j'ai la tête qui tourne. Un détail me frappe : le sol est jonché de jouets, il y en a partout, neufs ou presque, et pourtant comme abandonnés. Des jouets, je n'en ai jamais eu. Sauf, bien sûr, la petite lance ornée d'un drapeau rouge que Mao voulait voir dans les mains de tous les enfants de Chine.

J'offre les cadeaux apportés de Chine pour lesquels

mes parents ont dépensé tant d'argent. Amy n'a qu'un regard pour les deux pendentifs de jade choisis avec soin par ma mère. Quant au sabre qui a failli m'empêcher de passer la frontière à Hong Kong, il ne sera jamais sorti de son emballage pendant toute la durée de mon séjour ! Mes cousins ont d'autres préoccupations.

Une demi-heure plus tard, en descendant de la chambre où l'on m'a installée, je propose de ranger les jouets des enfants. En fait, c'est par plaisir autant que par souci de l'ordre. Je les prends, les tourne et les retourne, j'adore les toucher. Chen me lance en riant :

— Prends ce que tu veux. Ils en ont trop.

J'avise une petite trousse. Chen insiste :

— Allez, prends-la si cela te fait plaisir !

Le soir, après dîner, nous nous installons devant la télévision. En pleine crise des otages en Iran, le président Jimmy Carter s'adresse à la nation. Je m'efforce de comprendre ce qu'il dit, mais ma connaissance de l'anglais ne m'aide guère. Tout à coup, Chen me demande :

— Tu as compris ce qu'il vient de dire ?

Il faut bien avouer : non.

— Il a dit : *« Help me. »* Tu n'as pas compris cela ? Mais comment vas-tu faire pour étudier si tu ne comprends même pas des mots aussi simples ? Il faut que tu te mettes à l'anglais.

— Comment je peux faire ?

— Comme nous. Regarde la télévision. Et nous allons te passer des cassettes d'histoires pour enfants en anglais. Écoute-les la nuit pendant que tu dors. Ce n'est pas trop compliqué.

Amy intervient :

— Xiao-Mei, tu ne devrais pas étudier. Tu devrais plutôt penser à tes parents et donner des cours particuliers pour pouvoir leur envoyer de l'argent.

— Ou venir travailler comme aide-soignante dans ma clinique, ajoute Chen. La vie aux États-Unis offre aux jeunes quantité d'opportunités mais elle est très dure pour les vieux, qui vivent souvent isolés de leurs familles. Il y a une grosse demande pour tous ceux que l'on doit soigner. Et cela gagne bien, tu sais.

C'est dur à entendre, surtout comme ça le soir, à la fin de ma première journée. Mais je comprends mes cousins. Nous n'appartenons pas au même monde. Chen est un produit type des familles émigrées à Hong Kong. Il y a fait toutes ses études secondaires dans une école britannique avant que son père ne l'envoie dans une université américaine. C'est là qu'il a rencontré sa future épouse, une étudiante en biologie venue de Taiwan. Ils se sont mariés puis installés à Los Angeles, où vit une diaspora qui permet aux Chinois de rester fidèles à leur culture d'origine. Chen donne des cours d'acupuncture gratuits. Chez eux, on parle et on mange chinois. Mais cela ne nuit en rien à leur intégration dans la société nord-américaine.

Le lendemain, après une nuit sans sommeil, je me rends à l'école de langues voisine où les réfugiés peuvent bénéficier d'un enseignement de l'anglais. Me voici entourée de Mexicains, incapable de comprendre un seul mot, sans personne pour m'aider. En rentrant chez mes cousins, j'admire les longues avenues bordées de fleurs magnifiques de cette Amérique dont j'ai si souvent rêvé. C'est le paradis ici, mais je m'y sens étrangère et je me demande s'il y a là une place pour moi. En réalité, je n'ai rien vécu de si dur depuis mon premier jour à Zhangjiako.

Quelques jours plus tard, une nouvelle élève intègre notre classe à l'école de langues, une jeune Chinoise, maigre, pâle, apeurée. Nos regards se croisent. Je l'ai déjà vue quelque part.

— Dora ?

— Oui, tu me reconnais ?

Dora, la fille de la directrice du Conservatoire de Pékin, celle qui était venue me voir avec sa mère, le lendemain de ma supposée tentative de suicide, comment pourrais-je l'avoir oubliée ? J'avais entendu dire qu'elle avait émigré aux États-Unis mais je m'attendais si peu à la retrouver. Elle m'apparaît au bord du gouffre.

— Je n'y arrive pas, me dit-elle. Les cousins qui m'accueillent ne me donnent rien à manger et je n'ose pas demander. J'ai faim. Je suis à bout.

Le soir même, j'en parle à mon cousin Chen.

— Dis-lui de venir ici, me répond-il sur-le-champ.

Et Dora nous rejoint, le temps de se refaire une santé – et finalement, elle restera plusieurs mois avec nous.

J'écris une première lettre à ma mère. Nous avons passé un contrat : une fois aux États-Unis, je n'enverrai pas d'argent, j'en ai trop besoin, mais en revanche nous nous écrirons toutes les semaines. Je lui raconte que tout va pour le mieux mais je ne suis pas sincère. Au fond de moi, je me sens oppressée.

Mon premier devoir accompli, j'épluche les petites annonces du *Los Angeles Times*. Les cours au Californian Institute of Arts ne commencent qu'en septembre et je dois trouver à m'occuper, d'ici là. Baby-sitter, femme de ménage : c'est à ma portée. Mes premiers coups de téléphone se soldent par des échecs.

— Quoi ? Qui demandez-vous ? Qui êtes-vous ?

En quelques secondes, mes interlocuteurs raccrochent, incapables de comprendre mon anglais et peu désireux d'essayer. Je me dis que je n'ai qu'une solution : demander des entretiens. En tête à tête, ce sera plus facile pour moi.

Le premier rendez-vous que je décroche est dans une maison de retraite. Comme elle est située dans le comté d'Orange, il faut prendre le car pour s'y rendre. Mais l'entrevue ne dure guère plus longtemps qu'une conversation téléphonique :

— Votre anglais n'est vraiment pas suffisant. Nous ne pouvons rien pour vous. *Sorry.*

Dans le bus du retour, repliée sur mon angoisse de l'avenir, épuisée par mes nuits blanches passées à écouter les cassettes pour enfants, je m'endors sans même m'en rendre compte.

— Oh ! Réveillez-vous !

— C'est là ?

— Nous sommes au terminus de la ligne. Où allez-vous ?

— À Beachwood.

— Beachwood ? Mais ce n'est pas du tout là ! Nous avons passé l'arrêt depuis longtemps !

Le conducteur a l'air catastrophé. Il y a de quoi ! Nous sommes tous les deux dans un car vide, il est neuf heures du soir et j'ai depuis longtemps passé mon arrêt.

Il est près de minuit quand, enfin, j'arrive chez mes cousins.

— Xiao-Mei! que t'est-il arrivé? Nous étions morts d'inquiétude!

Je leur raconte mon expédition.

— Cherche du travail à Beachwood même. Ne nous refais pas de telles frayeurs.

Ils ont raison. La prudence s'impose. Lorsque j'entends que des voisins de mes cousins cherchent une femme de ménage, je me présente. Lui est médecin, elle, d'une beauté resplendissante, l'un et l'autre font partie de ces Américains qu'on dit «fous de Chine».

— Vous parlez mal anglais? Cela ne fait rien. Nous adorons les Chinois. Si vous le voulez, nous faisons affaire. Trois cents dollars par mois, cinq jours de travail par semaine, du lundi au vendredi.

Trois cents dollars! Mon cœur bat la chamade: en Chine, Mao disait gagner trois cents yuans, soit quarante dollars par mois… Je reprends mon souffle.

— Pourquoi cinq jours seulement? En Chine, je travaillais six jours par semaine. Je veux travailler six jours par semaine.

— OK. Si vous voulez. Vous commencez demain. En attendant, je vais vous faire visiter la maison.

Nous pénétrons dans le salon. J'ai le souffle coupé: un magnifique Steinway trône là, un grand queue de concert. Combien mes patrons gagnent-ils par mois pour se payer une telle merveille? En Chine, il devait y en avoir quatre ou cinq entre Pékin et Shanghai. Ici, il y en a un dans le salon. Peut-être, un jour, aurai-je le droit d'y toucher?

Non. Rêve vain. Mon travail ne m'en laisse pas le loisir. La maison a cinq salles de bains dont chaque mur est recouvert de miroirs que je dois astiquer à longueur de journée. Ma patronne me fait faire trois machines à laver par jour, ce qui signifie autant de linge à repasser. À table, les assiettes sont changées quatre fois au cours de chaque repas et je termine la vaisselle après minuit. Il me faut également nettoyer la piscine, autour de laquelle se déroulent d'interminables *swimming-pool parties*.

Un ballet de limousines, les invités entrent, arpentent le jardin…

— Il fait beau, n'est-ce pas ?

— C'est vraiment très agréable.

— Quelle maison magnifique !

— Où avez-vous passé le week-end dernier ?

Toutes ces personnes donnent l'impression d'être perpétuellement en vacances, mais en même temps, elles n'ont rien à dire. Elles ne me jettent même pas un regard quand je leur tends le plateau des *drinks*. À ces moments-là, je ne suis pas mécontente de ne pas bien comprendre l'anglais. C'est autant de banalités que je m'épargne.

Le Steinway ? Je ne peux guère que l'épousseter. Deux ou trois fois seulement, j'ai pu en jouer, mais mes patrons apprécient mieux mes qualités ménagères. Et ce qu'ils préfèrent par-dessus tout, c'est que je sois chinoise.

— Vous savez, nous avons une *vraie* Chinoise ! ne manquent-ils pas de préciser à leurs amis.

Mais ils savent aussi se montrer généreux. Ils me laissent deux heures de libre chaque matin pour me permettre d'aller perfectionner mon anglais à l'école de langues pour réfugiés.

Un jour, Chen et sa femme me prennent à part.

— Xiao-Mei, tu ne souris jamais. C'est dur pour les enfants. Ils ont besoin de gaieté, de joie autour d'eux. Que se passe-t-il ?

Ce qui se passe ? Je suis mal à l'aise, dans ce pays. Le gaspillage, ces conversations vides, l'obsession de l'argent. Et aussi la profusion de choix à faire chaque jour, moi qui n'ai pas l'habitude de prendre des décisions. Ce n'est pas ça, la liberté. En tout cas, cette liberté-là n'est pas celle que je recherche. Mais comment l'expliquer ?

Un soir, des amis chinois de mes cousins proposent, pour me distraire, une excursion à Disneyland.

— Tu verras, cela te fera du bien.

Dès le week-end suivant, ils tiennent leur promesse et, avec une touchante insistance, m'imposent la totalité des attractions sans exception – je dois même serrer la main de Mickey puis celle de Donald ! Finalement, à bout de fatigue, je leur déclare que, certes, le camp de rééducation, c'était dur mais que là-bas, au moins, on nous épargnait ce genre de tortures morales. Ils ne sont en rien vexés, au contraire, leur pitié grandit encore : je dois être bien malade, contaminée par le communisme au point de ne plus savoir me divertir. Ils m'assurent que je finirai par guérir, qu'un jour je pourrai revenir ici m'amuser comme une enfant.

Disneyland n'ayant pas été une réussite, je décide de prendre les choses en main. J'irai au concert. J'ai lu, dans le *Los Angeles Times*, que l'on donne la *Neuvième Symphonie* de Beethoven à l'Hollywood Bowl. J'achète deux places à cinq dollars et invite la femme de ménage de mes cousins à venir avec moi.

La *Neuvième Symphonie*, je ne l'ai jamais entendue et, le soir venu, c'est avec une émotion profonde que je me rends au concert donné par le Los Angeles Philharmonic.

Quel embouteillage ! Et la police de partout ! Je suis sur le point de rebrousser chemin quand ma compagne m'attrape par le bras et me traîne jusqu'à nos places. Je regarde autour de moi, éberluée : nous sommes sur les gradins d'une sorte de stade de foot immense dans lequel près de vingt mille personnes pique-niquent bruyamment en attendant le début du spectacle. C'est Disneyland à nouveau. Ce soir-là, la *Neuvième Symphonie* ne commencera vraiment pour moi qu'au premier *fortissimo*. Impossible d'entendre le *pianissimo* initial. Autour de moi, les gens parlent de leurs projets de vacances.

Je repense à l'Opéra de Pékin, où j'étais allée avec ma grand-mère : là aussi, les spectateurs mangeaient pendant les représentations. Mais, au moins, ils donnaient l'impression d'aimer le spectacle, de faire corps avec lui. Ici, la plus universelle des musiques s'est transformée en musique de fond. Je suis choquée. Ces gens-là mesurent-ils leur chance ? Moi qui n'ai jamais écouté la musique qu'avec recueillement, j'ai l'impression de voir une chose sacrée se briser sous mes yeux.

Le temps passe… Et l'exaspération me gagne : je ne suis tout de même pas venue aux États-Unis pour faire le ménage ! Heureusement, le chien de mes patrons vient à la rescousse. Brown est très vieux ; il n'y peut rien, le pauvre, mais je me révèle allergique au plus haut point à ses poils. Au bout de quelques semaines, je suis couverte de boutons, et aucun médicament ne fait effet ; ni Chen ni mon patron ne savent comment me soigner. Une seule solution : mettre un terme à ma cohabitation avec Brown.

C'est alors qu'un coup de téléphone va changer une fois encore le cours de ma vie.

— Xiao-Mei, tu ne peux pas continuer comme ça ! Tu dois te remettre au piano. Viens auditionner à Boston, je m'occupe de toi.

Le ton de Like ne souffre pas la réplique. Il a raison. Deux mois ont passé depuis mon arrivée et je n'ai encore rien fait d'intéressant. Baby-sitter, femme de ménage : il faudra bien qu'un jour j'exerce mon vrai métier ! Je m'empresse d'acheter un billet pour Boston. Trois cents dollars ! Mon salaire mensuel. Mais Boston, enfin, une vraie ville de culture. Je me rappelle le concert du Boston Symphony Orchestra en Chine, sous la direction de Seiji Ozawa, qui m'a tellement impressionnée. C'est à l'occasion d'un concert donné en commun par cette formation et l'Orchestre philharmonique central de Chine que Xiaohong, l'épouse de Like, a connu Mary-Lou, une violoniste du Boston Symphony Orchestra qui les a ensuite aidés à émigrer aux États-Unis. Je m'imagine déjà au New England Conservatory, où je dois auditionner. J'écris immédiatement à ma mère :

« Il m'arrive quelque chose d'extraordinaire ! »

Ce ne sera qu'une lettre de plus dans laquelle je transfigure la réalité de ma vie quotidienne.

Mais cette fois, mon audition au New England Conservatory va se dérouler comme dans un rêve. Je suis acceptée pour la rentrée de janvier, et un petit miracle se produit : on m'accorde une bourse d'études. Je suis au comble de la joie. Tant pis pour Los Angeles et le Californian Institute of Arts ! Je le sens, j'ai tellement mieux à faire à Boston.

Le cœur léger, je reprends le premier avion pour Los Angeles pour annoncer la bonne nouvelle à mes cousins : de vraies perspectives s'ouvrent enfin à moi. De joie, j'en perds mes bagages. Mon cousin en est consterné :

— Comment est-il possible de tout perdre ? Tu ne penses à rien ! Tu n'as même plus de vêtements à te mettre.

Amy me donne quelques-uns des siens et me conseille aussi de me rendre à l'église du quartier pour essayer d'en récupérer quelques autres parmi ceux qu'on met à disposition des indigents.

L'église ? Je n'y suis jamais allée et je n'ai que de vagues idées des religions chrétiennes. Une amie, avant que je quitte Pékin, m'a bien parlé de la Bible, un livre interdit en Chine :

— Si tu peux, achète-m'en une et envoie-la-moi : j'aimerais tant la lire.

Ma connaissance des Écritures saintes s'arrête à ces mots échangés au moment de mon départ.

Le prêtre qui me reçoit est plein de chaleur et d'humanité. Je lui explique ma situation. Après m'avoir donné quelques vêtements, il me montre une réunion qui se déroule à côté et m'invite à y participer.

— C'est un groupe d'étude sur la Bible, précise-t-il.

Je reste et je m'assois. Un fidèle a pris la parole :
— Grâce à Jésus, mes frères…

Je l'écoute, attentive. Plus il parle et plus les souvenirs montent. L'illusion est troublante. Je crois entendre un garde rouge :

— Étudiants, grâce à Mao…

Autant dire que je suis perdue pour les chrétiens. Cependant, par curiosité, par reconnaissance, et par faiblesse aussi, je fais un petit bout de chemin avec les fidèles de la paroisse, et je me mets même à prier, pour voir. Pas très sérieusement, au début. Ma façon de tester l'existence de Dieu est très concrète :

— Dieu, si tu existes, dis-moi que je vais avoir mon diplôme de concertiste au Conservatoire de la Nouvelle-Angleterre sans avoir à demander de l'argent à personne.

J'attends la réponse. Rien ne vient. Pourtant, je suis sûre qu'il m'a entendue.

17

Un maître occidental

*Si tu veux progresser vers l'infini,
explore d'abord le fini dans toutes ses directions.*
(GOETHE)

*Connaître à fond un domaine
vaut mieux que d'en connaître dix mille.*
(Proverbe chinois)

Dans les derniers jours de décembre, je prends congé de mes cousins et quitte Los Angeles pour toujours. Like, Xiaohong et Mary-Lou viennent me chercher à l'aéroport de Boston. Cette dernière a accepté de m'accueillir chez elle où logent déjà mes amis. Sa belle maison de deux étages est d'une élégance sans rapport avec ce qu'on peut trouver à Los Angeles.

Au Conservatoire, sur l'avis de Mary-Lou, je m'inscris dans la classe de piano d'un professeur très respecté et qu'elle admire : Gabriel Chodos, qui a notamment étudié auprès d'un des rares élèves d'Artur Schnabel. Mais avant que je puisse prendre mes premiers cours avec lui, il me faut faire preuve de mes connaissances théoriques.

L'examen a lieu à huit heures du soir. Je me retrouve avec d'autres élèves étrangers dans une petite salle de classe où l'on nous distribue le sujet.

— Nous ramasserons les copies dans trois heures.

Catastrophe, je ne comprends pas la moitié des questions ! La surveillante voit que je panique et s'approche de moi :

— Si vous voulez, vous pouvez consulter un dictionnaire. Il y en a au fond de la salle.

Je me précipite. Près d'une heure s'est écoulée sans que je progresse beaucoup. Je bute sur une question d'histoire de la musique :

— Quel compositeur a écrit *Quatre minutes trente-trois de silence* ?

Je consulte mon dictionnaire avec fébrilité. Il y a forcément un mot que je ne comprends pas bien. Quatre ? Minutes ? Silence ? Il s'agit pourtant de mots simples mais leur assemblage n'a aucun sens pour moi. Aucun compositeur n'a pu écrire une œuvre de quatre minutes trente-trois de silence !

Les trois heures se sont écoulées et je rends une copie blanche. Je sors du Conservatoire effondrée, persuadée que cette épreuve va me coûter ma bourse ou même m'empêcher d'étudier auprès de Gabriel Chodos. Il est plus de vingt-trois heures. Je descends dans le métro dans un état second et m'engouffre dans la première rame qui passe. Alors qu'elle démarre, je repense à mon examen, à cette copie blanche que j'ai remise, à l'échec. Une station. Deux stations. Je n'ai pas l'impression d'être passée là, à l'aller. Je descends à la troisième station pour consulter un plan du métro. Plus moyen de me souvenir du nom de la station où habite Mary-Lou ! Je remonte dans une autre rame et me retrouve en bout de ligne sans que rien n'ait pu me rappeler le nom oublié. L'heure du dernier métro est arrivée.

— Que faites-vous ici ?

Le conducteur, un grand Noir, fait le tour des voitures pour vérifier que tous les voyageurs sont bien descendus. Je le regarde. Nous sommes seuls tous les deux dans le métro. Il est plus de minuit et cet homme me fait peur.

— Je suis perdue. Je loge chez des amis et j'ai oublié le nom de la station où je dois aller.

— Qu'est-ce que j'y peux ?

Je le regarde sans un mot, désemparée. Il hausse le ton :

— Enfin, écoute, tu devrais savoir où tu habites, non ? Je ne peux pas le savoir à ta place !

Il m'effraie de plus en plus et doit le sentir.

— Je voudrais bien t'aider mais comment veux-tu que je sache où tu loges ?

Il se gratte la tête :

— Tu te souviens de la première lettre de ta station ?

— Je pense que c'est un E.

— Bon. Je vais m'arrêter à toutes les stations dont le nom commence par E. Tu descendras et tu iras voir si tu reconnais l'endroit.

Sa voix ne souffre pas de discussion. Nous voilà repartis tous les deux en sens inverse. Il est une heure du matin lorsque je trouve enfin la bonne station.

Je n'ai jamais oublié cet homme qui a prolongé sa journée de travail pour me venir en aide. Mon « merci » de ce soir-là n'a pas pu lui exprimer toute ma gratitude et je n'ai jamais pu le retrouver par la suite. Je rêve que ce miracle se produise ou que ce livre lui arrive un jour entre les mains.

Le lendemain au petit-déjeuner, j'interroge Mary-Lou :

— Qu'est-ce que cela veut dire en anglais « Quatre minutes trente-trois de silence » ?

— Pourquoi me poses-tu cette question ?

— À l'examen, hier, je n'ai pas compris ce que cela signifiait.

Elle éclate de rire :

— C'est un morceau fameux de John Cage !

Mon ignorance ne m'a pas coûté cher, il faut croire, puisque, quelques jours plus tard, je suis autorisée à prendre ma première leçon avec Gabriel Chodos. Mary-Lou m'en a tellement parlé, et j'ai tellement envie de travailler avec lui, après ces mois passés à faire le ménage ! L'homme, d'une cinquantaine d'années, est trapu. Il respire une force dont on sent qu'elle n'exclut pas l'angoisse. Ses cheveux rejetés en arrière soulignent l'intelligence et la profondeur de son beau regard triste.

— Qu'avez-vous préparé ?

— La *Fantaisie* de Schumann.

— Je vous écoute.

Je me lance dans ce monument de passion qu'est le premier mouvement de la *Fantaisie*, exécute sans une faute les déplacements redoutables de la fin du deuxième mouvement qui terrorisent tous les pianistes. Puis, je joue le troisième mouvement comme dans un rêve. Une demi-heure s'est écoulée sans qu'il m'interrompe. Je me tourne vers lui. Il a les yeux fermés, la tête entre ses mains. Il reste plusieurs secondes en silence, qui me paraissent une éternité, avant de lâcher :

— *You have beautiful fingers but it does not make any sense*[1] !

Je rougis. J'avais résisté au choc du monde améri-cain en m'accrochant à l'idée que je pourrais y réussir ma vie d'artiste. Voilà qu'en un instant je perds la face, et bien plus : le monde s'écroule, la terre s'ouvre sous mes pieds. Je n'ai plus qu'une envie : arrêter le piano. Il me laisse quelques minutes prostrée dans ma souffrance puis reprend :

— Nous allons travailler.

Il a l'air sûr de lui. Je repense à la dureté d'Isaac Stern avec les jeunes violonistes chinois, et je reprends espoir. Je comprends qu'il existe un chemin, un long, un très long chemin, pour arriver où je veux. Je n'ai pas d'autre choix que de faire confiance à Gabriel Chodos.

Et je ne vais pas le regretter. Car c'est un immense musicien et un pédagogue remarquable, un artiste aux idées très claires. Auprès de lui, je vais apprendre beaucoup.

Le grand musicien, je le découvre lors du premier récital auquel j'assiste : une révélation. Beethoven et Schubert, les deux seuls compositeurs qu'il joue en public ou presque, figurent au programme. D'emblée, la qualité de sa sonorité me frappe : profonde, ambrée, délicate. Il a commencé son concert par une pièce de Schubert que je n'ai encore jamais entendue, l'*Alle-gretto en ut mineur*. Une œuvre de la fin de la vie du compositeur, qui ne dure que quelques minutes, mais dans laquelle Schubert fait entrer toute une existence

---

1. « Vous avez des doigts formidables mais cela ne veut rien dire ! »

de douleur. Ce soir-là, Gabriel Chodos l'interprète de manière extrêmement touchante. Et pourtant quel morceau d'une incroyable simplicité : deux mains jouant à l'unisson la plupart du temps ! Comment a-t-il pu exprimer une telle richesse de sentiments à partir de quelque chose d'aussi peu sophistiqué ? Et, *a contrario*, dans les autres œuvres qu'il a interprétées, beaucoup plus complexes, de respirer un tel naturel et une telle évidence. Montrer la simplicité de ce qui paraît complexe et la complexité de ce qui paraît simple : c'est là la leçon d'un grand maître.

Le grand pédagogue, c'est surtout aujourd'hui que je mesure pleinement ses qualités.

Car le régime auquel me soumet Gabriel Chodos est impitoyable. À la différence de Maître Pan, toujours naturel et spontané, il est glacial. Avec lui, il faut lutter pour survivre. À l'issue de chaque cours, j'ai envie d'arrêter le piano : là aussi, il est l'exact contraire de Maître Pan. Mais le résultat en vaut la peine.

Je commence par travailler le *Prélude et fugue en si mineur* qui clôt le premier livre du *Clavier bien tempéré* de Jean-Sébastien Bach. Un des sommets du recueil, avec son thème de fugue qui fait appel aux douze notes de la gamme chromatique, comme le ferait une musique sérielle. Une œuvre que j'ai copiée en cachette à Zhangjiako puis ressassée pendant des années, que je crois connaître de l'intérieur, comme personne. Nous allons y passer six mois ensemble !

Le travail avec Gabriel Chodos a un prérequis : le respect absolu de la partition.

— Le seul moyen d'être fidèle au compositeur est de la regarder à fond, répète-t-il.

Un de ses élèves n'a pas d'édition correcte ? Il

refuse de lui donner un cours. Quelqu'un joue un *rallentendo* ou un *diminuendo* qui ne sont pas écrits ? Il se fait impitoyablement corriger. La partition, il veut que je l'étudie à la loupe – littéralement. Me voilà munie de l'instrument en question, avec lequel je scrute la partition pour vérifier que je ne me suis pas trompée sur l'interprétation à donner à tel point de *staccato*.

Ce travail effectué, Gabriel Chodos se concentre sur ce qu'il considère être les deux fondements de l'interprétation musicale : la phrase musicale et l'engagement.

L'attention portée à la phrase musicale compte pour lui plus que tout. À chaque ligne d'une œuvre, il s'interroge : où est la phrase ? Au-delà des indications de barres de mesure et même des signes de liaison, où commence-t-elle exactement et où finit-elle ? Où est son apogée ? Et pourquoi en est-il ainsi ? Il refuse que l'on compte les temps :

— Cela rend le morceau dix fois plus lourd, dit-il. Parle avec la phrase musicale.

Il me force à m'arrêter à la fin de chacune d'elles en levant ma main du clavier.

— C'est comme quand tu respires, me dit-il. Il faut que tu fasses entrer de l'air dans la musique.

Dans le *Prélude et fugue en si mineur* de Bach, une musique si *continue*, je souffre un martyre, n'arrivant pas à lever les mains comme il me le demande sans « casser » le déroulement de la musique. Mais je sais qu'il a raison. Nulle musique n'est plus *construite*, plus *composée* que celle de Bach, et elle a bien ses débuts et ses fins de phrases, ses séquences et ses articulations, à l'instar d'un grand poème même si, plus que toute autre, elle donne à l'auditeur cette impression de flux musical ininterrompu.

Quant à l'engagement, il rejoint sur ce point Maître Pan mais par des voies différentes. Dès le début d'un morceau, il faut être *dedans*, au-delà du maximum possible, et tout donner.

— La générosité, me dit-il, est la plus grande qualité que doit avoir un musicien.

Alors que nous commençons de travailler ensemble, il juge mon son trop clair. Trop chinois peut-être ? Sans fin, il m'aide à chercher un son orchestral. Un jour, il me dit :

— Va chercher ton énergie dans l'estomac.

Je le regarde. Près de vingt ans auparavant, Maître Pan m'a dit la même chose. Cela ne m'étonne qu'à moitié, en fait : je sais que Gabriel Chodos a épousé une Japonaise. Pour les Japonais, comme pour les Chinois, l'estomac est un organe sacré. Combien d'Asiatiques s'entourent le ventre de bandages pour le tenir au chaud !

Pour me pousser à m'engager, Gabriel Chodos m'envoie prendre des cours de jazz auprès d'un professeur du Conservatoire. Rien n'est plus éloigné de la culture chinoise que cette musique. Je me retrouve à essayer d'improviser dans une salle que mon professeur tient à maintenir dans la pénombre pour créer l'atmosphère propre au jazz. Je suis une *jazz player* médiocre, mais, des musiciens qui m'entourent, je tire toute une série de leçons : la capacité d'être libre dans la contrainte, la faculté de donner le maximum de son énergie pendant un concert, le pouvoir de créer une ambiance. Ces leçons, je ne vais pas les oublier.

Après Bach, Gabriel Chodos me fera travailler deux œuvres et deux seulement : les *Davidsbündlertänze* de Schumann. Et la *Deuxième Sonate* de Beethoven. Il tient particulièrement à étudier avec moi une sonate de Beethoven et surtout son mouvement lent.

— C'est un test absolu, m'a-t-il prévenu, c'est là que l'on voit qui est capable de dialoguer vraiment avec le compositeur. Un mouvement lent de Haydn, Mozart ou Schubert, d'une certaine manière, c'est plus simple, plus mélodique, plus immédiat. Beethoven est plus moderne, plus abstrait, sa musique est faite de petites cellules. C'est là que je vois si un élève a quelque chose à *dire*.

Il a raison. Aujourd'hui encore, un mouvement lent de Beethoven est pour moi un test absolu. Et combien de fois je le trouve joué de manière superficielle et ennuyeuse, pis encore, vide de sens. Un mouvement lent de Beethoven devrait figurer au programme de tous les éliminatoires de concours internationaux.

Schumann, pour Gabriel Chodos, c'est différent. Il trouve à mon toucher une certaine neutralité, celle de l'eau qui coule – une référence esthétique pour les Chinois, mais pas pour les Occidentaux.

— Comme une grande actrice, il faut que tu puisses tout jouer. Pas seulement ce que tu aimes. Nous allons travailler Schumann, le meilleur des compositeurs pour t'apprendre à varier les humeurs. Les *Davidsbündlertänze*.

Je me risque à lui répondre que je rêve d'étudier le *Carnaval*.

— Tu verras, rétorque-t-il, cela n'a rien à voir. Pour moi, c'est tellement plus profond.

Et encore une fois, il raison ! Il y a tout un monde,

dans les *Davidsbündlertänze*, bien au-delà d'Eusébius l'introverti et de Florestan le dionysiaque. Un monde que nous prenons le temps de parcourir. Une heure de leçon pour une ligne de musique…

— Tout doit rester stable, quand tu joues cette œuvre, me dit-il. Il faut éviter les effets primaires, comme les changements de tempo, les *fortissimi* ou les *pianissimi* excessifs. Sinon, tout s'écroule. Seul ton toucher doit varier. C'est par ce seul médium que tu dois faire passer l'émotion.

Grand interprète, grand pédagogue, Gabriel Chodos est aussi, comme tous les vrais musiciens, un homme modeste. Humble devant la musique, pour lui sacrée. Il donne un récital ? Il arrête ses cours une semaine à l'avance. La journée précédant le récital, il la passe à se concentrer, sans manger, sans toucher son piano. Il joue ? Il enlève son alliance et sa montre. Et il s'efface devant ses élèves, comme seuls les plus grands maîtres savent le faire :

— Haydn ? Tu connais cela mieux que moi, me dit-il lorsque nous en parlons.

Je ne le crois pas : il n'aime tout simplement pas Haydn !

Je prendrai pleinement conscience de l'extrême modestie de ce grand artiste quelques années plus tard, alors qu'installée à Paris je me lancerai dans une carrière aussi brève qu'éprouvante d'organisatrice de concerts. Trois changements d'hôtel le jour de son arrivée. Pas d'eau chaude, du bruit, un tapis pas propre… Finalement, il acceptera de loger chez une de mes amies. Pour se rendre à la salle de concerts, pas de taxi – « Les chauffeurs de taxis français sont trop désagréables » –, pas de métro – « Trop bruyant ».

— Mais, Gabriel, comment allons-nous y aller ? Je n'ai pas de voiture.

— Demande à une de tes connaissances qui a une voiture de nous emmener, mais surtout qu'il ou elle n'ouvre pas la bouche pendant le trajet !

Le soir du concert, notre convoi funèbre prend la route de la salle de concerts de la Sacem. À l'arrivée, il me donne ses dernières consignes :

— Je ne veux voir personne à l'entracte ni entendre aucun commentaire après le concert.

Ce qui me touchera le plus, ce soir-là, au-delà de cette fragilité à bien des égards enfantine, ce sera cette question qu'il me posera à l'issue du concert, après sa magnifique interprétation des *Impromptus* opus 142 de Schubert et de la *Sonate* opus 111 de Beethoven, cette *Sonate* opus 111 qu'il considère comme le sommet absolu de toute la littérature pianistique :

— Est-ce que tu crois vraiment que je suis capable de donner un récital ? Est-ce que je dois continuer ?

Ses incertitudes sont touchantes. J'aimerais lui dire que, selon moi, les plus grands pianistes sont comme lui, vulnérables, fragiles, même ceux qui n'en donnent pas l'impression, Rachmaninov, Schnabel, Serkin, Guilels, Lipatti, Kempff. Sans parler de Chopin. Ou bien lui citer Lao-tseu, que j'ai alors appris à connaître : « Fermeté et force sont disciples de la mort ; souplesse et faiblesse sont disciples de la vie. » Trop émue, je me contente de lui répondre :

— Si vous arrêtez, vous serez malheureux.

Des leçons de Gabriel Chodos, j'ai surtout retenu ceci : on approfondit tout aussi bien l'apprentissage du piano et de la musique en allant *au fond* d'une œuvre qu'en multipliant l'étude d'œuvres diverses. Beaucoup de grands chercheurs le savent : c'est en creusant longtemps un sujet précis et limité que non seulement on fait les découvertes les plus importantes, mais aussi qu'on développe une méthode qui permettra de travailler ensuite tous les sujets.

Voir ce qu'il y a d'universel dans le singulier, chercher à tendre vers l'infini par l'exploration patiente du fini : voilà une leçon à méditer !

18

Avec Oliver

Nul ne daigne l'entendre,
Nul ne le regarde
Et les chiens grondent
Autour du vieil homme.
(FRANZ SCHUBERT, *Le Voyage d'hiver*,
poèmes de Wilhelm Müller)

Il me faut trouver un logement à Boston. Aussi généreuse soit-elle, je ne peux demeurer plus longtemps chez Mary-Lou, qui héberge déjà Like et Xiaohong. Heureusement, depuis la tournée du Boston Symphony Orchestra en Chine, les Chinois sont à la mode, dans l'orchestre. Une flûtiste, Dominique, artiste exceptionnelle, accepte de m'accueillir chez elle, dans sa grande maison de deux étages et de neuf pièces où elle vit avec Oliver, son chien.

La première nuit, je suis réveillée à deux heures du matin par des cris :

— Non ! Non ! Ce n'est pas possible !

Et voilà qu'Oliver hurle à la mort. Je me précipite hors de ma chambre… Et je trouve Dominique sa flûte à la main, en rage. Rien de grave : elle répète, c'est tout. Toutes les nuits, la scène recommence, car elle ne cesse de travailler que lorsqu'elle a obtenu le résultat dont elle rêve.

Elle se soumet aussi à un régime draconien, se contentant d'un repas frugal par jour, pris à midi, en marge des répétitions du Boston Symphony Orchestra, et de quelques tablettes de vitamines achetées en pharmacie.

« Jeûner permet de conserver son énergie », telle est sa devise.

Oliver est soumis au même régime. Il erre misérablement toute la journée dans la maison à la recherche d'un quelconque complément à sa pitance trop chiche pour lui. Un jour, en désespoir de cause, il s'est acharné sur le frigidaire et a réussi à l'ouvrir. La sanction a été immédiate : depuis, le saint des saints est cadenassé à double tour. On se demande pourquoi, d'ailleurs ; il est vide, le plus souvent.

Oliver est très beau, très intelligent – et très maigre, bien sûr. En Chine, il est rare d'avoir un chien à la maison. Ma première vraie expérience des chiens, je l'ai eue avec Brown, à Los Angeles, malheureuse expérience. Au début, je regarde donc Oliver avec méfiance. Puis j'apprends à mieux le connaître et à l'apprécier. J'admire sa fidélité, compte tenu du régime auquel il est soumis. Tous les soirs en arrivant, c'est lui que Dominique salue en premier, avant moi. Rien que de normal, en fait : Oliver aboie dès qu'il l'aperçoit, ce qui n'est pas mon cas.

Je n'ose rien dire à Dominique mais moi aussi, j'ai faim. Ni Oliver ni moi n'avons les moyens de nous acheter des boîtes de vitamines en pharmacie. Je m'en ouvre un jour à Gabriel Chodos.

— C'est la première fois que j'ai une élève qui meurt de faim, s'amuse-t-il. Il faut que tu t'expliques avec ta logeuse ! Tu sais, aux États-Unis, nous sommes directs. Quand quelque chose ne va pas, nous le disons.

En Chine, c'est différent : jamais on ne demande rien ; on attend que les autres comprennent.

En rentrant le soir, je prends mon courage à deux mains :

— Cela fait plusieurs jours, Dominique, que je n'ose pas vous en parler mais il faut bien que je l'avoue : j'ai faim.

— Il fallait me le dire plus tôt ! Je vais faire des courses.

Quelques instants plus tard, elle est de retour.

— Voilà, me déclare-t-elle triomphante. Avec cela, tu pourras te rassasier.

Et elle me donne… un pain complet. Alors qu'elle monte travailler sa flûte, je me jette sur le pain et l'engloutis en moins de temps qu'il n'en faut pour le dire. Le lendemain, alors que je descends pour le petit-déjeuner, je vois Dominique affolée :

— Ce n'est pas possible ! Tu as mangé tout le pain ?

Comme je ne réponds pas, mortifiée, elle poursuit :

— Tu ne te rends pas compte. Tu vas te rendre malade. Il va falloir aller chez le médecin et cela coûte une fortune, même si tu as une assurance médicale. Je veux bien racheter du pain mais il ne faut pas que tu en manges plus de deux tranches par jour.

Le jour même, une rumeur court parmi les musiciens du Boston Symphony Orchestra : contrairement à ce qu'on raconte, les Chinois n'aiment pas le riz, ils préfèrent le pain complet.

Quant à moi, je prends le chemin de l'église. Là-bas au moins, après la messe, il y a toujours quelque chose à grignoter.

Dans la paroisse, justement, je fais la connaissance d'un handicapé qui cherche une aide à domicile. Le salaire proposé est de vingt-cinq dollars par semaine. Vingt-cinq dollars par semaine : enfin, je vais pouvoir manger à ma faim ! Le soir même, j'annonce mon départ à Dominique.

— Mais moi, je t'offre trente dollars par semaine si tu veux. Tu feras quelques travaux ménagers et puis voilà.

Horriblement gênée, je balbutie :

— Quinze dollars me suffiront, vous savez.

Et il est vrai que quinze dollars suffisent pour acheter de quoi me nourrir chaque semaine : œufs, riz et carottes – que je partage avec le pauvre Oliver. Surtout que le service que j'offre en échange n'est pas toujours à la hauteur.

Un jour, alors que la fille de Dominique passe quelques jours de vacances chez sa mère, j'entends ma logeuse hurler :

— Mon chemisier ! Xiao-Mei, qu'as-tu fait ? Tu as brûlé mon chemisier ! Que vais-je mettre pour le concert ? Et elle ajoute : – Il va falloir rembourser, tu sais.

Une erreur de repassage : j'ai laissé le fer sur son chemisier… Mais voilà que sa fille vole à mon secours :

— Maman, c'est scandaleux. C'est à toi de t'excuser auprès de Xiao-Mei. Tu ne te rends pas compte. Tu imagines la vie que tu lui fais ?

Dominique reste de marbre, et la jeune fille continue sur le même thème tandis que je m'éclipse discrètement. Une bonne demi-heure plus tard, de ma chambre, j'entends la fille de Dominique hurler :

— Puisque c'est comme cela, je me tire ! Et ne compte pas sur moi pour remettre les pieds ici !

Un grand bruit de porte. Puis plus rien. Je me risque à redescendre. Dominique se tient seule au milieu du salon, désemparée.

— Je suis désolée pour tout à l'heure. Ma fille a raison. Tu sais, il faut que je te raconte… quand j'étais jeune, je suis partie de chez mes parents parce que je voulais que mon père fasse don de son entreprise à ses employés, et qu'il refusait.

Je ne réponds pas mais je comprends ce qu'elle veut dire. Quand on est jeune, on est toujours trop dur avec ses parents, par idéalisme, le plus souvent. Après tout, j'ai fait une bêtise et je trouve que la fille de Dominique est allée trop loin. Puis je pense à l'essentiel pour moi : je conserve mes quinze dollars par semaine.

Lorsqu'elle reçoit, il arrive que Dominique me demande de me mettre aux fourneaux. La première fois, c'est à l'occasion d'un dîner qu'elle donne en l'honneur d'un quatuor à cordes. Elle m'a fait miroiter la possibilité d'être invitée à l'un de leurs concerts, moi pour qui l'achat d'une place reste un luxe. Je mets tout mon cœur à préparer des plats succulents, et je fais le service. Ils semblent se régaler. À la fin du repas, je leur explique que je suis musicienne et j'ose leur demander s'il m'est possible d'assister à l'un de leurs spectacles. La réponse tombe, claire et nette :

— Si vous voulez venir, il faut acheter un billet.

Par bonheur, tous les dîners ne se passent pas ainsi. Un soir, Dominique reçoit un couple d'amis. Ils sont riches, âgés et vivent dans les environs de Boston où ils ont fondé une école pour enfants défavorisés. Je bois leurs paroles, fascinée par leur expérience, et je leur raconte ma jeunesse en Chine, ces dix années de trou noir pendant lesquelles tout accès aux études nous a été refusé. Je leur explique combien, pour ma génération, ce vide a été terrible à vivre. Je dois m'interrompre au milieu de mon récit, submergée par les souvenirs : trop de sentiments douloureux remontent à la surface, que leur histoire a réveillés. Je leur parle de ce rêve qui m'habite : créer un jour, à mon tour, une école en Chine. Ils m'écoutent avec attention. Deux jours plus tard, je reçois une lettre de leur part. Si un jour vous menez à bien votre projet, me disent-ils, nous sommes prêts à vous aider sans limites.

Avec mes quinze dollars par semaine, je ne suis pas au bout de mes peines. En effet, si ma bourse au Conservatoire de Nouvelle-Angleterre couvre l'intégralité des frais de scolarité du premier semestre, elle doit, je le sais, être réduite de moitié au second semestre. Il va falloir trouver un vrai travail, non seulement pour poursuivre mes études mais aussi pour vivre un peu.

Car tout s'achète, aux États-Unis, les grandes et les petites choses. Au Conservatoire, je dois payer mes leçons de piano, bien sûr, mais aussi le covoiturage dont je peux avoir besoin ou l'aide que certains étudiants m'apportent pour mettre en bon anglais mes devoirs d'analyse. Moi que ma culture, mon éducation familiale ont poussée à mépriser l'argent, moi qui éprouve de la gêne même à me faire rétribuer pour mes petits boulots, j'ai le sentiment d'être sur une autre planète. En même temps, je comprends. Les études au Conservatoire coûtent cher, les étudiants ne bénéficient pas tous de l'aide de leur famille, ils travaillent dur pendant l'été pour gagner de quoi vivre tout le reste de l'année. Mais cela ne m'empêche pas de me sentir mal à l'aise, comme toujours quand on se heurte à un monde différent. Aux États-Unis comme en Chine, le rapport à l'argent est malsain. Dans un sens ou dans l'autre, il est excessif.

Toujours est-il que la seule solution que je trouve à mon problème est me faire engager comme serveuse dans un restaurant chinois.

Celui dans lequel je commence ma carrière est du genre luxueux. Mais l'expérience ne dure pas longtemps. Je reçois un premier avertissement pour être arrivée en retard. Et le coup de grâce tombe alors que je sers un couple de Bostoniens distingués, que mon accent particulier indispose. Il faut dire que je m'acharne à leur proposer *some soap*[1]*?* au lieu de *some soup*[2]*?*, ce qu'ils n'apprécient pas. C'est trop pour la direction, qui me licencie sur-le-champ.

Les autres restaurateurs chinois chez lesquels je me présente, plus perspicaces, refusent de m'embaucher : ils jugent d'emblée mon anglais trop insuffisant. De fil en aiguille, après avoir fait le tour de tous les restaurants chinois de Boston, je me retrouve à chercher du travail à Red Line, quartier mal famé. Là-bas, ma prononciation de l'anglais n'est plus un handicap et je décroche rapidement une place. Jusqu'à ce jour, de toute ma vie, je n'ai jamais vu ni prostituée ni sex-shop... Mon retard va être vite rat-

---

1. Du savon ?
2. De la soupe ?

trapé ! Il n'y a que ça, à Red Line, avec les drogués en prime.

Les premiers jours se passent sans trop de difficultés. Les prostituées sont des clientes généreuses ; quand elles ont fait une bonne soirée, j'ai droit à des pourboires royaux. Et je me régale des restes. Parmi les habitués, en effet, se trouvent des pêcheurs professionnels qui respectent scrupuleusement une vieille superstition selon laquelle il ne faut jamais manger la face des poissons qui a reposé sur le pont du bateau – cela porte malheur. J'ai un surnom parmi eux : « La Chinoise affamée ».

Mais le travail est dur. Je reste debout des heures durant, et plus la journée avance, plus mes pieds enflent, au point que je dois m'acheter une paire de chaussures trois pointures trop grandes pour être sûre d'être à l'aise jusqu'à la fin de mon service. Les drogués et ivrognes qui fréquentent le restaurant ne ratent pas une occasion de me toucher, de se moquer de moi, quand ils ne partent pas sans payer. Le soir, vers vingt-trois heures, l'angoisse monte. Je pense au trajet qui me sépare de la station de métro la plus proche, à travers les zones les plus sordides de Red Line. Les premiers jours, j'ai couvert la distance au pas de course avant de me raisonner : courir, c'est montrer sa peur. Je m'efforce donc de dominer mes réflexes et je marche lentement en évitant de croiser les regards. Un soir, vers minuit, alors que je viens de quitter le restaurant, je sens que je suis suivie. J'allonge le pas et jette un coup d'œil derrière moi : trois hommes sont à mes trousses. C'est plus fort que moi, je me mets à courir. Je les entends derrière moi, ils courent, eux aussi. Que faire ? Prier. Peu importe qui, Jésus-Christ en l'occurrence. Et cette fois, il me répond !

« Tu es protégée. Ici, il ne t'arrivera rien », dit-il à mon oreille.

Il a raison : voilà la station, ouf ! À temps pour le dernier métro. Je m'effondre sur un siège et, tandis que je reprends mon souffle et mes esprits, je réfléchis à la vie que je mène. Cela ne va pas pouvoir durer long-temps, je le sens. J'ai de moins en moins envie de jouer du piano. Mon Bach et mon Beethoven sentent le soja. Si je n'arrête pas ce travail à Red Line, je ne trouverai jamais le style juste pour interpréter la musique que j'aime.

Quelques jours plus tard, une bagarre à coups de couteau éclate dans la cuisine : un des deux cuistots a le crâne ouvert, le sang coule. Là, c'est trop ! Le lende-main, je téléphone à mes patrons : je ne reviendrai pas, qu'ils cherchent une autre serveuse. Mais, passé le sentiment de soulagement, il faut bien que je me remette en chasse d'un nouveau job.

Cette fois, je le trouve au Boston Symphony Orchestra, comme ouvreuse. Cela paraît miraculeux, sauf que je ne peux assister à aucun concert : j'ai ordre de sortir des lieux dès la première mesure. Il n'y a qu'à la fin, au moment des bis, que je peux me faufiler dans la salle à la faveur du départ des premiers spectateurs.

J'apprends un jour que Vladimir Horowitz va se produire. Pas question de me contenter des bis, cette fois. Rien que son nom me fait frissonner. À l'ouver-ture de la location, je m'achète une place à trente dol-lars. Pour lui, je suis prête à en payer trois cents ! Le concert approche et mon excitation grandit lorsque, quelques jours avant la date prévue, on m'avertit que je dois passer un examen de piano l'après-midi même du concert. Compte tenu que l'ordre de passage est alphabétique, je suis mal partie ! Je décide de tenter le tout pour le tout : l'épreuve n'est pas encore commencée quand je frappe à la porte de la salle d'examen. Le jury me regarde avec étonnement :

— Ce n'est pas à vous. Nous vous appellerons le moment venu, mais *a priori*, ce sera plutôt en fin d'après-midi.

— Écoutez-moi. J'ai mis toutes mes économies dans un billet pour le concert d'Horowitz de ce soir. Je ne peux pas jouer. Je veux aller l'écouter.

L'audace est payante, parfois. Non seulement la présidente du jury me propose en riant de passer la première mais je vais obtenir la meilleure note de tout le Conservatoire – rien à voir avec mon jeu, cette fois ! Quant à Horowitz, il me déçoit. Il faut dire que, perchée sur le petit nuage de ma réussite, j'aurais sûrement, ce soir-là, jugé mauvais tous les pianistes de la terre !

C'est vers cette période que Dominique décide que mon anglais n'est vraiment plus supportable. Elle est exaspérée par les confusions que je commets dans les produits d'entretien. Gabriel Chodos est du même avis : il doit recourir à un dictionnaire pour me donner ses cours. Alors que l'été approche, elle m'offre un stage intensif d'anglais dans une des écoles les plus huppées de la Nouvelle-Angleterre, la School for International Training, située dans le Vermont.

Je dis au revoir à mon complice Oliver, qui aboie très fort en me voyant quitter la maison ; je ne l'oublierai pas, lui qui a eu faim avec moi.

19

Un acte d'amour

Étranger, je suis venu,
Étranger, je repars.
(Schubert, *Le Voyage d'hiver*,
poèmes de Wilhelm Müller)

Je pense être la seule pianiste au monde à être allée à Brattleboro dans le but de prendre des cours d'anglais.

Le nom, en effet, est surtout attaché au festival de musique de Marlboro, un des plus célèbres dans le monde. C'est une manifestation d'un genre particulier, fondée après-guerre par l'élite de la musique européenne, le pianiste Rudolf Serkin, le violoniste Adolf Busch et le flûtiste Marcel Moyse. On y voit chaque année de grands artistes en côtoyer de plus jeunes lors de mémorables *masterclasses* et séances de musique de chambre. Entre les répétitions de la journée et les concerts du soir, l'ambiance de Marlboro ne ressemble à aucune autre.

Le soir, au concert, je vois souvent, assis au dernier rang, un grand monsieur discret, un peu chauve, portant de fines lunettes rondes, qui ferme les yeux pour écouter la musique.

— Comment cela, tu ne le connais pas ? me répond-on quand je demande qui il est. Mais c'est Rudolf Serkin. Sois là demain soir : il joue un *Trio* de Haydn.

Rudolf Serkin, une légende du piano, reste donc assis au dernier rang pour écouter ses jeunes collègues comme s'ils étaient ses maîtres. Lorsque je reviens le lendemain, le grand monsieur est sur scène, au piano, jouant Haydn avec l'espièglerie d'un enfant et l'humour d'un homme qui a tout vécu. Jamais, je n'ai entendu cela. J'assiste à ses *masterclasses*, à ses concerts, écoute ses disques. Oui, cet homme incarne ce que j'aime : l'humilité, l'intégrité devant la musique. Il fait travailler la *Hammerklavier* ou l'opus 111 ?

— Vous trompez Beethoven, dit-il à un élève qui a arrangé un passage difficile pour en rendre l'exécution plus aisée. C'est aussi vous que vous trompez. Et Dieu !

Je suis émerveillée de sa manière de faire vivre la grande forme beethovénienne de l'intérieur, en lui insufflant une émotion et un feu que je n'ai encore jamais entendus. De l'architecture avec de la passion ! Il bannit tout arrangement avec l'écriture beethovénienne pour en rendre l'exécution plus aisée. Je me fixe un but : prendre des cours avec lui. Mais je n'ose pas l'aborder. Des amis m'encouragent :

— Tu as tort. Il n'a jamais refusé d'écouter quelqu'un. Ce qu'il n'aime pas, ce sont les pianistes maniérés. Il les écoute avec gentillesse, comme les autres, mais il leur fait comprendre avec un grand sourire que ce sera tout. Toi, tu n'as rien à craindre.

Plus on me dit que Serkin est gentil, plus j'entends parler de sa générosité, plus j'ai peur d'abuser de lui. L'été se termine sans que j'ose l'approcher.

À mon retour de Marlboro, Gabriel Chodos me trouve métamorphosée. Comment mon jeu a-t-il pu se transformer à ce point et en si peu de temps ? Bien que je n'y aie pris que des cours d'anglais, un déclic s'est produit chez moi, à Marlboro. À entendre Rudolf Serkin et ses proches, j'ai compris comment ajouter à ma manière de jouer un élément déterminant : le plaisir de communiquer, de « faire passer » la musique.

L'année scolaire qui suit se déroule sans encombre et je décroche mon diplôme du New England Conservatory. Un diplôme que j'aurais dû obtenir à l'âge de vingt ans… et j'ai trente-trois ans ! Je repense à toutes ces années perdues, à cette jeunesse que l'on m'a volée, à cette éducation dont on m'a privée et qu'il m'a fallu venir chercher jusqu'ici, à Boston, au prix de combien de difficultés et d'humiliations. Mais enfin, ce diplôme, je l'ai, j'ai franchi encore un obstacle. Peut-être Jésus m'a-t-il entendue ? Je ne sais pas mais, à tout hasard, je le remercie de tout mon cœur.

Il fait beau, en ces premiers jours d'été à Boston. Les écureuils courent dans les parcs noirs de monde. Je me promène dans les rues de la ville et je me dis tout à coup qu'il faut que je m'offre un cadeau, en récompense. Il y en a un dont je rêve depuis toujours, qu'on m'a toujours refusé quand j'avais l'âge de l'avoir et que je ne me suis jamais payé depuis car je le trouvais toujours trop cher – comparé à un paquet de riz ou à un kilo de carottes. Une amie me met sur la piste d'un *hard discount*.

— Il y en a à quatre dollars, me dit-elle.

Mon diplôme mérite bien que je me fasse un

cadeau de quatre dollars. Dans le *hard discount* en question, il y en a effectivement, et des splendides. Je les regarde longuement. Et puis, j'en prends une.

La première poupée de ma vie.

Grâce à mon diplôme, je vais enfin pouvoir gagner ma vie avec mon vrai métier. À Brattleboro, ma réputation de pianiste est établie depuis qu'au cours de l'été j'ai donné un concert au profit d'un élève atteint d'un cancer, dont la famille n'avait pas les moyens de payer les frais d'hôpital. La directrice de l'école de musique, Catherine, qui cherche un professeur stagiaire, me demande si je suis intéressée. Un premier poste, bien sûr que oui ! L'affaire est conclue.

Afin de me permettre de faire des économies, Catherine m'offre de loger chez elle. La petite pièce qu'elle met à ma disposition, située au sous-sol, est sombre et humide mais elle est gratuite. Et Catherine possède un beau piano à queue sur lequel je peux travailler Bach et Liszt pendant mes heures de loisir.

Très vite, je comprends que mon emploi ne me permettra pas de vivre. Mon salaire varie en fonction du nombre d'élèves qui prennent des cours et ne dépasse jamais quatre-vingts dollars par mois.

Me voilà de nouveau à faire du baby-sitting.

Puis j'apprends que la Christian Science Church recherche un organiste pour la messe du dimanche. On me propose trente dollars par messe : comment refuser ? Mais cela m'oblige à jouer du pédalier, technique que j'ignore. Mes premières prestations glacent le sang des fidèles. À la tribune, morte de trac, je redoute à chaque fausse note, insupportables à la basse, que l'assemblée tout entière ne monte me lyncher. Il y aurait de quoi ! Plus pacifiquement, le prêtre vient me voir à l'issue de la messe :

— Nous allons te trouver un professeur.

Ce sera un vieil organiste, en compagnie duquel je découvre l'art de manier le pédalier.

C'est alors qu'on me signale qu'un restaurant de Brattleboro cherche un pianiste. Je me précipite. Bien sûr, je suis encore loin d'une carrière de rêve, mais au moins, je pourrai jouer. Les deux propriétaires, Tom et Greg, m'accueillent à bras ouverts. Leur tarif est de cinq dollars l'heure, ce qui signifie qu'il va me falloir travailler deux soirs pour gagner l'équivalent d'une messe. Je commence le soir même, avec ce qui va y constituer mon répertoire : Mendelssohn, Chopin et Schubert.

Au moment où je commence à jouer, je vois un serveur placer un verre vide sur le piano. Pourquoi donc ? Que va-t-il mettre dedans ? Mais il n'y met rien, et les heures passent… Les premiers clients se lèvent, se dirigent vers la sortie. Tandis qu'ils longent mon piano, ils glissent un ou deux dollars dans le verre. Ils ne peuvent pas le deviner mais pour moi, chaque billet est une insulte. Le dernier client parti, je bondis vers Tom et Greg :

— Ce n'est pas possible. Je ne veux pas continuer dans ces conditions.

Ils sont interloqués.

— À quoi bon jouer, si tu ne prends pas les pourboires ?

Le lendemain, le verre a disparu. Tom et Greg ont décidé de me payer dix dollars l'heure.

Le printemps arrive. Un jour, je trouve ma chambre inondée : la neige a fondu et l'eau s'est infiltrée jusque dans le sous-sol de la maison ; mon lit et toutes mes affaires flottent. Je m'exile à l'école de musique, situation qui ne présente pas que des désavantages : si je dors dans une salle de classe, j'ai la possibilité de travailler mon piano le soir en toute tranquillité.

Mais c'est une solution provisoire, encore une. En un an, j'aurai changé pas moins de trente-cinq fois de logement. Mes amis en font une plaisanterie :

— Quand tu écris le nom de Xiao-Mei sur ton carnet, laisse trois pages blanches pour les adresses.

Bientôt, j'apprends que je suis choisie pour tenir un poste de professeur titulaire à l'école de musique de Brattleboro. C'est l'occasion d'obtenir ma *green card*, indispensable sésame sans lequel un étranger ne peut pas durablement travailler aux États-Unis. Dès l'annonce de ma nomination, je me présente aux services d'immigration. Le fonctionnaire examine mon dossier avec soin, se lève pour consulter des documents. Il y a des difficultés. Il sort de son bureau, me laissant seule à attendre, puis revient au bout de quelques minutes qui m'ont semblé une éternité :

— Désolé, mais nous avons atteint notre quota de Chinois pour cette année. Nous ne pouvons pas vous délivrer votre *green card*. Réessayez l'année prochaine en vous y prenant dès le mois de janvier.

Alors qu'il s'apprête à me rendre mon passeport, il y jette un dernier coup d'œil :

— Non, vous ne pourrez pas. Votre visa expire dans trois jours. Il n'y a rien à faire. Il faut que vous repartiez en Chine.

Repartir en Chine ? Pour raconter à ma famille que

j'ai passé plus de temps aux États-Unis à faire le ménage et la plonge qu'à jouer du piano ?

Je me précipite chez Catherine pour avoir ses conseils. Elle appelle sur-le-champ un sénateur de ses amis qui lui répond de manière catégorique : il n'y a rien à faire en un laps de temps si court. Elle téléphone à un avocat. La conversation se prolonge. Je la vois opiner du chef. Elle raccroche et se tourne vers moi :

— Il n'y a qu'une seule solution. C'est que tu te maries.

Je la dévisage, interloquée.

— C'est absurde !

Dans ces conditions, il ne me reste qu'à accepter l'inéluctable : rentrer en Chine. Mais avant cela, je tiens à donner un concert amical pour remercier ceux qui m'ont aidée. Le lendemain soir, la petite salle où je joue déborde de monde. Mon histoire a fait le tour de la ville. À l'issue du concert, tous mes amis viennent me dire au revoir, chacun cherchant quoi faire pour m'aider. Tom et Greg sont là. Ils me prennent à part :

— Xiao-Mei, nous avons réfléchi. Si cela t'arrange, épouse l'un de nous deux. Ce sera un mariage blanc et, comme ça, tu pourras rester aux États-Unis. Tu n'as qu'à choisir celui de nous deux que tu veux. Réfléchis et donne-nous ta réponse.

Je serai longue à prendre une décision. Le dilemme est terrible : d'un côté la Chine, l'angoisse de l'avenir et la honte d'avouer mon échec à ma famille, et de l'autre un mariage qui est un mensonge, une comédie, et le risque de lier mon sort à celui d'un quasi-inconnu. Finalement, c'est la peur de la honte qui l'emporte ; je retourne chez mes amis leur annoncer que j'accepte leur proposition.

— Bon, avec lequel de nous veux-tu te marier ?

Une drôle de question ! Comment choisir ? Mes critères de sélection ne sont certainement pas ceux d'une autre femme. Comme Greg porte un nom de famille que je n'arrive pas à prononcer, par élimination, je jette mon dévolu sur Tom. Ni l'un ni l'autre ne s'en plaignent.

— Très bien, dit seulement Tom. Faisons vite. Il n'y a pas une minute à perdre.

Il a raison : pour que notre mariage soit crédible, face aux services d'immigration, il faut prendre garde au moindre détail. Notre premier souci est le prêtre qui doit célébrer la cérémonie ; le plus simple est de le mettre dans la confidence. Il nous écoute avec attention, m'observe – que pense-t-il ? Alors que nous le quittons, il me retient quelques instants :

— Je comprends ce que vous ressentez. Mais rassurez-vous. En réalité, ce que vous faites tous les deux est un acte en faveur de la liberté. En cela, c'est le meilleur mariage de ma vie que je vais célébrer.

Mais pas plus que Tom, il ne peut calmer mes angoisses. La nuit précédant la cérémonie, la crise est terrible : tout à coup, je me vois comme je suis, seule dans une petite ville de province américaine, loin de ma famille et de mon pays, sans piano, sans visa, sur le point de lier mon nom à celui d'un homme avec lequel jamais je ne fonderai un foyer, et tout cela pour tromper les autorités du pays qui m'accueille. Pékin, Zhangjiako, Hong Kong, Los Angeles. Tout défile dans ma tête. J'ai trente-trois ans et pour seul bagage un diplôme du New England Conservatory. Je n'ai donné que quelques vagues concerts. Tout cela n'a aucun sens. Le lendemain, quand Tom vient me chercher, je trouve à peine le courage de le suivre.

Mais à l'église, une surprise m'attend. Les familles de Tom et de Greg, un nombre incalculable d'amis connus ou inconnus qui ont entendu parler de mon histoire sont venus « mentir en ma faveur », les bras chargés de cadeaux, qui seront autant de preuves de la réalité de notre mariage. J'en suis bouleversée mais aussi galvanisée.

Nous pénétrons dans l'église au son du *Requiem* de Fauré, la musique que j'ai choisie pour l'occasion. En remontant la nef, je regarde les visages dans l'assistance : les yeux sont humides. Pendant la célébration, le prêtre trouve les mots les plus justes et les plus délicats. Puis il nous bénit avant que nous ne ressortions au son du *In paradisum* du *Requiem* de Fauré. Les invités pleurent franchement, à présent – on se croirait à des funérailles ! Heureusement, la soirée qui s'ensuit sera beaucoup plus gaie, grâce à quelques bonnes bouteilles et à un immense gâteau de mariage en forme de piano à queue.

La première étape est passée ; il nous reste le plus important à affronter : l'enquête des services d'immigration pour lesquels notre union, il faut bien le dire, a toutes les caractéristiques d'un mariage de complaisance. L'avocat qui nous conseille nous a prévenus : l'épreuve est redoutable. Chacun d'entre nous sera reçu dans une pièce différente et devra répondre aux mêmes questions de manière cohérente. Pas question de me tromper sur la marque des chemises de Tom ! Je me prépare à l'examen, apprenant par cœur jusqu'au moindre détail la biographie de « l'homme de ma vie ».

Le jour du rendez-vous, Tom est encore plus nerveux que moi. Je sens que lui aussi craint le pire. Mais il réalise un sans-faute. C'est de mon côté que nous frôlons la catastrophe, pour une seule petite erreur. Le nom d'Unitarian Church, l'église où nous nous sommes mariés, m'échappe, et lorsque le fonctionnaire m'interroge, je lui réponds avec candeur avoir épousé Tom à la Vegetarian Church! Mais notre église végétarienne ne l'intrigue pas plus que cela, et il note ma réponse sans plus de réaction.

Nous avons réussi... Je vais pouvoir obtenir ma *green card*, rester aux États-Unis, essayer d'y faire carrière. Petit à petit, je refais surface. Après tout, ce mariage arrangé n'est-il pas aussi l'histoire d'un être humain qui a cherché à en secourir un autre? Est-ce si absurde? N'est-ce pas, à sa manière, un acte d'amour?

C'est alors que je reçois une lettre de mon père.

20

La force du vide

L'Être donne des possibilités,
C'est par le non-être qu'on les utilise.
(LAO-TSEU)

Alors que ma mère et moi nous échangeons des lettres chaque semaine, mon père ne m'a jamais écrit qu'une seule fois, peu après mon arrivée à Los Angeles. Cette lettre m'avait beaucoup touchée. Il m'y disait son regret de ne pas avoir eu de fils mais ajoutait qu'à travers moi, à travers ce qu'il avait pu percevoir de mon courage et de ma résistance à l'épreuve – qualités à son sens typiquement masculines –, il avait désormais l'impression d'en avoir un.

Je ne me suis pas formalisée du silence qui a suivi. Je sais que mon père considère toute correspondance comme inutile. Ne pas laisser de traces, jamais.

Aussi est-ce avec une grande surprise que je trouve un jour dans ma boîte aux lettres une page remplie de son écriture.

Xiao-Mei,

Depuis la dernière fois que je t'ai écrit, je n'ai pas éprouvé la nécessité de te donner de mes nouvelles.

Je sais par ta mère, grâce à la correspondance régulière que vous échangez, que tout va bien pour toi. Que tout va bien, je comprends ce que tu veux dire par là car j'imagine bien que ta vie ne doit pas être facile tous les jours. Je ne peux savoir, de Pékin, précisément ce que tu fais mais je te fais confiance. Je te connais.

Pour ma part, à plus de soixante ans, j'ai, je crois, approché le secret du Tao.

Grâce à un ami qui se souvenait de mes quelques connaissances des langues anciennes, j'ai en effet eu la chance de participer à un groupe de travail chargé d'éditer le texte des anciens livres sacrés bouddhistes tibétains, les da zang jing. Dès la première lecture de ces textes, j'ai eu le sentiment d'avoir enfin trouvé le sens de ma vie. Celle-ci jusqu'ici m'avait tellement déçu. Innocent, il m'avait fallu subir tant d'épreuves et d'humiliations.

Grâce à ce travail sur ces textes, j'ai compris beaucoup de choses. La nécessité de sortir du quotidien, de ne pas se laisser distraire par les sens ou l'argent, de ne pas rechercher la réussite professionnelle ou la reconnaissance. Il faut être soi-même. Et alors, on approche le secret du Tao, on trouve la vérité.

Y parvenir est un destin. Si tu as fait le bien au cours de ta vie, cela t'est donné. Sinon, c'est que tu n'as pas assez souffert et qu'il te faut continuer de chercher. Mais je ne veux pas essayer de te convaincre. Je suis sûr qu'à toi aussi il te sera donné de trouver un jour cette vérité.

Sache que je n'ai plus de regrets, de rien et que je suis très heureux maintenant.

Père.

Je lis sa lettre plusieurs fois, avec une perplexité croissante. L'homme qui l'a écrite ressemble si peu à celui que j'ai connu enfant, renfrogné, austère, souvent violent.

Plus je la lis, plus il me semble qu'au-delà du mystère qu'elle représente pour moi, elle est aussi une forme d'invitation douce. Une invitation à découvrir, dans mon exil, la sagesse des grandes philosophies chinoises. À partir sur ses traces, à la recherche de la vérité, en approfondissant ma connaissance de celles-ci. À distance, par-dessus les océans, mon père me prend par la main. Et je veux le suivre. Pour être un peu avec lui. Et pour aussi trouver la sérénité. Si lui, le plus pessimiste, le plus résigné, le plus dépressif même de tous les hommes a pu atteindre cette paix intérieure, au point de souhaiter me l'écrire, il n'y a pas de raison que cette grâce ne me soit pas aussi donnée.

Désormais, je vais consacrer du temps à méditer, à étudier les grands textes fondateurs de la philosophie chinoise, et, sans que je m'en rende vraiment compte, peu à peu, un changement s'opère en moi. J'éprouve bien plus qu'un sentiment de communion à distance avec mon père, de retrouvailles avec celui à qui j'ai fait du mal. À mon tour, je me découvre plus sereine, plus apaisée.

Pratiquer sans cesse, sans chercher, sans forcer et peu à peu, la compréhension de la vie et des choses se fait jour sans que l'on s'en aperçoive : telle est l'essence de la philosophie chinoise, de pouvoir être ressentie, sans nécessairement avoir à être expliquée. Les Chinois parviennent à la connaissance par des chemins très différents des Occidentaux. Plus intuitifs, moins strictement rationnels, ils considèrent que beaucoup de choses n'ont pas besoin d'être expliquées car elles sont naturelles. Pour eux, la pratique est une des voies de la compréhension alors que pour les Occidentaux la compréhension est souvent un préalable à la pratique. Ils jugent aussi avec circonspection l'attitude qui consiste à vouloir à tout prix rechercher un idéal ou une vérité. L'histoire du grand philosophe Shijiamoni l'illustre parfaitement. Pendant des années, il s'est mis en quête du sens de la vie, en vain. Un jour, il a renoncé : le sens de la vie lui est alors apparu dans toute son évidence !

Je réfléchis à la musique occidentale. Avec la barrière de la langue, elle aussi, je ne peux pas l'expliquer aussi bien que d'autres. Souvent, jusqu'ici, ma condition de Chinoise m'a complexée. Je sens dans le regard des autres un doute tacite sur ma capacité, moi une étrangère, à véritablement comprendre Bach et Beethoven. Dès que je travaille une œuvre, pour m'assurer de ne pas être dans l'erreur, je me précipite pour écouter tous les enregistrements disponibles. Pas question de jouer une sonate de Beethoven sans avoir vérifié comment Kempff l'interprète ou une pièce de Chopin sans m'être assurée de la caution de Rubinstein. Gabriel Chodos lui-même n'a fait que renforcer cette crainte. Chez lui, l'approche structurelle d'une œuvre, par un processus de compréhension, de décorticage même, domine tout. Fondamentalement, son approche de la musique est intellectuelle, comme celle de son dieu, Thomas Mann.

Mais au fond, si la vérité de la philosophie chinoise peut être ressentie par une pratique assidue tout autant

qu'expliquée, pourquoi faudrait-il qu'il en soit diffé-
remment de la vérité de la musique ?

De manière inconsciente, ces réflexions m'amènent
à changer ma façon d'aborder une œuvre musicale.
Après l'avoir analysée dans son ensemble, je la joue
régulièrement, assidûment, sans jamais forcer, sans
chercher d'emblée à en comprendre le sens, jusqu'à
en aimer chaque passage, chaque note, et atteindre un
stade de compréhension naturelle, intuitive.

Dans cette approche, je m'aperçois que le premier
degré de compréhension que l'on atteint d'une œuvre
est celui du tempo. En vivant avec une œuvre sans
chercher à peser sur elle, on respire tellement avec
elle qu'un tempo évident se dégage un jour : c'est
celui avec lequel, organiquement, l'on se sent bien. Si
l'on dévie peu ou prou de celui qui un jour est apparu
comme une vérité, on se sent mal à l'aise.

Cela a largement trait aux liens qui existent entre la
respiration et la vie.

Mais aussi à ceux qui existent entre le tempo et la
pensée. Si l'on a beaucoup de choses à dire, dans la
vie comme en musique, il faut prendre le temps de les
dire. Toutes les beautés d'une partition, il faut les
faire ressortir, les faire jaillir. Le compositeur les a
écrites pour cela, pour être entendues. Mais il y a une
limite : le risque que les auditeurs décrochent, qu'ils
se perdent dans les détails sans plus voir le Tout, tout
simplement parce que le tempo est devenu trop lent
pour leur pensée. C'est pourquoi le bon tempo n'est
pas seulement celui avec lequel l'on respire naturelle-
ment, c'est aussi celui qui permet à la pensée de
suivre à la fois le Tout et les détails.

Mais il ne s'agit là que d'un premier stade, d'une

certaine manière le plus simple, de la compréhension d'une œuvre. Le plus difficile reste d'en rechercher le sens. Quand on a le sens, on a la solution à toutes les difficultés techniques. Et rechercher le sens, c'est rechercher ce qui est essentiel. Il faut jouer des traits de doubles croches très rapides ? Dans ceux-ci, il y a forcément des notes qui comptent plus que les autres. Une fois qu'on les a trouvées, on sait comment jouer ces traits. Le *sens* est un mot qui en français revêt plusieurs acceptions, notamment celle de signification et celle de direction. Et c'est à dessein que je l'emploie ainsi.

Car il m'apparaît aussi de plus en plus que le sens (la signification) d'une œuvre est de plus en plus lié à son sens (sa direction). Que la musique, propulsée, sculptée, par les notes de basse qui lui donnent la vie, avance horizontalement et que son horizontalité importe finalement plus que sa verticalité. Il ne s'agit évidemment pas de rejeter le caractère essentiel de la verticalité et de l'harmonie dans l'approche d'une œuvre. La basse constitue bien le pouls d'une œuvre. Non, ce qui me frappe le plus, c'est la nécessité de rechercher les lignes, l'avancée de la musique, au-delà des barres de mesure. Gabriel Chodos m'a fait travailler pendant des mois sur les phrases musicales. À ces phrases, à ces lignes donc, s'ajoutent progressivement les idées d'avancée, de flux, de mouvement, de transformation, si consubstantielles à la philosophie chinoise.

J'apprends aussi à cette époque à ne plus lutter du tout avec mon piano. Celui-ci est désormais à jamais un ami, quelles que soient les circonstances, l'humeur de la journée. Et c'est ce qui me permet de mieux en exploiter les ressources infinies, de m'approcher un peu du toucher, de la sonorité que je recherche. Tchouang-tseu m'a ouvert les yeux avec l'une de ses histoires, celle du prince Wen-houei qui admirait beaucoup la manière qu'avait son boucher de dépecer les bœufs. Le souverain l'interrogea sur celle-ci et le boucher lui répondit :

« J'aime le Tao et ainsi je progresse dans mon art. Au début de ma carrière, je ne voyais que le bœuf. Après trois ans d'exercice, je ne voyais plus le bœuf. Maintenant, c'est mon esprit qui opère plus que mes yeux. Un bon boucher use un couteau par an parce qu'il ne découpe que la chair. Un boucher ordinaire use un couteau par mois parce qu'il le brise sur les os. Le même couteau m'a servi depuis dix-neuf ans. »

Désormais, il m'est plus facile d'entrer dans la musique. Pour méditer, beaucoup de sages se retirent dans la montagne, à l'écart de tout, dans le silence. Je découvre qu'il me faut faire la même chose avant de commencer à jouer une œuvre : être en paix, ne penser à rien.

Cette manière de voir est évidemment familière des Chinois, qui utilisent souvent l'image de l'eau pour la faire comprendre. Pour voir au fond d'un lac, il faut que la surface de l'eau soit lisse et calme. Plus elle l'est, plus on voit profond. Il en est de même de l'esprit : plus il est calme et détaché, plus il peut voir profond.

C'est au prix de cet effacement, de ce vide, qu'il m'apparaît de plus en plus que l'on peut atteindre la vérité de la musique. Sans chercher à affirmer une volonté, sans imposer quelque chose à l'auditeur. Sans jamais lutter avec soi-même. En disparaissant derrière le compositeur.

Je médite Lao-tseu, commence à le comprendre et perçois combien il sait mieux que quiconque exprimer le caractère essentiel du vide, notamment dans ce passage que je lis sans cesse :

> *Trente rayons convergent au moyeu*
> *Mais c'est le vide médian*
> *Qui fait marcher le char.*
>
> *On façonne l'argile pour en faire des vases,*
> *Mais c'est du vide interne*
> *Que dépend leur usage.*
>
> *Une maison est percée de portes et de fenêtres,*
> *C'est encore le vide*
> *Qui permet l'habitat.*
>
> *L'Être donne des possibilités,*
> *C'est par le non-être qu'on les utilise.*

Peu à peu, sans que je m'en rende toujours compte, j'applique cette méthode à toutes les œuvres que je travaille ou retravaille. Mes journées sont désormais rythmées par deux grands moments de bonheur. Le premier est ma méditation quotidienne. Le second est ce qu'il faut bien convenir d'appeler ma méditation au piano. Le travail, et même le travail sans but, est une des plus grandes vertus de la philosophie chinoise. Et c'est exactement ce que je cherche à faire au piano : travailler, travailler sans cesse, sans autre but que la recherche de la vérité de la musique. Je n'ai pas d'obligations liées à ma carrière, puisque je n'arrive même pas à faire carrière : pas de programmes à travailler pour un concert, pas de contraintes de calendrier. Je travaille comme je veux, tout ce que je veux, et cette méditation au piano m'apporte la même plénitude que ma méditation matinale.

Avec le recul, ces années qui sur le moment étaient bel et bien des années de galère ont constitué pour moi un grand privilège. Combien de pianistes, arrivés à trente ans, souvent lancés dans une carrière, ont en effet encore le temps de travailler leur piano, pour leur plaisir, sans but particulier, de rechercher la vérité d'œuvres qu'ils n'imaginent même pas jouer un jour en public ? Il me semble qu'il faut savoir travailler dans la vie, sans penser à ce que l'on va recevoir de son travail. Jamais, alors que je méditais au piano, je n'imaginais que je donnerais de vrais concerts, avec un vrai public, que j'enregistrerais de vrais disques. Parfois, dans la vie, ce sont de ses actions les plus désintéressées que l'on récolte le plus.

21

Un désir de Paris

Un jour, deux bandits sont entrés dans le Palais d'été.
L'un a pillé, l'autre a incendié.
La victoire peut être une voleuse, à ce qu'il paraît.
(Victor Hugo)

Je pense à Paris.

À Brattleboro, même avec tous mes petits boulots, je n'arrive pas à joindre les deux bouts. Tom et Greg sont adorables mais, je le sens bien, je suis un poids pour eux. Et puis ici, malgré l'amitié qu'on me témoigne, je m'ennuie.

Paris m'attire. Une pensée ancienne me relie à lui. Un lien ténu mais solide, un lien né bien avant moi, du temps où nous vivions à Shanghai, dans le quartier français, près du parc Fuxing. Alors que j'étais enfant, ma mère me parlait souvent du Louvre – le plus beau musée du monde, me disait-elle. J'ai encore en tête l'odeur du petit flacon qu'elle avait gardé si longtemps avant que les gardes rouges n'en versent le contenu sur le sol de notre appartement à Pékin. Et puis il y a *L'Art* de Rodin, un livre que j'ai acheté en échange de deux années de leçons gratuites.

Aujourd'hui, je comprends mieux ce qui unit les

deux peuples français et chinois parce que je vis en France et que j'ai lu Lin Yutang. Passeur entre les cultures, ce grand écrivain chinois a étudié au collège Saint John de Shanghai, puis aux États-Unis et à Leipzig, la ville à jamais associée au nom de Bach, avant de partager sa vie entre l'Orient et l'Occident. Dans *L'Importance de vivre*, Lin Yutang énumère les points communs entre la Chine et la France : le sens de l'humour, la sensibilité, une manière proprement artistique d'aborder la vie.

Et puis, bien sûr, comment ne pas avoir envie de connaître le pays de la Révolution française, la mère de toutes les révolutions.

Je m'ouvre de mon projet à mes amis, qui le trouvent ridicule : alors que je n'arrive même pas à faire carrière à Brattleboro, imaginer que je vais un jour pouvoir jouer à Paris est pure folie. Lorsqu'il apprend que je pense aller en France, l'un d'eux, ancien élève d'Yves Nat au Conservatoire de Paris, a une réaction horrifiée :

— Ne fais pas cela. C'est le pire endroit de la terre pour les pianistes. La critique y est sans pitié. – Il me cite le nom d'un grand pianiste vivant que je préfère taire. – Après son concert, les Français ont écrit : « Il a donné un récital Chopin. On se demande pourquoi. » Rien d'autre ! Ce pays est affreux : les mots d'esprit prennent le pas sur tout le reste. N'y va pas.

Il a raison, certainement.

Une seule personne m'encourage, Sue Fleisher. J'ai fait sa connaissance à la School for International Training, où elle travaillait quand je suis venue à Brattleboro, et nous avons sympathisé dès notre première rencontre. Elle a vécu en France sous l'Occupation, dans des conditions terribles, étant juive. Pourtant, c'est pour elle le plus beau pays du monde.

J'ai en mémoire la réponse qu'elle m'a faite un jour alors que je l'interrogeais sur sa religion :

— N'en parlons pas. La religion, c'est ce qui fait se battre les gens entre eux.

Elle est persuadée que la France saura m'accueillir et me promet d'y venir pour mon premier concert. La perspective est tellement improbable que je ris de bon cœur avec elle.

Alors que mon projet de départ se précise, je m'interroge bien un peu sur la fascination malsaine qu'exercent les anciennes puissances colonisatrices comme la France sur les peuples qu'elles ont, à un instant de leur histoire, assujettis.

Dans le cas de la Chine, sans résistance réelle de sa population, il faut le préciser. Mais avec brutalité, comme en témoigne par exemple le sac du Palais d'été. Un endroit où j'allais souvent me promener lorsque j'étais à Pékin et où il ne restait plus que quelques ruines, cachées par la végétation, pour rêver à ce qu'avait pu être ce splendide monument.

Une lettre de Victor Hugo, en réaction à cet événement dramatique, en parle très bien. Un écrit peu connu, je crois, en France, mais bien connu en Chine, où les écoliers du temps de Mao le lisaient en classe, en illustration des forfaits commis par les puissances impérialistes. Ce texte est la réponse de Victor Hugo à un certain capitaine Butler qui l'a interrogé dans son exil sur son appréciation de l'événement.

Hauteville-House, 25 novembre 1861

Vous me demandez mon avis, monsieur, sur l'expédition de Chine. Vous trouvez cette expédition honorable et belle, et vous êtes assez bon pour attacher quelque prix à mon sentiment; selon vous, l'expédition de Chine, faite sous le double pavillon de la reine Victoria et de l'empereur Napoléon, est une gloire à partager entre la France et l'Angleterre, et vous désirez savoir quelle est la quantité d'approbation que je crois pouvoir donner à cette victoire anglaise et française.

Puisque vous voulez connaître mon avis, le voici :

Il y avait, dans un coin du monde, une merveille du monde ; cette merveille s'appelait le Palais d'été. L'art a deux principes, l'Idée qui produit l'art européen, et la Chimère qui produit l'art oriental. Le Palais d'été était à l'art chimérique ce que le Parthénon est à l'art idéal. Tout ce que peut enfanter l'imagination d'un peuple presque extra-humain était là. Ce n'était pas, comme le Parthénon, une œuvre rare et unique ; c'était une sorte d'énorme modèle de la chimère, si la chimère peut avoir un modèle.

Imaginez on ne sait quelle construction inexprimable, quelque chose comme un édifice lunaire, et vous aurez le Palais d'été. Bâtissez un songe avec du marbre, du jade, du bronze, de la porcelaine, charpentez-le en bois de cèdre, couvrez-le de pierreries, drapez-le de soie, faites-le ici sanctuaire, là harem, là citadelle, mettez-y des dieux, mettez-y des monstres, vernissez-le, émaillez-le, dorez-le, fardez-le, faites construire par des architectes qui soient des poètes les mille et un rêves des mille et une nuits, ajoutez des jardins, des bassins, des jaillissements d'eau et d'écume, des cygnes, des ibis, des paons, supposez en un mot une sorte d'éblouissante caverne de la fantaisie humaine ayant une figure de temple et de palais, c'était là ce monument. Il avait fallu, pour le créer, le lent travail de deux générations. Cet édifice, qui avait l'énormité d'une ville, avait été bâti par les siècles, pour qui ? Pour les peuples. Car ce que fait le temps appartient à l'homme. Les artistes, les poètes, les philosophes, connaissaient le Palais d'été ; Voltaire en parle. On disait : le Parthénon en Grèce, les Pyramides en Égypte, le Colisée à Rome, Notre-Dame à Paris, le Palais d'été en Orient. Si on ne le voyait pas, on le rêvait. C'était une sorte d'effrayant chef-d'œuvre inconnu entrevu au loin dans on ne sait quel crépuscule, comme une silhouette de la civilisation d'Asie sur l'horizon de la civilisation d'Europe.

Cette merveille a disparu.

Un jour, deux bandits sont entrés dans le Palais d'été. L'un a pillé, l'autre a incendié. La victoire peut être une voleuse, à ce qu'il paraît. Une dévastation en grand du Palais d'été s'est faite de compte à demi entre les deux vainqueurs. On voit mêlé à tout cela le nom d'Elgin, qui a la propriété fatale de rappeler le Parthénon. Ce qu'on avait fait au Parthénon, on l'a fait au Palais d'été, plus complètement et mieux, de manière à ne rien laisser. Tous les trésors de toutes nos cathédrales réunies n'égaleraient pas ce splendide et formidable musée de l'Orient. Il n'y avait pas seulement là des chefs-d'œuvre d'art, il y avait un entassement d'orfèvreries. Grand exploit, bonne aubaine. L'un des deux vainqueurs a empli ses poches, ce que voyant, l'autre a empli ses coffres ; et l'on est revenu en Europe, bras dessus, bras dessous, en riant. Telle est l'histoire des deux bandits.

Nous, Européens, nous sommes les civilisés, et pour

nous, les Chinois sont les barbares. Voilà ce que la civilisation a fait à la barbarie.

Devant l'histoire, l'un des deux bandits s'appellera la France, l'autre s'appellera l'Angleterre. Mais je proteste, et je vous remercie de m'en donner l'occasion ; les crimes de ceux qui mènent ne sont pas la faute de ceux qui sont menés ; les gouvernements sont quelquefois des bandits, les peuples jamais.

L'empire français a empoché la moitié de cette victoire et il étale aujourd'hui, avec une sorte de naïveté de propriétaire, le splendide bric-à-brac du Palais d'été.

J'espère qu'un jour viendra où la France, délivrée et nettoyée, renverra ce butin à la Chine spoliée.

En attendant, il y a un vol et deux voleurs, je le constate.

Telle est, monsieur, la quantité d'approbation que je donne à l'expédition de Chine.

Victor Hugo

La noblesse de cette lettre de Victor Hugo m'impressionne. Reconnaître ses fautes, n'est-ce pas l'expression du vrai courage pour un homme, pour un pays ? Une force de caractère qu'un Mao n'a jamais eue.

Car les Français et les Anglais n'ont pas été les seuls à s'attaquer à l'héritage culturel chinois. En méditant le témoignage de Hugo, je repense aux abominations commises pendant la Révolution culturelle, qui ont conduit à la disparition de pans entiers de cet héritage, justement. Sans que quiconque ait le cœur de faire amende honorable.

Hugo, dans son texte, montre où se situe la vraie force d'âme. Il laisse aussi deviner le rôle de la culture et de l'éducation comme rempart à tous les crimes. Un pays qui possède de tels écrivains exerce sur moi une formidable attraction !

Ma décision est prise.

J'écris à mon amie Xiaoqin, qui vit en France depuis qu'elle a obtenu l'autorisation de se marier avec son ami français. Elle a abandonné l'édition et se consacre désormais à l'écriture. Son mari est retourné travailler en Chine, elle attend son deuxième enfant et sera ravie de m'accueillir chez elle.

Et c'est ainsi que je m'envole pour Paris en ce mois de décembre 1984.

22

Tout recommencer

Je me suis accoutumé à l'errance.
Tous les chemins mènent au but.
(SCHUBERT, *Le Voyage d'hiver*,
poèmes de Wilhelm Müller)

À part Xiaoqin, je ne connais personne en France. Et évidemment, je ne connais pas un mot de français. Installée dans son appartement d'Issy-les-Moulineaux, je n'ose pas sortir seule de peur de me perdre si bien que, pendant un bon moment, tout Paris va se résumer pour moi à quelques rues de banlieue.

Xiaoqin s'occupe de moi avec une attention touchante. Elle passe ses journées au téléphone à raconter mon histoire à ses amis avant de solliciter leur aide. Écrivain, elle connaît beaucoup de monde parmi les intellectuels et artistes chinois émigrés en France. Mais quelle que soit leur bonne volonté, ceux-ci ne comprennent rien à ma situation : ils lui demandent si je suis américaine, chinoise, pianiste, femme de ménage, baby-sitter ou cuisinière, et ce que je veux exactement. Zao Wou-ki, cet immense peintre chinois venu en France dans l'immédiat après-guerre, cherche un gardien pour sa maison ; Xiaoqin propose ma candidature à son fils; mais Zao Wou-ki n'imagine pas qu'une pianiste puisse souhaiter travailler chez lui comme gardienne, et ne donne pas suite. Je ne ferai sa connaissance que bien plus tard. Il viendra à mon premier concert et aura la délicatesse de me laisser choisir une de ses toiles pour la pochette de mon premier disque.

Au bout de quelques jours, nous nous rendons à l'évidence. Mon diplôme du New England Conservatory n'intéresse personne, en France. Si mon but est de jouer et de donner des concerts, il faut me faire connaître de quelques musiciens influents et, pour cela, le mieux est d'aller étudier auprès d'eux. Avant de quitter Brattleboro, j'ai enfin osé écrire à Rudolf Serkin, qui vient de me répondre de sa main, comme le prince qu'il est, m'invitant à venir le voir. Je me dis que j'ai raté l'occasion de ma vie et que c'est pure folie que d'être venue en France, mais il est trop tard pour rebrousser chemin.

Xiaoqin se renseigne. J'ai dépassé la limite d'âge pour le Conservatoire mais l'École normale de musique, qui n'impose pas les mêmes contraintes, pourrait m'accueillir. Elle me conseille d'entrer en contact avec Marian Rybicki. Comme, dit-on, il parle anglais, je pourrai m'expliquer avec lui.

Dès le lendemain, je lui téléphone.

— Je suis une pianiste chinoise, je viens d'arriver en France en provenance des États-Unis, où j'ai étudié. Est-ce que je peux venir vous jouer quelque chose?

— Bien sûr!

L'homme est si chaleureux que je poursuis sans attendre :

— Quand cela?

Je l'entends feuilleter son agenda.

— Le plus tôt que je peux, c'est après-demain. Cela vous va?

Un jour pour me préparer, c'est court! Xiaoqin n'a pas de piano chez elle et je suis restée deux semaines sans jouer, déjà. Elle et moi nous précipitons chez Daudé, le grand magasin de pianos de la rue de Wagram. On y trouve de magnifiques Steinway… pas pour moi; j'ai tout juste de quoi louer un petit piano droit entreposé dans l'arrière du magasin, le moins cher. Mais cela me suffit pour travailler mes chers *Davidsbündlertänze*. Le temps presse.

Le jour venu, je me présente chez Marian Rybicki. Je me suis renseignée sur ses tarifs: quatre cents francs l'heure. Comme cela représente une grande partie de mes économies, je me donne une heure, pas plus, pour le convaincre.

Marian Rybicki est aussi chaleureux en personne qu'au téléphone. Je lui retrace mon parcours en quelques phrases, tout en gardant un œil sur ma montre. D'une gentillesse extrême, il me pose question sur question. Et moi je pense à mon argent qui part en paroles, bouillant d'impatience sans oser en laisser rien paraître. Quand va-t-il donc me demander de me mettre au piano? Enfin, la moitié de l'heure est passée quand il se décide:

— Parfait. Eh bien, je suis très curieux de vous écouter. Qu'allez-vous me jouer?

— Schumann. Les *Davidsbündlertänze*.

Je pose ma montre sur le piano. En l'occurrence, pas seulement par fidélité aux exigences de Gabriel Chodos. Les *Davidsbündlertänze*, il me faut environ trente-sept minutes pour les jouer. Même en accélérant le tempo, je n'arriverai pas à les faire tenir dans la demi-heure que je peux encore m'offrir ; il me faudra par conséquent arrêter avant la fin. C'est ma montre qui me dira quand.

La suite, Marian Rybicki la raconte encore aujourd'hui, en riant. J'en suis à l'avant-dernière pièce des *Davidsbündlertänze*, une des plus belles. Voici que l'heure sonne : ça y est, je n'ai plus les moyens de payer… je m'interromps donc brusquement.

Marian Rybicki bondit de son fauteuil.

— Qu'est-ce qui vous prend ?

— Je n'ai que quatre cents francs. Je n'ai pas les moyens de rester plus d'une heure avec vous.

— Mais vous êtes folle ! Je n'ai jamais entendu jouer Schumann comme ça, et vous vous arrêtez en plein milieu ! Je ne vais évidemment pas vous faire payer. Dites-moi plutôt ce que je peux faire pour vous…

Je n'ai aucun mal à lui répondre : il y a tant de choses qu'il peut faire pour moi ! Je lui déballe le tout en un rien de temps : je rêve de m'établir à Paris, d'obtenir un visa, d'avoir une bourse, aussi. Il m'écoute, l'air grave, sans un mot, puis promet de me rappeler.

Deux jours ne se sont pas écoulés qu'il tient sa promesse. Deux jours pendant lesquels il m'a trouvé une bourse, une chambre de bonne au septième étage d'un immeuble de l'avenue de Suffren et sept de ses élèves prêts à me laisser jouer sur leur piano, un pour chaque jour de la semaine. Un miracle s'est produit. La France terre d'accueil, ce n'est pas une légende !

Je quitte l'appartement de Xiaoqin pour ma nouvelle demeure. La petite chambre est vide, mais son ameublement attendra des jours meilleurs ; tant pis, je dormirai par terre. Ce qui compte, maintenant, ce n'est pas d'emménager mais de travailler. Travailler pour me faire connaître, encore une fois, à trente-six ans, à l'âge où la plupart des pianistes ont déjà une longue carrière derrière eux. Je n'en finis pas de payer ces années de « rééducation » sans études !

Heureusement, les élèves que Marian Rybicki m'a fait connaître sont d'un grand soutien, et beaucoup vont devenir de vrais amis. Pour la plupart, ils ont comme moi quitté leur pays natal et nous formons une petite communauté solidaire contre l'adversité. Car, passé le miracle de ma rencontre avec Marian Rybicki, je découvre combien Paris peut être une ville dure aux étrangers. Nous nous serrons les coudes, nous accompagnant les uns les autres pour accomplir les démarches administratives sans lesquelles la France ne serait pas la France.

Le plus flamboyant de mes amis se nomme Braz. Il est brésilien et c'est un pianiste d'une extrême sensibilité. Né dans la haute bourgeoisie de Rio de Janeiro, il mène grand train à Paris, du moins pendant les deux premières semaines de chaque mois. Le reste du temps, la somme mensuelle que lui allouent ses parents étant épuisée, il n'a même pas de quoi manger correctement. C'est alors que j'entre en scène. Depuis longtemps, je suis passée maître dans l'art de faire de la cuisine chinoise de qualité avec un peu de riz, quelques œufs, des carottes et des petits pois. C'est ainsi qu'il survit jusqu'à la fin du mois.

Braz a des méthodes de travail aux antipodes des miennes : il considère qu'il étudie quand il prend du bon temps.

— Tu travailles trop, me répète-t-il.

Un jour, je lui raconte le choc que j'ai eu en sortant du métro au Pont-Neuf : jusque-là, je n'avais pas idée que Paris était si beau, et je lui avoue que, depuis mon arrivée, je n'ai guère vu de la ville que le métro. Braz me jette un regard consterné :

— Il va falloir que je prenne les choses en main, ou tu n'arrêteras jamais de bosser.

Et grâce à lui, je sors de terre. Il aura été mon premier guide dans Paris.

Plus tard, alors qu'il vient de visiter ma chambre de bonne, ce qui est vite fait, Braz me propose de profiter de mes séances de travail chez lui pour faire ma toilette à l'aise. J'accepte bien volontiers. Mais un dimanche matin, je ne parviens pas à ouvrir sa porte avec la clef qu'il m'a laissée. Je la tourne désespérément dans tous les sens : rien n'y fait. Je m'acharne quand, soudain, je vois la porte s'ouvrir toute seule et Braz apparaître sur le seuil, l'air mal réveillé.

— Xiao-Mei ? Que se passe-t-il ?

— Je viens travailler mon piano. Je suis désolée, je ne savais pas que tu étais là.

— Non seulement je suis là mais je n'y suis pas seul. Un dimanche matin ! Est-ce que tu comprends quelque chose à la vie ?

Nasi aussi est devenue une amie. Authentique princesse iranienne, elle est d'une beauté, d'une subtilité et d'une discrétion tout orientales. Et mon premier professeur de français. Avec elle, Braz et quelques autres parmi lesquels mon amie Lin, une Chinoise mariée a un pasteur, bien que souvent désargentés, nous allons au concert, nous visitons Paris, nous nous lisons des livres à voix haute, nous menons une merveilleuse vie de bohème, toujours occupés, toujours à rire.

Une autre des élèves de Marian Rybicki va jouer un grand rôle dans ma vie : Mme Aalam. À plus de quatre-vingts ans, elle en paraît vingt de moins, et sa vie est un roman. Fille d'un médecin du Shah, elle a quitté sa famille à vingt ans, un peu comme ma mère, pour un violoniste russe dont elle était tombée follement amoureuse. Plus tard, elle a créé en Iran un des premiers établissements réservés à l'éducation des jeunes filles, avant de fuir son pays au moment de la chute de la dynastie des Pahlavi.

Dès notre première rencontre, elle me raconte qu'un jour, alors qu'elle dirigeait la maison des étudiants iraniens à la Cité universitaire à Paris, un groupe de jeunes maoïstes l'a agressée en lui reprochant son passé. Elle les a invités à discuter chez elle. Au bout de la soirée, ils étaient devenus amis. Je comprends vite que Mme Aalam a cette qualité que je n'aurai jamais : rien ne lui fait peur !

Ayant appris dans quelles conditions je loge, elle m'invite à venir habiter dans son somptueux appartement parisien et à profiter de son Steinway. Le lendemain de mon arrivée chez elle, je lui propose de faire ce que j'ai toujours fait jusqu'ici chez mes hôtes, un peu de ménage en échange du logement. Ses yeux noirs se posent sur moi :

— Jamais ! Vous m'entendez, jamais ! Au contraire, ma femme de ménage travaillera pour vous. Je veux que vous travailliez votre piano sans penser à rien d'autre.

C'est la première fois que l'on me parle ainsi.

Elle m'emmène au Louvre. Dans l'aile Denon, elle me désigne une statue, en haut du grand escalier.

— Vous voyez, quand vous entrerez sur scène, je veux que vous soyez comme elle : victorieuse, conquérante mais en même temps légère et gracieuse.

J'admire le chef-d'œuvre qui se dresse devant moi. C'est la *Victoire* de Samothrace.

— Je comprends ce que vous avez vécu, me dit-elle une autre fois. Ce dont vous avez besoin maintenant, c'est d'avoir confiance en vous.

Elle a une manière très orientale d'assurer ma promotion. Nous prenons le bus : elle déclare au conducteur qu'il a la chance de transporter une immense pianiste. Nous allons acheter des médicaments : elle prévient le pharmacien qu'il sert une grande artiste. Je ne sais plus où me mettre, mais que dire à celle qui m'a déclaré un jour avec le plus grand sérieux :

— Si j'étais sûre que cela me permette de jouer les *Scènes d'enfants* comme vous, je serais prête à partir sur-le-champ pour dix années de camp à Zhangjiako !

Quelques mois ont passé quand Marian Rybicki m'annonce qu'il m'a obtenu une tournée de concerts en Pologne. Ma première tournée ! Six concerts !

Je joue pour commencer dans la maison natale de Chopin, à Zelazowa Wola. À la fin du concert, on vient me féliciter : les spectateurs ont aimé ma manière de jouer les *Mazurkas* que j'ai travaillées avec Marian Rybicki. On me rappelle que, dans les années 1950, mon grand aîné Fou Ts'ong a reçu un prix spécial du jury pour son exécution de ces mêmes pièces au concours Chopin de Varsovie. Ils m'interrogent, à la recherche d'une réponse à la question qu'ils se posent :

est-ce qu'il existe un art chinois de l'interprétation de ces petites miniatures ?

J'aime la Pologne et son public si musicien. Et puis, j'éprouve de la sympathie pour ce peuple qui, comme les Chinois, ne vit pas encore libre ; je le comprends, je partage ses frustrations.

Ma tournée est royalement payée puisque, pour six concerts, je touche deux ans du salaire d'une ouvrière polonaise. Malheureusement, à l'époque, le zloty n'est pas convertible, il m'est donc impossible de sortir cet argent de Pologne. J'ai alors l'idée de téléphoner à l'ambassadeur de Chine en Pologne ; je lui explique qui je suis et l'objet de mon appel : lui confier l'argent de mes cachets pour qu'il achète des partitions de Chopin au profit du Conservatoire de Pékin. L'ambassadeur se montre d'abord méfiant, puis agressif, me soumet à un véritable interrogatoire, et, finalement, me raccroche au nez. Un autre lien avec mon pays vient de se rompre. Quand je pense que Teng Wenji me conseillait de ne pas quitter la Chine ! De dépit, je donnerai l'argent à Solidarnosc, qui représentait alors un espoir pour beaucoup de Polonais.

De retour à Paris, c'est un nouveau défi que je dois relever, et pas des moindres : le visa étudiant que j'avais obtenu pour la France arrive à expiration, le temps est donc venu d'aller plaider ma cause auprès des services d'immigration, à la Préfecture de police. La première fois, il me faut huit heures de queue avant d'entrevoir enfin le fonctionnaire derrière son guichet, au moment précis où les bureaux ferment. Le lendemain, je me lève à cinq heures, bien décidée à être la première, cette fois. Raté ! Au bout de quatre heures, je me fais renvoyer comme une malpropre sans avoir pu expliquer quoi que ce soit. J'y retourne, et j'y retourne encore… C'est une autre France, que je rencontre là. Procédurière, indifférente, hostile. La seule information claire que je peux obtenir, c'est qu'il me sera plus facile de demander la nationalité française avec un passeport américain qu'avec un passeport chinois. Et pour cela, il me faut retourner vivre aux États-Unis où, je le sais, je devrai patienter un an et demi avant d'obtenir des papiers, des vrais.

Tout allait si bien. J'étais heureuse, à Paris, j'y avais des amis formidables, je commençais à donner de vrais concerts. Et voilà que pour une histoire de visa, je suis contrainte de faire demi-tour, de repartir en arrière. Je me sens amère, découragée. Vais-je jamais trouver un endroit où poser mes bagages ?

Je n'ai guère le choix. Je passe quelques coups de téléphone à des amis américains pour me trouver un point de chute. Janet, une musicologue habitant Boston, se dit prête à m'accueillir.

J'enfourne dans ma valise mes quelques vêtements, toutes mes partitions, et je m'envole pour Boston. Comme Janet a deux beaux pianos Blüthner, je me dis que là, au moins, je pourrai continuer de travailler.

Malheureusement, il arrive que les musiciens professionnels n'aiment pas se voir imposer la musique des autres. À un morceau près…

23

Les *Variations Goldberg*

Le retour est le mouvement du Tao.
(LAO-TSEU)

Décidément, il n'y a rien à faire. Depuis plusieurs jours que je suis à Boston, il me faut accepter l'évidence : impossible d'imposer à Janet de m'entendre jouer. Je la comprends trop bien ; entre la préparation de sa thèse de musicologie et ses leçons de piano, elle est saturée de musique. Seule solution : profiter de ses moments d'absence pour travailler.

Un jour que je parcours sa vaste bibliothèque musicale à la recherche de morceaux à déchiffrer, je tombe sur une épaisse partition de Bach. Les *Variations Goldberg* sont une œuvre de la grande maturité du compositeur, dont l'histoire est curieuse. Le comte Keyserling, ambassadeur de Russie à Dresde, souffrait d'insomnie. Il commanda à Bach une œuvre que son jeune claveciniste, Goldberg, pourrait lui jouer la nuit en attendant que le sommeil revienne. Une des rares œuvres que Bach, qui n'imaginait pas passer à la postérité, ait pris soin de faire graver.

Je n'ai encore jamais travaillé les *Variations Gold-*

berg, et je me dis qu'il y a sûrement là matière à m'occuper un bout de temps.

Je pose la partition sur le pupitre du piano.

Quelle douce entrée en matière que cette *aria* initiale ! Voilà une musique qui prend son temps, qui vous tend la main, amicalement. J'enchaîne la *Première Variation*, puis la deuxième. Une heure et demie plus tard, je suis revenue à l'*aria* initiale, qui clôt l'œuvre à l'issue des trente variations.

Entre-temps, Janet est rentrée sans que je m'en aperçoive. Mais cette fois, elle ne m'a pas interrompue. Ce n'est que lorsque j'ai posé la dernière note qu'elle vient me voir.

— Tu peux jouer les *Goldberg* aussi souvent que tu veux, me dit-elle. Tu ne peux pas savoir le bien que ça me fait. Je pourrais les écouter sans fin.

Je ne me fais pas prier. Plusieurs semaines durant, je vais travailler les *Variations*, parfois huit heures par jour, sans que Janet proteste jamais. Me voilà transformée en Goldberg et elle en comtesse Keyserling. Dès l'*aria*, elle retrouve le sourire… alors que, curieusement, pour ma part, je ne suis pas encore totalement conquise par l'œuvre ; sa principale vertu, je dois l'avouer, est de me permettre de jouer.

Janet étant sur le point de soutenir sa thèse, je décide, quelles que soient les vertus apaisantes des *Goldberg*, de déménager pour la laisser en paix. La première amie à laquelle je demande de m'accueillir me répond avec le plus grand sérieux :

— Tout à fait impossible ! Mon mari ne travaille pas. Il est à la maison toute la journée, je ne peux pas te laisser seule avec lui.

Je n'en reviens pas. D'abord qu'elle ait pu avoir une telle pensée, et ensuite qu'elle ait osé me la formuler. Rappelle-toi, me dis-je, tu n'es plus en Chine – là-bas, une telle réponse serait considérée comme une offense grave.

Le second appel est le bon : Mary et Ryan acceptent de m'héberger. Elle enseigne la poterie dans une école d'art et lui est agent d'assurances. Ils vivent dans les environs de Brattleboro, où je les ai connus, à Saxton River, un village réduit à l'essentiel : un supermarché, une boulangerie, un bureau de poste et une église, c'est tout.

Dans le même temps, je pose ma candidature à l'école de musique dans laquelle j'ai déjà enseigné. La réponse est sans appel :

— Tu es partie. C'est fini. Nous ne sommes pas un hôtel.

Je tente alors ma chance dans un collège renommé de la région, le Smith College. Je n'oublierai jamais les compliments que sa directrice me fait, après que je lui ai interprété une mazurka de Chopin pour lui montrer mes capacités. Cependant, si elle me promet de faire son possible pour créer un poste, elle n'a rien à me proposer.

J'envoie une cinquantaine de lettres de candidature ; aucune réponse. Des amis me conseillent de tenter ma chance à Washington. Je mets toutes mes économies dans un billet d'avion, en vain.

De désespoir, je tente ma chance chez le boulanger de Saxton River. Il me demande d'un ton dubitatif si je suis prête à me lever toutes les nuits à quatre heures du matin. Je lui explique que je l'ai fait pendant des années, dans un camp de travail. Il me dévisage, puis regarde mes mains.

— Elles sont trop petites. Vous ne pourrez pas pétrir…

Je repense à Maître Pan qui me disait : « Cherche à tirer de l'énergie du clavier et pas seulement à lui en transmettre. Imagine que tu pétris du pain. Tu verras, cela va tout changer dans ta relation à l'instrument. » Inutile de perdre mon temps à argumenter, le boulanger ne veut pas de moi.

Ça va mal. Je n'ai aucun travail, aucun projet. Heureusement que Mary et Ryan sont là, à mes côtés. Lorsque, à la fin du premier mois passé chez eux, je veux leur donner cent dollars à titre de dédommagement, Ryan refuse. Lui qui s'intéresse à tout, il ne passe pas un jour sans m'interroger sur la Chine, sur la Révolution culturelle. Il se dépense sans compter pour me distraire : le week-end, il m'emmène faire du skating et des randonnées en moto. Je ne suis pas certaine d'aimer mais je lui dis que je trouve cela *great* !

Quant à Mary, elle a compris ce dont j'ai alors le plus besoin : rester seule, ne pas parler. Artiste elle-même, elle connaît les vertus du silence. Elle rentre de son travail alors que je suis au piano : elle se glisse doucement dans le salon pour m'écouter, et me fait signe de continuer. Des amis lui rendent visite : elle leur donne instruction de ne pas me déranger. Elle organise une *party* : elle me prie de l'excuser. Je lui témoigne un respect à la hauteur de celui dont elle m'honore.

Il n'y a qu'une chose que Mary et Ryan ne comprennent pas, chez moi : pourquoi je travaille autant. Mary me répète souvent avec douceur :

— Tu n'as pas de poste, pas de projets de concerts. Où trouves-tu l'énergie de suivre une telle discipline ? D'où cela te vient-il ?

Je ne sais pas quoi lui répondre.

Mais ce que je sais, c'est que j'ai fait la rencontre musicale de ma vie. Les *Variations Goldberg* remplissent désormais toute mon existence. Il y a tout, dans cette musique, elle suffit à vivre. La première variation me donne du courage. Je souris dans la dixième, humoristique, chante dans la treizième dont la ligne musicale m'apaise comme aucune musique avant, danse dans la vingt-quatrième avec son rythme de polonaise, je médite dans les quinzième et vingt-cinquième, deux des trois variations en mineur, qui m'émeuvent aux larmes.

Puis arrive la trentième, ce fameux *Quodlibet* qui m'apparaît comme une sorte d'hymne à la gloire du monde. Plus je la travaille, plus elle me bouleverse. Bach, en mêlant deux chansons populaires à la basse formant l'ossature des variations, atteint les sommets de son art : le profane donne naissance au sacré, le contrepoint le plus savant à la plus grande simplicité. Un jour, je découvre le titre d'une des deux chansons populaires utilisées dans cette variation : « Choux et navets m'ont fait fuir, / Si ma mère avait fait de la viande, je serais resté plus longtemps. » Que viennent faire des choux, dans cette variation si sublime ? En même temps, comment ne pas penser à ces choux de Zhangjiako qu'il fallait aller ramasser dans les champs, et que je retrouvais tous les jours dans mon écuelle ? C'est un signe du destin. Encore aujourd'hui, chaque fois que j'atteins cette dernière variation, je vois apparaître devant moi les étendues mornes et arides de Zhangjiako.

Et enfin, c'est le retour de l'*aria* initiale, le passage qui me touche par-dessus tout. Durant trente variations, la tension est montée, Bach a convoqué toutes les émotions humaines et, soudain, il ne reste qu'une musique sereine, apaisée, à l'opposé des grands crescendos qui concluent tant de morceaux classiques. Dans la douceur, l'*aria* s'enfonce dans un néant qui n'est pas l'expression d'un manque ou d'une disparition mais du bonheur et de la lumière. Plus la musique décroît, plus on s'élève.

Les principes de travail qui sont désormais les miens, j'essaie de les appliquer à l'étude des *Goldberg* en les poussant à l'extrême. L'exercice est difficile et ne réussit que par moments.

Le vide avant de jouer. La quête du tempo qui permet tout à la fois de respirer, d'entendre toutes les beautés de la partition et de laisser la pensée se développer de manière naturelle. Il n'y a d'ailleurs pas qu'en musique qu'il faut rechercher le bon tempo : il est aussi essentiel de le trouver dans sa vie. La quête du sens et de la vérité du texte. La disparition derrière la musique, comme si ma lecture de Lao-tseu et Tchouang-tseu avait fini par me convaincre que les meilleurs pianistes comme les meilleurs souverains étaient ceux qui n'existaient pas et que tel était le but à atteindre.

Oh ! je n'ai pas à proprement trouvé de clef, d'explication, de réponse à une question. Je n'ai pas décidé consciemment de changer ma façon de jouer. Cette manière de faire devient simplement chaque jour, par la pratique, plus naturelle.

Plus je travaille les *Goldberg*, plus il me semble que Bach illustre à merveille cette idée d'avancée horizontale de la musique, de ligne, de mouvement qui m'est de plus en plus chère. Que ce soit dans les *Goldberg* ou ailleurs, il y a très rarement d'arrêts dans la musique de Bach. Elle relève plutôt d'un flux musical, le contrepoint savant du compositeur induisant un perpétuel tuilage des lignes, même aux articulations les plus saillantes du discours. C'est ce qui, je crois, rend la musique de Bach si apaisante pour les auditeurs. À de rares exceptions près, que l'on trouvera par exemple dans les *Passions*, elle n'est jamais dramatique ni heurtée, mais au contraire sereine et continue.

En même temps, les *Goldberg* montrent au plus haut point comment cette avancée horizontale se doit d'être soutenue par le pouls, la pulsion de la basse : le thème des variations n'est-il pas constitué des notes de basse des trente-deux mesures du thème initial ? Dans les *Goldberg*, c'est elle qui engendre la vie !

Je suis frappée d'y retrouver les éléments les plus essentiels de ma culture chinoise, comme si Bach en avait eu la prémonition ou était la réincarnation d'un grand sage chinois. Selon moi, Bach est bien plus qu'un luthérien qui met tout son art au service de la gloire de Dieu. Il est universel.

Les lignes musicales entremêlées du contrepoint de Bach me renvoient à l'art de la calligraphie, un art typiquement chinois qui est avant tout un art de la respiration et de la méditation. En travaillant, je pense aux grands maîtres chinois de la calligraphie qui se retiraient dans le silence des montagnes, regardaient, contemplaient, sans rien faire d'autre, puis un jour se trouvaient prêts. Chu Ta, prince de la dynastie des Ming, avait été contraint, à l'âge de dix-huit ans, de fuir l'invasion mandchoue et de se faire moine, dans un temple, dans la montagne. Là, vivant pauvre, inconnu, il avait passé la plus grande partie de sa vie à contempler, à ne rien faire pour finalement peindre quelques chefs-d'œuvre rares et atteindre la notoriété à un âge très avancé. Zheng Banqio, un prodigieux peintre de bambous, a consacré plus de quarante années de sa vie solitaire à contempler et à reproduire son sujet. Il écrivait :

> Quand tu penses que tu es en train de descendre,
> tu es en train de monter, mais tu ne le sais pas.
> Quand tu penses que tu es en train de monter,
> en réalité tu descends.
> Travaille et un jour, sans t'y attendre, tu arriveras à
> ce que tu souhaites.

L'histoire des vies de Chu Ta et Zheng Banqio me donne du courage. La pauvreté, l'anonymat, le mépris qu'ils ont l'un et l'autre endurés et qui auraient pu les détruire les ont rendus plus forts.

Tenter, par la pensée, de me retirer comme eux dans les montagnes m'aide à atteindre ce que je recherche depuis longtemps : disparaître derrière le compositeur. J'ai l'impression de ne plus exister et donc de ne plus interposer de *volonté* entre le compositeur et la musique. Seulement d'être capable de montrer le génie du compositeur.

La variété des climats, des humeurs que l'on trouve dans les *Goldberg* me rappelle cette philosophie du « juste milieu » dont Maître Pan a été le premier à me parler. Mais à travers cette œuvre, il me semble que désormais je la comprends : il ne s'agit pas de prendre une voie moyenne, qui soit une sorte de compromis par refus de choisir les extrêmes, mais bien plus un point d'équilibre qui permet de faire ressortir toutes les composantes de l'œuvre. Or, les *Goldberg* ont cela de particulier qu'elles convoquent toutes les émotions, tous les sentiments de la vie humaine : c'est en cela qu'elles constituent un des plus grands chefs-d'œuvre de l'humanité et qu'elles parlent tant au public. Dans cette œuvre, c'est la vie même, dans ses composantes infinies, que Bach a mise en musique.

Les bouddhistes représentent toujours Bouddha souriant. Dans toute chose, dans tout être, il y a toujours deux côtés. Et pas de vérité unique : tout dépend de la manière dont on veut bien voir la réalité. C'est cela, la vie. C'est cela, les *Variations Goldberg*. Et je comprends aussi à travers elles pourquoi la musique polyphonique, de Bach en particulier, me touche plus que toute autre : elle seule permet en effet, *au même moment*, d'exprimer par le truchement des différentes voix des émotions diverses, plurielles, contradictoires, sans que l'une ne l'emporte nécessairement sur une autre.

Et puis, bien sûr, il y a ce mystère de l'*aria* qui ouvre les *Goldberg* et les conclut. Les chefs-d'œuvre de la musique occidentale qui recourent à un tel procédé sont rarissimes. Et de fait aucun n'est dans son essence aussi taoïste. Comment ne pas penser à ce que Lao-tseu dit du Tao, ce mouvement universel et sans fin mû par le souffle de la vie : «Le retour est le mouvement du Tao»?

L'eau de l'*aria* initiale a donné naissance au fleuve

des variations, elle s'est écoulée, évaporée, est retombée en pluie fine. L'eau que le nom même de Bach évoque – ruisseau, rivière, en allemand. L'eau de l'*aria* finale est celle de l'*aria* initiale et en même temps ce n'est pas la même. Ce n'est pas un éternel retour mais une transformation qui est à l'œuvre.

Le terme a rejoint le commencement mais il est différent.

24

Une protection

Respirer Paris, cela conserve l'âme.
(VICTOR HUGO, *Les Misérables*)

J'ai quitté les États-Unis pour Paris dès que j'ai obtenu mon passeport américain, juste le temps de prendre congé de Mary et Ryan.

Mme Aalam m'accueille comme sa fille.

— Maintenant, nous allons vraiment pouvoir nous occuper de toi, me dit-elle.

Et cette deuxième arrivée à Paris va me conduire de miracle en miracle. Rencontre avec des amis exceptionnels, avec la France et l'Europe où je vais découvrir ce que respecter un artiste veut dire.

Pour commencer, j'explore enfin la ville. J'aime tellement le temps qu'il y fait, les couleurs de son ciel, toujours un peu chargé, mélancolique. J'erre le long des quais de Seine, dans les rues, émerveillée par la beauté des lieux qui surgissent devant moi : la place Dauphine, la place de Furstenberg, la place des Vosges, où plane le souvenir de Victor Hugo. Les innombrables églises qui vous emmènent au ciel dès que l'on y pénètre, Saint-Julien-le-Pauvre, Saint-Germain-des-Prés. Je découvre un immeuble où Marie Curie a vécu

— une femme qui est un modèle pour moi. Puis d'autres qu'ont habités Chopin, Picasso… Chaque pas renforce mon impression de mélanger ma vie à celle des grands génies de l'humanité. Je me rends au Père-Lachaise, pour y voir le mur des Fédérés, et je me laisse aller à imaginer les combats de la Commune qui ont fait rage dans le cimetière. Je visite les musées, les expositions – dans quelle autre ville au monde voit-on de telles queues devant les entrées ? Je m'attarde dans les cafés. J'aime y regarder les gens travailler et les garçons servir, rapides et élégants, comme de vrais acteurs. Paris m'apparaît comme un prodige de beauté. Seules me choquent la solitude dans laquelle les Parisiens s'enferment, l'indifférence que souvent ils se témoignent, la morgue dont font preuve certains commerçants. Mais enfin, peut-on imaginer meilleur port d'attache ?

Mme Aalam me met en contact avec un couple d'amis, Jean-Luc Chalumeau et son épouse Estelle, que j'avais rencontrés chez elle avant mon départ. L'un et l'autre ont lu dans mes pensées un de mes rêves secrets : avoir un toit à moi, enfin, et Jean-Luc me trouve le premier vrai logement de ma vie. Juste un petit studio, au premier étage, sur une cour assez sombre, mais situé quai de Conti, dans l'immeuble où il habite avec Estelle, et pour un loyer modeste. Je m'y installe au début de l'automne 1988. Je suis chez moi. Cela ne m'est jamais arrivé.

À vrai dire, il me reste encore une chose à faire pour être vraiment chez moi : acheter un piano. Un vrai, à queue. Pas un Steinway, je n'en ai pas les moyens, mais un instrument solide sur lequel je pourrai travailler sérieusement. Vient le jour où l'instrument m'est livré. Impossible de ne pas penser à cet autre piano, qui est arrivé chez mes parents un jour de mes trois ans. Que devient-il, mon Robinson, fidèle compagnon de Zhangjiako ? Pour la première fois, je lui fais une infidélité en conscience. Je l'ai remplacé. M'en voudra-t-il, quand je le lui avouerai ?

Mes voisins deviennent vite mes amis. Estelle me trouve mes premiers élèves. Josette Devin, une ancienne résistante, m'apporte un soutien moral de tous les instants. À travers elle, je découvre qu'il est possible d'avoir « connu l'odeur de la peur » et de vivre heureuse. La peintre américaine Marion Pike, à qui l'on doit de magnifiques portraits d'André Malraux, de Coco Chanel et d'autres, m'offre plusieurs de ses tableaux – bientôt, elle va me suggérer de les vendre pour payer mon loyer, ce que bien sûr je me refuse à faire. Laurence Rousselot, ma première élève, non seulement me propose de la rejoindre dans le sud de la France, mais elle m'offre mon billet de train – grâce à son attention délicate, je prends les premières vacances de ma vie.

Anna Kamp, attirée chez moi par la musique qu'elle entend au travers de l'étroite cloison qui sépare nos deux appartements, tient à tout prix à me faire rencontrer son ami le peintre Gérard Fromanger, grande personnalité de la scène artistique française. Grâce à lui, je fais la connaissance du violoncelliste Alain Meunier. Celui-ci me propose sur-le-champ de jouer avec lui à l'Académie de Sienne. Parmi les morceaux que nous interprétons ensemble, il y a la *Cinquième Sonate pour violoncelle et piano* de Beethoven. Je ne l'ai jamais remise sur mon pupitre depuis mes séances de musique de chambre à Zhangjiako avec Like. Je com-

mence à jouer : *ré-fa#-mi-ré, ré.* Sur mon vieux Robinson, la corde du *ré* aigu était de celles que j'avais dû
remplacer avec un fil de fer ; c'est donc la première
fois que j'entends sonner la note comme il faut !
Quelques mois plus tard, il m'invite à venir travailler
avec lui au Conservatoire national supérieur de Paris.
Alain a pour épouse une femme d'une grande beauté,
Annick Goutal, fameuse créatrice de parfums. Elle
incarne à mes yeux le chic français à son sommet. Sa
générosité est à la mesure de son élégance ; ainsi a-
t-elle proposé au clochard qui vit au bas de son
immeuble de faire de temps à autre sa toilette dans sa
salle de bains, lequel la remercie avec des bouquets
qu'il confectionne avec les surplus du fleuriste d'à
côté. Depuis sa disparition, il y a sept ans maintenant,
je ne cesse de penser à elle. Je repasse souvent devant
sa maison. Le clochard a lui aussi disparu.

Autant, lors de mon premier séjour à Paris, je
côtoyais surtout des étrangers, autant, cette fois, j'ai
des amis français. Et lesquels !

À eux tous, ils m'insufflent de la force, me permet-
tent de prendre confiance en moi, si bien qu'un jour je
demande à Estelle si elle peut m'aider à organiser un
premier vrai concert à Paris. Intuitivement, je pense à
mes deux églises préférées, Saint-Germain-des-Prés
ou Saint-Julien-le-Pauvre. Ce sera la seconde. Le programme est une évidence : les *Goldberg.* Après toutes
ces années, je suis prête, je le sens.

Saint-Julien-le-Pauvre. En plein cœur de Paris, l'endroit a des allures d'église de campagne encore mar-
quée par le roman, avec ses gros contreforts et ses
petites chapelles rondes ; il y règne une intimité qui me
rappelle l'architecture chinoise, une atmosphère de

recueillement en adéquation parfaite avec la musique de Bach.

Fidèle à sa promesse, Sue Fleisher sera présente pour mon premier concert en France. Bien que malade d'un cancer dont elle va bientôt mourir, elle a tenu à être là, à mes côtés, une dernière fois, dans le pays de sa jeunesse. Elle fait préparer un livret-programme dans lequel elle évoque l'histoire de l'église et la légende de saint Julien le Pauvre telle que la relate Flaubert dans ses *Trois Contes*. Flaubert, cet écrivain bourgeois que j'avais été contrainte de dénoncer dans mon autocritique au Conservatoire. Je me souviens du deuxième des *Trois Contes*, *La Légende de saint Julien l'Hospitalier*, autre nom de saint Julien le Pauvre. Je revois Julien massacrant une horde de cerfs avant de se faire maudire par le grand mâle qui la commande : « Maudit ! maudit ! maudit ! Un jour, cœur féroce, tu assassineras ton père et ta mère. » Et ses deux parents errant à sa recherche jusque dans son château, « un vieil homme et une vieille femme, courbés, poudreux, en habits de toile, et s'appuyant chacun sur un bâton ». Je pense à ma mère, à mon père que je n'ai pas revus depuis bientôt dix ans. J'aurais aimé qu'ils soient là.

Je fais le tour de l'église pour m'imprégner de l'esprit du lieu. J'y suis comme chez moi. Je n'ai même pas à préparer le concert. Cette fois, je suis sûre de moi.

Le mercredi suivant, il fait un peu frais à Paris lorsque je me rends à Saint-Julien-le-Pauvre. L'église est pleine. Il n'y a plus de place dans la nef, ni dans les bas-côtés, et le public commence à s'asseoir par terre, contre l'estrade que le gardien de mon immeuble a tenu à monter lui-même, par amitié. Mes amis se sont démenés et, en l'absence d'affiche et d'annonce, le bouche-à-oreille a fonctionné à merveille. Encore un miracle. Estelle m'a dit que les prêtres de la paroisse ont prié pour le succès de mon concert.

Il est plus de neuf heures et demie : on vient me prévenir que je peux entrer en scène. Je rejoins le piano, je commence l'*aria*. Tout est évident, naturel, facile. Après tout ce que j'ai vécu, le temps est venu. Le silence qui règne dans l'église me dit que je suis en communion avec le public. L'*aria* finale arrive comme dans un rêve.

J'ai mon premier vrai succès public. À quarante ans.

Après cette soirée, Saint-Julien-le-Pauvre restera pour moi un lieu d'apaisement, de recueillement et de protection. Quand je manque de courage ou avant un concert, je m'y rends pour prier, pour méditer. Prier ou méditer, quel que soit le terme que l'on emploie, l'acte est universel. Il n'y a pas à être chrétien pour être sensible à l'atmosphère de cette petite église que je préfère à Notre-Dame, sa grande voisine, majestueuse mais tellement moins intime.

Ce concert m'a délivrée. J'ai des projets en tête, et je suis régulièrement invitée à donner des concerts. Mais il faut maintenant que j'obtienne la nationalité française. Mes amis, chacun leur tour, font leur possible pour m'aider, m'accompagnent dans mes démarches. Nasi se lève souvent à cinq heures du matin pour faire avec moi les six heures de queue sans lesquelles la France ne serait pas la France. Une autre amie, Blandine Gravereau, prépare avec tant de soin mon dossier qu'il devient la référence des services de la Préfecture. Mme Aalam, quant à elle, prend l'affaire en main à sa manière tout orientale qui consiste à offrir des sacs Gucci aux fonctionnaires chargés de traiter mon affaire !

Enfin, une amie de ce petit cercle m'aide à acheter le Steinway de mes rêves.

Lorsque l'accordeur vient pour la première fois le régler dans mon petit studio, il me déclare tout net :

— Pardonnez-moi mais je ne reviendrai pas. Cela me rend malade de le voir installé ainsi. Regardez, il est à côté du radiateur, il ne va pas résister.

À peine est-il parti que je coupe le chauffage. Désormais, je vivrai enrhumée une grande partie de l'hiver, mais le Steinway, lui, se portera comme un charme. Et ce sera un autre accordeur qui viendra s'en occuper : Helmut Klemm, homme simple et modeste qui accorde pour les plus grands, accepte de s'occuper de moi. Lors de notre première rencontre, alors que la conversation tombe sur les *Goldberg*, il me sort de son portefeuille une photocopie de la vingt et unième variation : elle l'accompagne partout. Sans beaucoup de mots, une amitié est née.

En 1990, un autre miracle survient. Une petite maison de disques me propose d'enregistrer mon premier disque, avec les *Variations Goldberg*. Mes amis me pressent : accepte, me disent-ils, sans disque, sans publicité donc, il te sera très difficile de donner des concerts. De mon côté, j'hésite. «Ne pas laisser de traces sur terre.» Je me remémore en souriant la légende de Lao-tseu que ma voisine américaine m'avait racontée dans l'avion de Hong Kong. Lao-tseu qui toute sa vie avait refusé d'écrire quoi que ce soit et ne s'était résolu à le faire que contraint, avant de s'évanouir à jamais. Toutes proportions gardées le parallèle me plaît : j'enregistrerai les *Goldberg* et puis, à mon tour, je pourrai disparaître. Je laisserai sur terre la seule chose qui est essentielle pour moi.

L'enregistrement se passe pour le mieux. Puis, alors que le disque est sur le point d'être diffusé, je reçois un appel de l'éditeur : confronté à des difficultés financières, il doit renoncer, il n'a plus les moyens. Mais, ajoute-t-il, il m'est toujours possible de financer l'opération moi-même. Le budget est de cinquante mille francs environ. Échouer si près du but, alors que j'aime cet enregistrement, c'est vraiment trop bête. J'en parle à mes amis et je saute le pas : j'emprunterai la somme nécessaire ; il faut que ce disque trouve son public. Je règle les cinquante mille francs à l'éditeur. Et rien ne se passe. Il a fait faillite !

C'est la panique. Je n'ai qu'un recours, Antoine Tchekhoff, la providence des musiciens. Antoine est avocat, et amateur de musique – tellement qu'il suffit d'être pianiste pour ne pas avoir à payer les consultations. Sur ce point, quelle différence entre la France et les États-Unis ! Là-bas, quand je disais que j'étais pianiste, on me répondait : *so what*[1] ?

Antoine est on ne peut plus clair : j'ai très peu de chances de récupérer ma mise, et le mieux que je peux espérer est un stock de disques. Je me retrouve ainsi avec cinquante mille francs de dettes qu'il va bien falloir rembourser ; une fois que j'aurai payé ma traite mensuelle, celle de mon Steinway et ma carte

---

1. « Et alors ? »

orange, il ne me restera pas grand-chose pour vivre, mais j'ai mes trois cents disques.

Par bonheur, en dépit d'une diffusion extrêmement limitée, le disque des *Goldberg* reçoit de très bonnes critiques. Antoine qui, comme tous mes amis, s'est institué mon imprésario entreprend de m'organiser un deuxième concert à Paris. Il est encore trop tôt pour espérer jouer dans une grande salle, aussi est-ce à l'auditorium de la Sacem qu'il a lieu.

Ce deuxième concert parisien serait resté confidentiel si Estelle n'avait réussi à convaincre le critique musical du *Monde* de venir m'écouter. Et là, un autre miracle se produit. Contre toute attente, celui-ci écrit un article sur moi dans le journal du lendemain : «Zhu Xiao-Mei, une force intérieure.» Je le lis et le relis, pleine d'angoisse plus que de plaisir car je ne comprends pas bien les nuances du français et je crains à chaque mot qu'on dise du mal de moi.

Je vois bien que l'on me compare à des pianistes que je vénère, Artur Schnabel et Clara Haskil, mais dans quel sens est la comparaison ? Mes amis me rassurent : l'article dit du bien de moi.

J'ai enregistré mon premier disque, donné mes premiers concerts. Grâce à Alain Meunier, j'enseigne désormais au Conservatoire de Paris. Maintenant, je peux rentrer en Chine. Je peux revoir mes parents sans honte.

Mes parents, mes amis… je me demande s'ils vont me reconnaître, comment ils vont m'accueillir. Voilà douze ans que nous ne nous sommes pas vus ! Je ne peux courir le risque de faire la surprise à ma mère, mais si je l'informe trop longtemps à l'avance, elle va en tomber malade de langueur. Je prends le parti d'attendre la dernière minute pour lui écrire : une semaine à patienter, c'est bien assez pour elle.

Maintenant, il faut penser aux cadeaux. Je ne pourrai pas en acheter pour tout le monde, je n'en ai pas les moyens, mais il y aura un flacon de parfum pour ma mère, du vrai, de Paris, du Dior. Il remplacera celui qu'elle avait conservé en souvenir des jours heureux à Shanghai, et qu'on avait brisé devant elle. Et puis un livre sur Zao Wou-ki, dont la peinture fascine mes amis chinois.

Les vacances de Noël arrivent. C'est l'heure du départ.

25

L'arbre de Maman Zheng

Reconnaissez la diversité
Et vous atteindrez l'unité.
(RABIDRANATH TAGORE)

Aéroport de Pékin. L'avion de Paris vient de se poser. Cela fait des années que j'attends ce moment, et pourtant, tout à coup, je me sens hésitante, étrangère. Ils sont là, devant moi : mon père, mes quatre sœurs et leurs époux, mes neveux et nièces que je n'ai jamais vus. Ils sont tous venus. Seule ma mère, que l'annonce de mon retour a rendue malade, comme je le craignais, n'est pas là.

Je regarde mon père, et je n'en reviens pas. Tout me semble plus petit qu'avant, chez lui : sa taille, son visage, ses yeux. Je n'ose pas le toucher, même pas lui dire « Papa ». L'émotion nous étreint, tous brûlent de m'interroger mais la tradition est la plus forte : nous échangeons quelques banalités, on trouve que ma voix est devenue plus grave, et j'apprends qu'ils sont là depuis deux heures, de peur de me rater. Mais il ne faut pas s'attarder : un dîner de retrouvailles nous attend.

Depuis mon départ, mes parents ont déménagé. Ils logent dans un appartement de vingt-cinq mètres carrés au quatrième étage sans ascenseur. On y accède par un escalier sale et étroit, encombré des poubelles que les voisins entreposent sur les paliers. Les fenêtres donnent sur une cour sombre et il n'y a pas de salle de bains. Voilà à quoi mes parents en sont réduits, à leur âge : un logement encore plus sinistre que celui que nous avons connu ensemble et cent fois pire que ce que j'imaginais. La propreté extrême qui règne dans ces lieux n'est qu'une preuve du temps qu'ils ont consacré à tenter de les rendre présentables, sans doute parce qu'ils s'imaginent que je vis dans le luxe, et craignent que je ne trouve pas leur logement assez bien pour moi.

Un terrible sentiment de culpabilité se saisit de moi, leur fille, qui en dépit de ces douze années d'exil a été incapable de gagner suffisamment d'argent pour les aider à vivre mieux. Alors qu'eux, pendant ce temps, ont conservé mon piano dans les quelques mètres carrés dont ils disposent.

Ma mère fait ce qu'elle peut pour m'accueillir mais elle est saisie de vertiges dès qu'elle reste les yeux ouverts trop longtemps. Me voir la rend malade, littéralement. Je ne sais pourquoi, je lui donne le flacon de Dior que je lui ai acheté avec l'espoir naïf que le parfum la soulagera, mais bien sûr, c'est le contraire. Les images qu'il fait monter en elle autant que l'odeur lui donnent la nausée.

Sur la seule table de l'appartement, le repas est somptueux.

— Tu te souviens ? me dit-elle. Quand tu es partie pour Hong Kong, c'était la veille du Nouvel An chinois, et tu n'as pas pu rester avec nous. Eh bien, ce dîner que nous n'avons pas eu ensemble, le voici.

Je regarde les plats qu'elle a amoureusement cuisinés. Les raviolis de toutes sortes, jusqu'à mon dessert préféré : les *tangerduo*, les « oreilles sucrées ». Tandis que le dîner avance, que nous mangeons, parlons, rions ensemble, je vois peu à peu revivre ma mère.

Tard le soir, nous nous séparons. Je m'installe pour dormir dans un coin du couloir, seul endroit de l'appartement où il reste assez de place pour un couchage. Lorsque j'ouvre les yeux, vers six heures du matin, j'aperçois les lumières de trois petites bougies qui vacillent sur la table. Ma mère dessine. Je ne bouge pas, je fais semblant de dormir pour ne pas la déranger sans cesser de la regarder à travers mes paupières mi-closes. Le jour se lève. Ma mère range les bougies et son matériel. Elle attend que je me réveille.

Alors que nous prenons notre petit-déjeuner, mon père m'apprend la nouvelle :

— Tu ne sais pas, mais ta mère est une star maintenant. Elle est passée à la télévision, l'autre jour. Les journalistes voulaient enfin savoir qui était la compositrice de cette chanson si connue des écoliers chinois, *Allons à l'école*, que ta mère a écrite il y a quarante ans.

— Pourquoi racontes-tu cela ? Si les enfants aiment ma chanson, très bien, mais c'est sans intérêt.

Elle n'a pas changé. Mon père m'apparaît moins serein mais plus doux. Il n'est plus l'homme qui m'avait adressé aux États-Unis cette lettre qui avait tant compté pour moi. Il gère une échoppe de photocopies pour le compte des propriétaires, deux jeunes.

Un métier plus intéressant qu'il n'y paraît, car, en un temps où les photocopieurs font leur apparition dans le pays, la technique est volontiers utilisée pour une diffusion rapide et discrète des idées.

Mon père m'apprend aussi que ma mère suit tous les jours des leçons de peinture, que récemment elle a exposé à Shanghai avec d'autres peintres et qu'elle y a remporté un certain succès. Je propose à ma mère de l'accompagner à son cours puisqu'elle se sent assez bien pour sortir. Vouloir apprendre encore à soixante-quinze ans ; je l'admire pour cela et, en même temps, je la comprends. C'est l'art, la peinture en particulier, qui l'a sauvée pendant la longue nuit de la Révolution culturelle, comme moi la musique.

À notre retour, alors que je l'aide à préparer notre repas, elle me confie qu'elle a fait accorder le piano en prévision de mon arrivée. Elle ne demande rien, comme à son habitude, mais je devine qu'elle meurt d'envie de m'entendre. Cependant, je ne peux pas, pas tout de suite, il est trop tôt. J'ai encore le son de mon Steinway en tête.

Avec ses préoccupations artistiques, ma mère fait figure d'exception, en Chine. Plus les jours passent, plus je suis frappée de voir à quel point les Chinois sont devenus matérialistes. Un appartement plus grand, une télévision, un réfrigérateur… ainsi se résument leurs ambitions. Je ne reconnais plus mon pays. Mais je le comprends.

Grâce à mon passeport américain, qui me donne accès à des magasins spéciaux, j'ai le privilège de pouvoir acheter des équipements électroménagers, et je peux ainsi procurer plus de confort à mes parents et à mes amis. Je passe donc des journées entières à faire des courses. Et j'en tire un sentiment mêlé, comme toujours : un grand bonheur d'un côté, du vague à l'âme de l'autre ; je viens en aide à ma famille, et, en même temps, je ne peux m'empêcher de nous regarder faire la queue pour acheter un réfrigérateur au lieu de partager nos expériences, de nous confier tout ce que nous n'avons pu nous dire pendant si longtemps. Cependant, ces achats effectués, je me sens libérée. Libérée pour renouer avec mon plus vieil ami.

Il est là comme au premier jour, malgré ses touches jaunies. Lui, le fidèle, le discret, l'humble, l'indulgent. Lui que j'ai affublé d'un *dazibao* infamant, auquel j'ai fait traverser la Chine sur un wagon de charbon, dont j'ai rafistolé les cordes avec du fil de fer, que j'ai failli vendre contre un billet d'avion, que j'ai trahi pour un Steinway. Il est généreux et courageux, deux des trois qualités du mari idéal.

Je l'entends soupirer : « Tu sais, je suis vieux, maintenant. J'ai fait tout ce que j'ai pu pour toi, et aujourd'hui, je suis fatigué. Je ne te l'ai jamais dit, mais si tu savais comme j'ai eu froid, à Zhangjiako. Laisse-moi en paix, je ne peux plus te servir à rien. Je ne suis plus assez bien pour toi. Je sais que tu m'as été infidèle. Évidemment à Paris, il y a des tentations, c'est bien connu… »

Il a de l'humour, en plus, la troisième des qualités qui font le mari idéal. Je lui rétorque que, contrairement à ce qu'il pense, les Français ne sont pas infidèles – du moins en amitié.

Et je joue pour ma mère, la *Rêverie* de Schumann.

Comme elle l'avait jouée pour moi, quand j'avais trois ans – mon premier morceau de musique.

C'est le moment de revoir Maître Pan. Je sais qu'il est considéré désormais comme un des plus grands professeurs de Chine. L'absence de téléphone rend impossible de s'annoncer, et le Conservatoire, où il habite toujours, est à plus d'une heure de chez mes parents mais cela vaut la peine d'essayer. Quand j'y arrive, vers cinq heures de l'après-midi, l'établissement résonne de musique : de partout, des étudiants sont en train de répéter. Je les écoute un moment… Ils n'imaginent pas qu'il y a trente ans les œuvres qu'ils jouent étaient proscrites. Que l'on envoyait en camp les élèves pour les « rééduquer ». Que l'on brûlait les partitions. Que l'on poussait les professeurs au suicide.

Je sonne à la porte du domicile de Maître Pan.

— Zhu Xiao-Mei ! C'est incroyable.

Il est là, devant moi, et me dévisage avec un large sourire.

— Tu n'as pas changé ! – Il appelle sa femme. – Viens voir qui est là ! Il faut aller acheter de quoi dîner ce soir.

Nous passons la soirée ensemble, à parler de ces douze années qui se sont écoulées depuis mon départ, de leur fils musicien dans l'Orchestre symphonique de Singapour, des foules de jeunes Chinois qui se mettent à l'étude du piano. Il connaît tous les grands pianistes occidentaux, soit par le disque, soit pour les avoir entendus à Pékin. Je lui demande celui qu'il préfère.

— Murray Perahia, me répond-il. – Mais il ajoute : – Il y a maintenant beaucoup de grands pianistes étrangers qui viennent donner des concerts ou des *master-*

classes en Chine. J'écoute aussi beaucoup leurs disques. C'est curieux, mais je n'en retire pas beaucoup de choses intéressantes. Au fil des années, je crois que je suis parvenu à des résultats similaires. Et puis, il me semble qu'il manque toujours quelque chose dans leur jeu.

Impossible de ne pas sourire de cette remarque. Il existe sans doute des Occidentaux qui pensent que jamais les Chinois ne pourront comprendre Beethoven, et voilà qu'un des plus grands maîtres chinois affirme que les Occidentaux ne le comprennent pas non plus, en tout cas pas totalement. D'un côté, comme de l'autre, il y a un manque. Le plus difficile, dans l'interprétation de la musique, est non seulement de dire quelque chose, mais de le dire à une autre culture.

Je lui parle du mélange des cultures. De la pyramide que Pei a construite dans l'enceinte du Louvre. De la magie que Seiji Ozawa obtenait du Boston Symphony Orchestra, lorsque j'y étais. Un son unique, comme si un seul musicien jouait. Et, pourtant, quelle mosaïque, cet orchestre ! Des cordes d'école allemande, des bois d'école française, un chef japonais, Seiji Ozawa. Le résultat dépassait tout ce que l'on pouvait imaginer : le meilleur avait été pris de chacune de ces écoles, elles s'étaient toutes respectées, écoutées, pour donner quelque chose d'unique et de neuf, pour aboutir à une forme de perfection. Comme le dit le grand auteur indien Rabindranath Tagore : « Reconnaissez la diversité et vous atteindrez l'unité. »

— J'aurais tant aimé voir et entendre tout cela, me répond-il. Tu as de la chance, tu sais.

Nous parlons ensuite de l'opus 111 de Beethoven. Il

me demande si je l'ai travaillé. Comme je lui réponds que non, il m'incite à m'y atteler d'urgence.

— Ces temps-ci, dit-il, je passe des heures dans le deuxième mouvement. Je me sens tellement bien, quand je le joue. J'ai envie que le temps s'arrête, que cela ne finisse jamais. Tu sais ce que notre cher Romain Rolland en dit ? « Un sourire immobile de Bouddha. » C'est beau, non ?

Beaucoup plus tard, sur le seuil de sa porte, il me fait un aveu :

— C'est sans doute la dernière fois que nous nous voyons à Pékin. Je voudrais vivre normalement. Ici, on se demande sans cesse ce qui peut se passer.

De fait, peu de temps après mon voyage, son épouse et lui quitteront la Chine pour rejoindre leur fils à Singapour, où je le retrouve de temps à autre.

En sortant de chez Maître Pan, je m'attarde encore quelques instants dans le Conservatoire. Comme il est en cours d'agrandissement, il y a des travaux partout. Il fait nuit à présent, le silence règne. Les images montent, irrésistiblement, images de destins brisés, de victimes, de morts.

J'arrive devant l'infirmerie. Là aussi, les bulldozers ont fait leur œuvre. L'arbre auquel Maman Zheng s'est pendu a disparu. Sans famille pour honorer sa mémoire, il n'avait pas eu de funérailles, après son suicide. Et voilà que, de lui, il ne reste même pas cet arbre.

Aujourd'hui, il est temps que je lui rende hommage.

Tu étais un grand monsieur, Maman Zheng. Tu as renoncé aux honneurs, à la fortune pour t'occuper des enfants que nous étions. Je l'ai appris depuis, tu étais apparenté au président indonésien Sukarno, et aussi à

Zhang Ji, ministre de Chiang Kai-shek. La vie aurait pu être facile, pour toi...

« Maman Zheng » ? Non. Huabin Zheng était ton nom. Il est temps qu'il le redevienne.

Nous te le rendons, Huabin Zheng, nous tes enfants. Au nom de tous les étudiants du Conservatoire dont je me fais aujourd'hui l'interprète, laisse-moi te dire merci. Merci pour tout ce que tu as fait pour nous. Et laisse-moi aussi clamer cette vérité que personne n'osait dire alors : tu étais innocent. Si ce livre a un sens, c'est à toi et à toutes les autres victimes de l'injustice qu'il le devra.

Au revoir, Huabin Zheng.

26

La vie commence à quarante ans

À quinze ans, je m'appliquais à l'étude.
À trente ans, mon opinion était faite.
À quarante ans, j'ai surmonté mes incertitudes.
À cinquante ans, j'ai découvert la volonté du Ciel.
À soixante ans, nul propos ne pouvait me troubler.
Maintenant, à soixante-dix ans,
je peux suivre tous les élans de mon cœur
sans jamais sortir du droit chemin.

(CONFUCIUS)

Les Chinois considèrent que la vie commence à quarante ans. Cela m'amuse de le rappeler, car c'est bien à cet âge que ma carrière a pris son élan.

À mon retour de Chine, je reçois des propositions de concerts de plus en plus nombreuses. Mon réseau d'amis continue de fonctionner. Je n'en reviens pas. Qui d'autre que moi a jamais fait ses premiers pas à un âge pareil?

En même temps, tous ces projets m'affolent. Je n'ai pas été habituée à jouer autant, à donner tant de programmes différents dans des endroits si divers. Je sens peu à peu l'angoisse monter en moi. Ce tempo n'est pas le mien. Ce n'est pas ainsi que je souhaite vivre. Mais je n'ai pas le choix : si je décline les offres, je n'en aurai bientôt plus. C'est la cruelle réalité du métier.

Mes amis m'encouragent à balayer ces doutes. Leur réseau fonctionne à plein. Au Conservatoire, j'ai fait la connaissance du musicologue Rémy Stricker, un homme de grande culture qui comprend tellement bien la musique et les musiciens, et qui considère ses élèves comme ses enfants. Avant chaque concert, j'aime à jouer pour lui. Je lui fais une confiance totale. Et puis un nouvel imprésario amateur rejoint le cercle. Il a vingt-trois ans et ressemble au Petit Prince de Saint-Exupéry. Intelligent, sensible, il joue la musique française de Rameau à Ravel comme personne, il a tout pour réussir. Il est d'ailleurs lancé dans une carrière brillante. Mais Alexandre Tharaud, puisqu'il s'agit de lui, a aussi des qualités de générosité qui le poussent à s'occuper de moi. Ayant entendu mon disque des *Goldberg*, il en a acheté des dizaines à mon insu et les distribue aux organisateurs de concerts avec ce commentaire :

— C'est elle la grande pianiste. Pas moi. Vous devez l'inviter, elle.

Évidemment, c'est faux, mais si touchant. Commence en tout cas une longue amitié musicale qui va nous conduire à jouer souvent à quatre mains.

La première grande salle parisienne à me faire confiance est le Théâtre de la Ville, auquel je reste très attachée. Cela tient beaucoup à la personnalité de Georges Gara, son conseiller pour la musique. Je le rencontre la première fois grâce à un ami commun, Benoît Choquet, qui m'a fait tant confiance depuis le début. Georges a fui la Hongrie et exercé la profession d'éditeur avant d'entrer au Théâtre de la Ville.

Entre émigrés, le courant passe. Un jour, au détour d'une conversation, il me demande :

— Si tu pouvais donner un concert chez nous, tu jouerais quelle œuvre ?

— Il n'y a pas à hésiter. Les *Goldberg*.

Quelques jours plus tard, il m'appelle :

— Tu es au programme de l'année prochaine.

Nous sommes en 1994 et l'heure va sonner de mes vrais débuts parisiens. La salle est pleine à craquer. Mais ce concert quel qu'en soit le succès me rend malade, et pour des mois, et cela autant après qu'avant la représentation.

Je me sens incapable d'atteindre la perfection dont je rêve. Comme tant de musiciens d'ailleurs, je suis malade d'impuissance. Comme Richter, qui lâchait à la fin de sa vie : « Je ne m'aime pas. » La sagesse serait sûrement de reconnaître que la perfection n'existe pas. Les Chinois le savent bien qui, dans une broderie ou une calligraphie, introduisent délibérément un défaut, considérant que ce défaut rend leur œuvre plus belle encore. Les Iraniens font de même avec leurs tapis pour témoigner que seul Dieu peut prétendre être parfait.

Oui, ce serait la sagesse de le reconnaître. De prendre pour modèle la *Victoire* de Samothrace, si belle, si puissante, et mutilée. Mais au lieu de ça, je n'ose même plus passer devant le Théâtre de la Ville, pourtant proche de chez moi. Lorsque enfin, un jour, je parviens à vaincre mon angoisse, je m'effondre en larmes devant le théâtre, au pied d'un petit orgue de Barbarie qui joue une nostalgique musique d'exil. Une passante m'aborde :

— Pardonnez-moi, madame, est-ce vous, l'autre soir, qui avez joué les *Goldberg* ?

Je ravale mes sanglots.

— Oui, c'est moi.

— C'était magnifique. Grâce à vous, j'ai commencé à écouter Bach. Mais je vois que vous avez de la peine. Je ne veux pas vous déranger plus longtemps. Merci, vous savez.

Ce premier concert au Théâtre de la Ville est suivi de plusieurs autres. Un an plus tard, j'y joue Scarlatti, Mozart et Schumann, mes bien-aimées *Scènes d'enfants*, avec sa *Rêverie*. Après les *Goldberg*, qui m'ont cataloguée, comme il se doit pour tout pianiste qui les interprète, Dieu seul sait pourquoi, dans la catégorie des pianistes sérieuses, mon programme apparaît étrangement léger et enfantin au public, comme si l'enfance ne pouvait pas être en même temps l'âge de la grande maturité.

Puis vient un concert Haydn-Beethoven.

Quelques jours avant la date, je me sens découragée au point que j'appelle Georges pour lui annoncer que je ne jouerai pas. Il est chez moi le soir même.

— Que se passe-t-il?

— Je ne suis pas contente de ce que je fais.

— Si tu veux annuler, on annulera. Et on ne te remplacera pas. Mais avant cela, il faut que tu saches une chose : nous ne sommes chrétiens ni l'un, ni l'autre, et pourtant, je peux te dire que, quand tu joues, un sentiment de spiritualité envahit la salle. Et les gens restent après le concert. Ils ne peuvent plus partir.

Que répondre? Georges m'a convaincue. Le concert aura lieu. Il a trouvé les mots qui touchent, sur les liens qui unissent un interprète et le public.

Lors d'un récent voyage à Pékin, j'ai revu Teng

Wenji et nous avons parlé de ses derniers films. À un moment de notre discussion, il m'a dit :

— Quand j'arrive sur les lieux d'un tournage, je prie avant de commencer à filmer.

Je lui ai demandé pourquoi tout en pressentant la réponse.

— On dérange les esprits. On fait du bruit, on crée de l'agitation. Personne ne nous a invités. Il faut s'excuser d'être là.

Et nous avons souri. Depuis, en conscience, je fais comme mon ami. Quand j'arrive, il faut que je salue le lieu, car il est toujours sacré. J'aime m'imprégner de son atmosphère bien avant l'arrivée du public. J'en fais le tour jusque dans ses moindres recoins. Je touche les murs, les sièges, les bancs. Ils me parlent. Je hume l'histoire.

Mes concerts les plus réussis ont toujours eu lieu dans des théâtres, des églises, où je sens quelque chose.

Le Théâtre de la Ville. Je l'ai adoré dès mon premier concert, lorsque, avant mon entrée en scène, j'ai dû me chauffer les doigts sur un petit piano droit, au dernier étage, sous un portrait de Sarah Bernhardt. Tout le monde m'y connaît. Au standard, lorsque j'appelle, j'entends l'hôtesse me dire :

— Bonjour Xiao-Mei, je t'ai reconnue.

Je m'y sens comme chez moi.

La petite église Sainte-Cécile, près de Tours, le Temple de Lourmarin, un des hauts lieux du festival de La Roque-d'Anthéron, l'Académie Martinu de Prague, le Théâtre de Mantoue, où Mozart a joué et que Richter aimait tant. Ou encore le grand Théâtre Colón de Buenos Aires. Un endroit que j'aime particulièrement mais où, pourtant, là aussi, j'ai failli abandonner juste avant mon premier concert.

Je viens d'arriver en Argentine. Il y a des travaux près de l'hôtel où je loge, et un bruit effroyable envahit ma chambre. Ne parlant pas un mot d'espagnol, je suis incapable de faire comprendre à la réception que je souhaite une chambre plus silencieuse. Mon concert approche à grands pas alors qu'il m'est impossible de méditer ni de me concentrer.

En début d'après-midi, j'appelle l'organisateur pour décommander. Il arrive aussitôt, insiste, me répète que tout est réservé, qu'il ne peut plus annuler. Puis il ajoute :

— Allez visiter le théâtre. Ensuite nous reparlerons. Venez, je vous emmène.

Quelques minutes plus tard, j'entre au Théâtre Colón.

— Faites-en le tour. Allez où vous voulez. Je vous attends.

Je pénètre dans la salle. Elle est immense mais en même temps, il y règne une étrange impression d'intimité. Tellement chaleureuse. Je visite les loges, toutes différentes, j'admire les rideaux, le plafond, les lustres. Ici, les plus grands artistes ont joué, le public s'y connaît, on le sent. Je descends au sous-sol. Aux ors silencieux de la salle succède l'effervescence d'une vraie petite ville dans laquelle plusieurs centaines de personnes s'affairent aux costumes et aux décors. Je les observe faire leur métier avec fièvre, comme si leur vie en dépendait. Des femmes me sourient, interrompent leur travail et engagent la conversation. Faute pour moi de parler espagnol, nous n'allons pas bien loin, mais elles m'ont touchée au cœur. Bien sûr, je jouerai ce soir.

En entrant sur scène quelques heures plus tard, je me sens bien, si bien. Je devine sous mes pieds la petite ville industrieuse, je revois les visages de ces femmes aperçues dans l'après-midi. Je salue le public. Beaucoup ont la partition des *Goldberg* sur leurs genoux. Je ne me suis pas trompée. C'est là un lieu unique entre tous.

À l'issue du concert, un critique vient me trouver.

— Je dois être chinois, me dit-il. Tout ce que vous avez joué m'a convaincu.

Il exagère. Mais n'est-ce pas une preuve de l'universalité de la musique que moi, une Chinoise, je sois capable de convaincre un Sud-Américain en jouant un compositeur européen ?

Parmi tous les lieux émouvants que j'ai visités, le plus émouvant reste pour moi l'église Saint-Thomas de Leipzig, où Bach a officié de 1723 à sa mort, en 1750, années au cours desquelles il a composé ses plus grands chefs-d'œuvre. Me rendre à Leipzig est un vieux rêve. Un concert en ex-Allemagne de l'Est me donne enfin l'occasion de le réaliser. Ce concert a été organisé à Hoyerswerda, par l'Institut culturel français. Hoyerswerda où, il y a dix ans, des skinheads déchaînés s'en sont pris à un immigré vietnamien avec le soutien tacite de la population. On parle encore aujourd'hui du « syndrome d'Hoyerswerda ». J'ai décidé d'y jouer les *Goldberg* en mémoire de cet homme, victime de la haine. Lorsque j'entre sur scène, la salle est froide, très froide, tellement que, moi, Chinoise osant jouer Bach sur ses terres, je ne suis pas loin de m'identifier au Vietnamien exilé qu'on a passé à tabac. Mais au fil des *Variations*, la communion s'installe peu à peu, et finalement, le public me rappelle plusieurs fois. Il ne veut pas partir. Je demande alors le silence et prononce ces quelques mots :

— Après Bach, on ne peut rien jouer.

Toute la salle se lève. Je suis adoubée.

Je n'ai jamais été aussi près de Leipzig. Le lendemain, réconfortée par l'accueil du public, je m'ouvre de mon rêve à la conseillère culturelle, une amie, qui a organisé le concert. Elle me met en garde : Saint-Thomas a fait l'objet de plusieurs réaménagements, beaucoup de parties sont neuves et l'authenticité n'y est pas garantie. Je la rassure : cela ne va pas m'arrêter. Elle téléphone à l'église pour savoir si l'on peut la visiter. Malchance ! Elle est fermée pour travaux. Cela ne fait rien. Je veux y aller quand même, ne serait-ce que pour respirer l'air de Leipzig. Cela me suffira. Mon amie Marion me propose de m'accompagner. Tandis que sa voiture roule sur les routes de Saxe, je sens monter l'émotion, puis les larmes – heureusement, Marion ne voit rien, je me sens tellement stupide de pleurer pour si peu ; comment lui expliquer le sens de ce voyage ? Comment lui dire que là, tandis que nous approchons de Leipzig, je prends soudain conscience que Bach a vraiment existé, que j'aurais pu le rencontrer, le connaître, le voir jouer ?

Je pense à un autre pèlerinage que j'ai effectué, il y a bien longtemps, à Shaoshan, le village natal de Mao. Cette fois, c'est le bon pèlerinage que je fais, mais Bach peut-il m'en vouloir d'avoir comparé les deux événements ? Je m'en excuse auprès de lui : « Maître, je suis désolée pour toi d'avoir eu cette pensée. Sois convaincu que ce pèlerinage est sincère. Après tout ce que j'ai vécu, laisse-moi te dire que c'est grâce à toi que je suis redevenue un être humain. Que j'ai compris la vie. Que je me suis comprise moi-même aussi. »

Nous arrivons devant Saint-Thomas. Et là, miracle ! L'église est ouverte. D'où il se trouve, Jean-Sébastien Bach m'a protégée. Je demande à Marion de me laisser seule quelques instants et pénètre dans la nef. La tombe de Bach se trouve là, sous mes pieds, avec cette seule inscription qui, dans sa simplicité, me bouleverse :

JOHANN SEBASTIAN BACH

Rien d'autre. Pas de dates. Pas de titres. Comme dans sa musique, l'essentiel, sans une note en trop.

Je reste de longues minutes, silencieuse, à côté de sa tombe. Puis, j'explore l'église de fond en comble, persuadée d'y trouver un souvenir de Bach. Je me rends jusqu'au sommet de son clocher, touchant les pierres, humant l'air. En sortant, je dis à Marion :

— Tu sais, maintenant, je peux mourir. Je n'ai aucun regret.

Quelques années plus tard, lorsque Bernard Pivot m'invitera dans son émission « Double je », il me posera à la fin le questionnaire de Proust que j'adore.

— Si Dieu existe, me demande-t-il, qu'aimeriez-vous qu'il vous dise ?

— « Tu as été assez courageuse. Viens, je vais te présenter Bach. »

27

À jamais meurtrie

Un véritable conducteur d'hommes se met en dessous d'eux.
(LAO-TSEU)

La Révolution culturelle m'a brisée. Chaque jour, en me levant, je me demande comment continuer de vivre et trouver la paix après ce que j'ai enduré. Elle a créé chez moi un handicap psychologique destructeur.

Les séances de dénonciation collectives que j'ai subies pendant des années font que j'ai désormais toujours peur d'être critiquée, et que je ne peux plus avoir confiance, ni en moi, ni dans les autres. Quand l'on a connu ce régime, quand à douze ans, à un âge auquel on *ne peut pas* être coupable, on a été forcé de faire son autocritique, qu'est-ce qu'un ami, une relation, si ce n'est quelqu'un qui demain vous dénoncera et que vous-même, vous critiquerez ?

Lorsque j'entre sur scène, il y a toujours un moment pendant lequel je me demande pourquoi le public est venu m'écouter. Je lui suis follement reconnaissante mais je suis tentée de le rembourser : je ne mérite pas sa présence. Puis, le doute s'installe. En réalité, le public est là pour me critiquer, me juger comme en séance d'autocritique. Seule la foi en la musique me donne la force d'aller au bout.

J'ai peur d'être manipulée aussi – je l'ai tant été, en Chine. Je me raisonne, je me dis que j'étais jeune, pendant la Révolution culturelle, et par conséquent sensible à toute forme de propagande. C'est vrai et c'est pourquoi je garde au fond de moi une aversion pour les manifestations d'étudiants. Mais il n'y a pas eu que les étudiants ; des centaines de millions de Chinois se sont laissé embrigader, plus âgés et bien plus au fait des choses de la vie que nous. Cela n'a rien empêché, en Chine comme dans les autres pays qui ont connu le joug totalitaire. Je cherche à comprendre comment les idées généreuses des communistes ont pu aboutir à un tel désastre, comment, pendant de longues années, j'ai pu ne rien voir, ne rien vouloir croire. En vain ; je ne comprends pas.

La Révolution culturelle m'a salie, elle a fait de moi une coupable. À un moment donné, elle a même tué en moi le sens moral. J'ai critiqué mes semblables, je les ai méprisés, accusés de fautes graves, j'ai enquêté sur leur passé, pris part activement à un processus de destruction collective. Comment effacer cette tache ?

Il y a cinq ans à Paris, j'ai revu Shaohua.

Shaohua, à l'encontre de qui je m'étais transformée consciencieusement en surveillante. Elle venait donner un concert en quatuor, un dimanche. À la fin du spectacle, je suis allée la féliciter. Rien que de la revoir me soulageait.

— Je t'ai fait tellement de mal. J'en souffre encore, cela m'est insupportable. Qu'est-ce que je peux faire pour toi pour me faire pardonner ?

Shaohua me sourit doucement :

— Tu t'es déjà excusée mille fois. Nous étions si jeunes. Nous sommes tous des victimes de la Révolution.

Au détour de la conversation qui a suivi, j'ai appris qu'en faisant du lèche-vitrines dans Paris, elle a vu un manteau qui lui plaisait. Le lendemain, je me précipite dans le magasin dont elle a cité le nom, mais il est fermé, et le jour d'après, Shaohua est repartie pour la Chine. Sans le manteau. C'est mieux ainsi : quelle naïveté de ma part de penser qu'un vêtement peut refermer une cicatrice, effacer une faute, et le sentiment de culpabilité !

Cette impossibilité de racheter le passé, je l'éprouve aussi vis-à-vis de ma grand-mère. Peu de temps après la visite de Shaohua, ma famille a entrepris de lui donner une sépulture décente, enfin, et nous nous sommes cotisés pour payer le monument funéraire. Comme j'ai vibré, à cette pensée ! J'avais l'impression de retrouver, mieux, d'honorer comme elle le méritait celle qui avait tant fait pour moi, qui avait incarné mon idéal de vie. Sentiment vain, encore une fois. Comment l'argent versé pouvait-il compenser ces années où j'ai jugé plus important d'être une révolutionnaire zélée que de lui écrire ?

Des amis m'ont fait lire des pages de Hannah Arendt. Je trouve qu'elle décrit très bien un des principes cardinaux qui régissent le fonctionnement des régimes totalitaires : la *sélection arbitraire de victimes innocentes*, première étape de la mise en œuvre d'un processus de domination. Et elle ajoute :

> *Le pas suivant, décisif dans la préparation de*
> *cadavres vivants, est le meurtre en l'homme de la*
> *personne morale. [...] Grâce à la création de condi-*
> *tions où la conscience n'est plus d'aucun secours, où*
> *bien faire devient radicalement impossible, la com-*
> *plicité consciemment organisée de tous les hommes*
> *dans les crimes des régimes totalitaires s'étend aux*
> *victimes et prend ainsi un caractère vraiment total.*

Quand je lis ce passage, je revis ma propre expérience. Oui, à treize ans, j'ai bien été une « victime innocente », sélectionnée selon un processus qui me dépassait : j'étais désignée comme *Chushen Buhao*, être de mauvaise origine. La deuxième étape a suivi : la Révolution culturelle m'a poussée du statut de victime innocente à celui de participante active à ses crimes.

Ce passé n'en finit pas de me hanter. D'une certaine manière, je suis sortie de prison pour me retrouver prisonnière de moi-même.

Je me pose souvent la question de savoir si je dois haïr Mao Zedong pour ce qu'il m'a fait. Ses analyses *a priori* n'étaient pas fausses. Il fallait libérer le peuple chinois. Je n'ai pas oublié ce documentaire qu'on nous montrait à l'école, sur lequel on pouvait voir le panneau planté par les Anglais à l'entrée du parc Waitan ; on y lisait nettement : « Interdit aux chiens et aux Chinois. » Je n'ai pas oublié non plus les paysans si durement exploités, ni cette vieille femme rencontrée lors de ma première séance de *Yiku Sitian*. Malgré cela, au-delà de l'espoir qu'il a fait naître, Mao a été un criminel. Il a tué physiquement des dizaines de millions de personnes et moralement des centaines de millions d'autres. Donc oui, je le hais. Et chaque jour qui passe, ma haine est plus profonde envers cet homme qui pratiquait par lâcheté une cynique fuite en avant, faute de jamais avoir le courage de reconnaître ses erreurs. «Un véritable conducteur d'hommes se met en dessous d'eux», nous dit Lao-tseu. Mao s'est maintenu au-dessus des hommes, quitte à les tuer pour y rester. Depuis trente ans que je vis dans la peur et que je désespère de trouver jamais la tranquillité de l'âme, j'ai eu le temps de le comprendre.

Il n'y a pas eu de grands procès, en Chine, à l'issue de la Révolution culturelle, si ce n'est celui de la «bande des Quatre», rien de comparable à ceux qui furent organisés dans le monde occidental après 1945. Sans doute parce que la vérité sur le désastre des années Mao n'est toujours pas connue avec précision, en l'absence d'études historiques suffisamment documentées. Combien de morts la Révolution culturelle a-t-elle faits? Et le Grand Bond en avant? Personne ne le sait. L'ampleur de la catastrophe reste inconnue, de même que ses vraies raisons. Les conditions ne sont pas encore réunies pour porter un regard objectif sur les événements.

Au-delà d'une volonté légitime d'avoir enfin une vie normale et de tourner la page des années noires, cette attitude des Chinois trouve, me semble-t-il, sa source profonde dans la vision que ceux-ci ont de la vie. Le premier grand livre de philosophie chinoise, le *Yi Jing*, rien que par son titre – *Le Livre des mutations* – la dévoile. La vie continue, se transforme et c'est à cette évolution qu'il convient de se consacrer plus qu'au retour sur le passé. Les crimes ne s'oublient pas, mais une forme de justice naturelle, celle que seul le temps peut apporter, se substitue à la justice des hommes. Les philosophes chinois ont une formule pour décrire cela. *Bu de liao.* Il faut savoir en finir avec le passé, ne pas chercher à se venger sans fin.

D'un autre côté, l'absence de jugement trahit une grande faiblesse. Les procès d'après-guerre, en effet, ont donné au monde occidental une grande force de résistance. En mettant un « Plus jamais ça » en exergue de leurs débats, ils favorisaient la vigilance, la consolidation des normes morales et l'édification de nouvelles, toutes destinées à toujours et encore prévenir le retour de l'hydre.

28

La musique, l'eau, la vie

La grande musique n'a guère de sons.
[...]
Le Tao caché n'a pas de nom.
Et pourtant, c'est lui seul
Qui soutient et parachève tous les êtres.

(LAO-TSEU)

2003. Je suis assise dans le bureau du professeur Krishna Clough, à l'Institut Curie. Le résultat de mes examens est positif et son diagnostic sans appel. Je pense à ma mère, qui avait refusé la chimiothérapie. Comme elle, ce type de traitement m'effraie, moins pour la souffrance que parce que je crains qu'il n'annihile mon énergie. Je demande au médecin combien de temps il me reste à vivre si je ne fais rien. Il hésite quelques instants. Trois ans, tout au plus.

Pour la première fois, je prends conscience de cette évidence que tout être tend à se cacher : il faut partir un jour. Étrangement, cette pensée, qui pourrait me précipiter dans l'abîme, me délivre de l'angoisse. Au fond, trois ans, c'est beaucoup. Ma vie a été tellement variée, tellement riche.

J'ai tout connu, en réalité, sauf le bonheur et la sérénité. Mais je doute qu'il soit possible de les connaître.

Je suis encore dans le bureau du professeur Clough quand je prends conscience du seul désir qui me reste. Tout jouer. Enregistrer le plus possible. Les dernières sonates de Beethoven et de Schubert, pour comprendre ce que ces deux géants ont voulu exprimer à l'approche de la mort. L'intégrale du *Clavier bien tempéré*, qui est mon pain quotidien depuis Zhangjiako, que, pendant très longtemps, j'ai jugée plus facile à jouer qu'à écouter mais dont j'entrevois désormais la possibilité de le « faire passer » auprès du public.

Ce que je veux, c'est jouer de la musique, enregistrer ces chefs-d'œuvre, ne pas quitter cette terre avec le regret de ne pas l'avoir fait. Je me demande si trois ans, ce ne sera pas trop court pour mener l'entreprise à bien. Mais non, cela doit être possible.

Pourtant, de retour chez moi, je m'effondre. Je suis au bout. Sur la première marche de la réussite, tout s'écroule. De nouveau. Tout cela n'a aucun sens.

Mon entourage me pousse à suivre les recommandations du professeur Clough, à me faire soigner, et finalement, Josette, l'amie qui m'a fait connaître ce médecin que j'ai trouvé si sensible, trouve les mots justes :

— Sois raisonnable. Tu as une famille ici, autour de toi, celle de tous tes amis. Ta maladie en est au début. Ne perds pas de temps. Prends les choses en main.

Une retraite dans la solitude des montagnes chinoises me tente ; il me semble que là-bas, dans la nature et le silence, je pourrai recouvrer la santé. Mais il m'y sera impossible de jouer et d'enregistrer. C'est alors que je prends la décision de suivre les conseils de mes amis.

Les témoignages d'amitié affluent, qui souvent me bouleversent. Je reçois des propositions de concerts alors que je suis encore à l'hôpital. Des mois difficiles s'écoulent. Et puis, un jour, je rentre chez moi, et je retrouve mon Steinway, aussi émue qu'en découvrant le vieil accordéon usagé dans la cour de Yaozhanpu ou en accueillant mon piano à la gare de Zhangjiako. Je joue les *Goldberg*. Je renais.

Une fois de plus, la musique me sauve.

Enfant, j'ai tout perdu, mais la musique m'a aidée à vivre.

Ensuite, au Conservatoire, l'idéologie a pris le dessus. Elle m'a convaincue qu'il fallait brûler livres et partitions, que le Petit Livre rouge suffisait. Lorsque je suis arrivée à Zhangjiako, je n'étais rien d'autre qu'une petite sauvage manipulée et, pendant la première année, je ne me souviens pas avoir éprouvé aucun sentiment. Comme mes compagnons, j'avais l'esprit vide. Nous avions tous été transformés en marionnettes, en machines prêtes à obéir aveuglément à toutes les injonctions du régime. Et la musique était devenue pour moi un accessoire. Mes activités révolutionnaires représentaient tellement plus !

Mao avait perçu depuis longtemps le pouvoir de l'art et notamment de la musique sur le peuple. Il savait que les artistes étaient dangereux, questionnant perpétuellement le réel, réclamant toujours plus de libertés, et c'est pour cela qu'il les attaquait, qu'il laissait son épouse s'approprier l'art à travers ses *Yanbangxi*. À vrai dire, Mao considérait le savoir en général comme dangereux : son obscurantisme organisé, systématique, extrémiste en témoigne.

Mais le pouvoir de la musique est tel qu'elle a resurgi dans ma vie sans que je puisse expliquer comment. La faiblesse, l'innocence de « Millier de gouttes » ont joué un rôle dans cette redécouverte. Beaucoup moins intelligent que Mao, il n'a pas pris conscience de l'engrenage dans lequel il nous laissait entrer en n'interdisant pas notre concert. Dans les quelques autres camps d'artistes de la région, personne n'a eu un tel chef, et nul n'y a eu la possibilité de jouer d'aucun instrument.

Sans doute ai-je aussi senti, comme mes compagnons, que le régime nous avait poussés à un point de déshumanisation tel, dans sa folie, que nous ne pouvions aller plus loin. La Révolution culturelle était sur le point de nous ôter toute humanité et cela, ce n'était pas possible. Sur le point d'être transformés en animaux, un réflexe nous a secoués. Au fond de nous, il restait une lueur d'humanité, celle que les régimes totalitaires, qui mésestiment les ressources de l'homme, oublient toujours, pour leur perte. C'est cette lueur que la musique a ravivée.

Notre *renaissance* à la musique, à l'art en général, a tout changé, pour moi et mes compagnons de camp. La musique nous a rendu notre humanité. Elle nous a fait de nouveau entrevoir, dans un coin du ciel, la possibilité d'une spiritualité. Elle nous a réappris à aimer, y compris au sens premier du terme : cinq couples se sont formés à Zhangjiako.

C'est là-bas que j'ai compris quel est le pouvoir de la musique et la chance que j'avais de pratiquer ce métier.

Elle réunit les gens, autrement que la politique ou

la religion. Elle donne cet amour de l'humanité qui reste le plus fort et grâce auquel on peut tout surmonter. Quand on joue de la musique, on se donne sans conditions, et c'est selon moi la définition de l'amour.

Aujourd'hui seulement, je peux comprendre combien l'expérience de la Révolution culturelle m'a convaincue de ne pas utiliser le pouvoir de la musique pour chercher à imposer quoi que ce soit au public. J'ai trop souffert de la servitude et je préfère dire sans contraindre. Et peut-être cela touche-t-il certains spectateurs ? Je me remémore souvent ma voisine qui, dans l'avion pour Los Angeles, m'avait cité Lao-tseu :

> *La bonté suprême est comme l'eau*
> *Qui favorise tout et ne rivalise avec rien.*
> *En occupant la position dédaignée de tout humain*
> *Elle est tout proche du Tao.*

Maintenant, je la comprends mieux, cette citation. L'eau est utile, elle sert. Elle descend et ne monte pas. Elle se niche dans des creux, où nul ne veut aller, et non sur les hauteurs d'où tout le monde rêve de dominer le monde. Elle n'est en compétition avec personne et pourtant elle a raison de ce qu'il y a de plus dur au monde : les roches. Et sans eau, il n'y aurait pas de vie.

C'est pour cette raison, entre autres, que, depuis que je suis en France, j'ai essayé de porter la musique dans des lieux de détresse : prisons, maisons de retraite, hôpitaux.

Je me souviens d'un concert à la prison de Bergerac, donné dans le cadre de «Musique et espérance», une association créée sur l'initiative du pianiste argentin Miguel Ángel Estrella. Avant ce concert, je m'étais beaucoup interrogée sur le programme, hésitant entre des œuvres faciles et légères et des œuvres plus sérieuses. Et finalement, je m'étais une nouvelle fois arrêtée sur les *Goldberg*. Les quelques amis auprès desquels je m'étais ouverte de mon idée étaient dubitatifs, trouvant l'œuvre trop longue, pas assez « grand public ». Ils m'avaient si bien ébranlée que j'avais finalement décidé de me contenter de quelques-unes des variations.

Avant de commencer, je m'adresse à la centaine de prisonniers qui ont accepté d'assister à mon concert :

— Je ne sais pas pourquoi vous êtes ici, dans cette prison. Mais ce que je peux vous dire, c'est que moi aussi, j'ai été dans un camp pendant plusieurs années. Parce qu'alors on considérait, en Chine, qu'il fallait « rééduquer » les gens qui aimaient la musique que je vais vous interpréter aujourd'hui. Du Bach, une œuvre qu'on appelle les *Variations Goldberg*. Comme elle est très longue, je ne vous en jouerai que dix sur les trente qu'elle comporte.

Une heure plus tard, à la demande des prisonniers, qui n'ont pas voulu que je m'arrête, j'avais donné l'intégrale des *Goldberg*. Le petit piano droit sur lequel je joue est complètement désaccordé mais j'y ai mis toute mon âme. Un prisonnier, d'un âge déjà avancé, s'adresse à moi :

— Est-ce que vous pourriez nous jouer du Beethoven ?

J'attaque la *Sonate Waldstein*, que je joue alors beaucoup. Il vient me voir à la fin.

— Je vous connais, j'ai enregistré un de vos concerts, diffusé par France Musique. Ce jour-là vous jouiez aussi la *Waldstein*. Cette cassette, je l'écoute tous les jours.

En partant, je demande à l'un des gardiens de quoi ce prisonnier était coupable.

— Crime passionnel, me dit-on.

Ce que j'ai vécu fait que mon approche de la musique ne peut pas être intellectuelle. Ce que je cherche, en jouant, c'est à parler aux gens, à leur dire quelque chose, à leur montrer toutes les beautés d'une œuvre, à les toucher. Aussi le public est-il essentiel pour moi. Certains de mes confrères déclarent jouer pour eux plutôt que pour le public. Lorsque je joue, mon but est au contraire de partager avec lui.

L'humanité est la vérité de la musique. Ce qui compte, c'est cette personne, là, qui n'est pas musicienne et que ce soir, peut-être, je vais réussir à toucher, à qui je vais faire entrevoir une partie de son humanité, de notre humanité que jusqu'ici elle ignorait, peut-être, et qui la conduira, qui sait, un jour, elle aussi à dire non lorsqu'elle comprendra que l'essentiel est en jeu.

29

La sagesse et le non-être

Qui se vainc soi-même a la force de l'âme.
(LAO-TSEU)

Lorsque, aujourd'hui, je revois mes anciens camarades du Conservatoire de Pékin, ils ne manquent pas de me le rappeler :

— Xiao-Mei, tu es sans protection. Qui va s'occuper de toi, si tu es malade ?

En clair, tu n'as pas vraiment réussi puisque tu n'as pas su assurer ton confort matériel. Mais comme nous ne sommes pas moins de vrais amis, ils ajoutent :

— Ne t'inquiète pas. Quand tu seras vieille, nous prendrons soin de toi.

Parmi eux, nombreux sont ceux qui ont abandonné leur carrière artistique, considérant que les conséquences de la Révolution culturelle étaient irréparables, qu'il était trop tard pour tout recommencer. L'un est devenu agent immobilier, l'autre acupuncteur, d'autres encore sont dans l'import-export de pianos. Même ceux qui ont pu devenir musiciens ont investi de l'argent dans les affaires. Presque tous sont devenus riches. La Révolution culturelle a cassé en eux tout désir d'absolu. Par une cruelle ironie de l'Histoire, elle les a changés non en communistes mais en capitalistes !

Certes, mes amis n'ont pas tort. À l'issue de ma maladie, je me suis posé beaucoup de questions sur la précarité de ma situation, m'interrogeant sur la manière dont je pourrais assurer ma subsistance si une rechute entravait à jamais mes activités musicales. Il n'empêche, la réussite matérielle est aux antipodes de ce que je recherche, du sentiment d'accomplissement que je poursuis.

Il m'est arrivé de l'approcher, ce sentiment. Chaque fois que j'ai pensé être prête à interpréter une œuvre, qu'après des années et des années de travail le temps était venu. La première fois, c'est en jouant les *Goldberg*, à Paris. Il me semblait que rien de négatif ne pouvait se passer, et moi qui vis dans le doute, j'avais la certitude de ce qu'il fallait faire.

Oui, ces moments-là, dont on a rêvé toute sa vie, ces moments d'évidence sont bénis. Mais ils sont rares et fugitifs. Le terme chinois qui désigne le bonheur, *kuai-le*, l'exprime : il se traduit littéralement par « bonheur rapide ». Pour les Chinois, il y a des moments heureux, dans une journée, dans une vie, mais jamais ils ne durent.

Il me semble aussi que, lorsque l'on réalise son rêve, il est souvent trop tard. C'est une expérience à laquelle j'ai souvent été confrontée.

En 2001, lorsque, enfin, j'ai obtenu la nationalité française, j'ai proposé à mes parents de venir me voir à Paris. Mon père a refusé, ce qui ne m'a pas étonné. En bon philosophe chinois, il considère les voyages comme superficiels et inutiles.

— À quoi bon ? m'a-t-il dit. Comment veux-tu découvrir un pays en quelques jours ? Ne m'en veux pas, mais je trouve que voyager ne sert à rien.

Ma mère, en revanche, a accepté avec joie. Ce voyage, elle en rêve depuis sa plus petite enfance. Elle viendra avec une de mes sœurs et son époux.

Lorsque je la vois arriver à l'aéroport, sur son fauteuil roulant, je comprends sur-le-champ que la maladie d'Alzheimer dont elle souffre depuis quelques années a beaucoup progressé. Ma sœur m'explique combien le passage de la douane a été difficile – ma mère avait oublié jusqu'à son nom.

Je lui fais visiter les grands monuments de la capitale : le musée d'Orsay, le musée Picasso, le musée d'Art moderne et bien sûr son cher musée du Louvre, où nous nous rendons presque tous les jours. Je pousse son fauteuil dans les galeries de peinture, où elle détaille chaque toile. Elle en connaît déjà beaucoup pour les avoir vues sur des livres de peinture, et pour en avoir copié certaines. Je la sens heureuse. Mais à peine sommes-nous sorties qu'elle a oublié que nous avons passé l'après-midi au Louvre.

Une amie lui fait faire le tour de Paris en voiture. Nous passons devant le Théâtre de la Ville :

— C'est là que Xiao-Mei joue, lui dit-elle.

Ma mère la regarde :

— Mais que fait Xiao-Mei dans la vie ?

Parmi ses rêves, ma mère avait celui de me voir jouer dans une grande salle de concerts. Sans même oser imaginer que ce puisse être à Paris – Paris ! Voilà que son rêve s'est réalisé, que sa fille a « réussi » au sens où elle l'entend, et cela n'a simplement plus aucune signification pour elle.

La réussite n'est rien. Une fois atteinte, il reste à faire le plus difficile : se vaincre soi-même.

Certains le font grâce à la religion. D'autres, comme ma mère, n'en ont pas besoin. Ils sont portés par une force naturelle. Une puissance intérieure, le destin, la vie, tout simplement. En tout cas, quelque chose de spontané et d'inconscient. Je les admire. La spontanéité et l'inconscience portent en elles une force vitale que l'on mésestime. Tchouang-tseu illustre cette vérité avec l'histoire du Kouei et du Mille-Pattes. Le Kouei dit au Mille-Pattes :

— Je marche en sautillant sur un pied. Je ne saurais donc vous égaler. Comment pouvez-vous vous servir de tant de pieds ?

Et le Mille-Pattes lui répond :

— J'agis selon la nature, sans savoir ni comment, ni pourquoi.

Le bébé hurle mais ne se casse jamais la voix. L'ivrogne, comme le somnambule, se blesse rarement.

Pour jouer, il faut renoncer à trop penser de façon à retrouver cette spontanéité et cette inconscience essentielles. Car c'est dans ces moments que les conditions nécessaires à la réceptivité aux autres, aux forces vitales et spirituelles du monde sont réunies, et que l'inspiration peut vous toucher.

La sagesse est en soi, me semble-t-il, mais il faut un travail souvent douloureux pour la trouver. Toute ma vie, je me suis définie par rapport à l'extérieur, aux opinions que les gens avaient sur moi, aux pressions de toutes sortes dont j'ai été l'objet. Les autocritiques et dénonciations incessantes auxquelles il m'est si difficile de cesser de penser m'ont pendant longtemps empêchée d'être moi-même.

Or pour le vrai sage, je l'entrevois maintenant, l'extérieur ne compte pas. Sa vraie force est intérieure. Il peut être prisonnier, rejeté, calomnié : il a compris que la vraie liberté est en lui.

L'œuvre qui l'exprime si bien, selon moi, c'est la dernière sonate de Beethoven, l'opus 111, l'œuvre préférée de mes deux maîtres, l'un vivant en Orient, l'autre en Occident. Un deuxième mouvement sous forme de variations, là aussi, comme si, pour exprimer l'inexprimable, il fallait passer par ce processus de *transformation* consubstantiel à la philosophie chinoise. Un thème simple et dépouillé, si proche au fond dans son essence de celui de l'*aria* des *Variations Goldberg*.

Car le thème de l'*Arietta* nous prend par la main, aussi doucement que le fait l'*aria* des *Goldberg*. Une première variation, puis une deuxième, en *fugato*, font monter la tension. Puis arrive la troisième, que tant de pianistes jouent comme une pièce de jazz virtuose et déchaînée alors que, selon moi, elle est avant tout empreinte de noblesse. Le renoncement approche. La quatrième nous fait entrer dans un autre monde. Nous nous élevons *pianissimo*, nous nous détachons du monde, nous atteignons un ciel aux couleurs magnifiques, nous traversons la couche de nuages qui entoure la terre, nous sommes ailleurs. La cinquième variation convoque l'extrême grave et l'extrême aigu du piano, ce que j'adorais entendre lorsque, petite, je commençais à jouer. Et là, c'est le monde entier, le yin et le yang que Beethoven fait entrer dans son piano. Et puis le thème initial réapparaît, tel un hymne à la gloire du monde, avant de se désagréger, de sombrer dans une sorte de néant qui est aussi une forme de délivrance.

C'est là qu'est la sagesse suprême.

De tous les grands philosophes chinois, c'est de Lao-tseu, on l'aura compris, que je me sens le plus proche.

Pour montrer la différence qui existe entre les confucianistes, les bouddhistes et les taoïstes, disciples de Lao-tseu, les Chinois aiment recourir à l'allégorie du verre d'eau. Le confucianiste dit : « Ce verre d'eau, il faut le partager. Fais boire tes parents d'abord. » Pour lui, la première des vertus est l'ordre social, l'organisation de la société. Le bouddhiste dit : « Dois-je boire ? » Pour lui, le contrôle de ses émotions, de ses désirs passe avant tout. Vient enfin le taoïste. Il regarde le verre et dit : « L'eau n'existe pas. »

30

Retour

Quand les tempêtes grondaient,
J'étais moins malheureux.
(SCHUBERT, *Le Voyage d'hiver*,
poèmes de Wilhelm Müller)

2006. Ce 27 janvier, c'est l'anniversaire de la naissance de Mozart. De quel autre grand artiste, musicien, écrivain, peintre, fête-t-on ainsi l'anniversaire de la naissance ? De Léonard de Vinci ? De Shakespeare ? De Dante ? Personne n'imaginerait le faire. Et au jour près. C'est aux enfants que l'on souhaite leur anniversaire. Et Mozart est un enfant. Mais un enfant qui a tout connu, un enfant qui a la profondeur d'un vieux sage. Lao-tseu n'avait-il pas pressenti Mozart en écrivant cette réflexion :

Celui qui possède en lui la plénitude de la vertu
Est comme l'enfant nouveau-né.

J'ai désormais trouvé la force de rechercher mes anciens compagnons de captivité. Pendant plus de vingt ans, je m'en étais tenue éloignée : les revoir m'aurait plongée dans l'abîme.

Je profite de concerts donnés à Tokyo pour partir

en quête de Cunzhi, cet ami bassoniste passé à tabac devant tous les élèves du Conservatoire, au cours de cette nuit d'été 1966 dont le souvenir me hante. Je sais qu'il a abandonné sa carrière et émigré au Japon, où il a ouvert un restaurant chinois. Un homme aux cheveux blancs s'approche : Cunzhi. Nous ne nous sommes pas vus depuis plus de trente ans ! Nous ne pleurerons pas mais l'émotion nous étreint. Il me raconte que, plusieurs fois par an, il transforme son minuscule restaurant en salon de musique. Il y invite des artistes à se produire, joue lui-même, de temps à autre. Il a ainsi organisé plus de deux cents manifestations musicales.

Nous reparlons des événements de l'été 1966, des exécutions sommaires, des cadavres entreposés dans l'annexe du Conservatoire.

— J'ai eu de la chance, commente-t-il simplement.

Le destin de ce musicien qui avait tout pour devenir un immense soliste a quelque chose de bouleversant, mais il n'en dit rien. Le moment de nous séparer arrive. J'essaie de trouver les mots justes :

— C'est toi le vrai héros de notre classe. Tu as dû tout supporter, l'exclusion, la peur, la violence, la solitude. Mais tu es resté fidèle à toi-même, idéaliste, comme je t'ai connu.

J'ai des nouvelles de Huang Anlun. Je sais comme nous tous qu'après avoir quitté la Chine, il est parti à Yale, puis au Canada, et qu'il est devenu l'un des plus grands compositeurs chinois contemporains. Mais voilà qu'il s'est converti au christianisme. Il est récemment rentré en Chine pour y faire jouer une de ses œuvres, en vain car le concert a été annulé au dernier moment par les autorités, la musique d'inspiration chrétienne n'étant autorisée que dans les églises.

Je suis choquée, mais je m'interroge. L'interdiction qui a frappé les œuvres de Huang Anlun est-elle l'effet du seul manque de liberté d'expression ? Ou est-elle aussi une réaction de défense contre le prosélytisme religieux – un mot qui n'a pas de traduction simple en chinois – considéré comme une agression ? Prosélytisme qui n'est pas seulement religieux mais plus largement culturel, tant l'Occident persiste à voir les cultures autres que la sienne à travers un prisme unique.

La religion chrétienne, qui me touche tant par ailleurs, a ce défaut de vouloir convertir, étendre son influence. L'idée même est étrangère aux Chinois. Bouddhistes, taoïstes et confucéens, ceux-ci pratiquent des religions qui sont plutôt des philosophies ; ils n'ont pas connu l'équivalent des guerres de religion et la pensée qu'une religion à elle seule pourrait détenir la vérité leur est incompréhensible.

2006. Retour à Pékin.

Ma mère me demande de lui rejouer les *Masterpieces* de mon enfance. La poupée achetée à Boston veille, posée près du piano. À travers elle, je reste à ses côtés. Ma mère se souvient de chacune des pièces du recueil des *Masterpieces*, et les fredonne avec moi. Puis un jour, elle me demande :

— Est-ce que tu peux m'apprendre à jouer ?

Je l'aide à se mettre au piano. Mais elle n'arrive à rien. Je lui joue la *Rêverie* de Schumann. Elle me regarde :

— Comment cela se fait-il que tu joues aussi bien ?

Mon père, qui ne s'exprime plus guère, a pour une fois quelque chose à me demander. Il souhaite se rendre sur la sépulture de son ami Lao Xue, le président de l'université où il a travaillé si longtemps, et grâce auquel, à mon retour de Zhangjiako, j'avais pu obtenir un premier emploi. Cet homme comptait tellement pour mon père qu'à la fin de sa vie il le voyait tous les jours.

Nous téléphonons à son fils pour nous faire préciser l'endroit exact où il est inhumé. Isolée dans la nature, à proximité de la Grande Muraille, la sépulture est difficile à trouver et seul un grand sapin permet de la repérer.

Mon père s'adresse à son ami :

— Lao Xue, je suis venu te voir. – Puis il se tourne vers moi : – Xiao-Mei, nous avons oublié de prendre du vin pour Lao Xue.

Je vais chercher un peu d'eau.

— Ce n'est pas grave, me dit-il. Lao-tseu préférait l'eau au vin.

Nous en buvons une gorgée, puis, conformément à la tradition chinoise, mon père verse le reste sur la tombe de son ami.

Il reste deux heures à parler à Lao Xue. Je me tiens à l'écart. Moi aussi, Xue Shushu[1], je dois te remercier.

Il est l'heure de repartir. Dans la voiture qui nous ramène à Pékin, mon père demeure silencieux, perdu dans ses pensées. Puis tout à coup, il me dit :

— Moi aussi, je veux reposer ici, plus tard. – Après une pause, il ajoute : – Lao Xue est la seule personne qui m'a fait confiance pendant la Révolution culturelle.

---

1. « Oncle Xue ».

C'est glaçant à entendre mais vrai. Nous, sa famille, n'avons pas soutenu mon père au temps des épreuves. Enfants, mes sœurs et moi, nous le trouvions dur avec nous. Et plus tard, le régime nous avait formées à nous défier de lui, à ne pas l'aimer.

Alors que nous arrivons à Pékin, mon père me fait un aveu. Depuis mon arrivée à Paris, chaque après-midi à dix-sept heures trente, il écoute l'émission quotidienne que la radio chinoise consacre à la France. S'il doit sortir, même pour rendre visite à des amis, il emporte son transistor de façon à ne pas manquer ce rendez-vous quotidien.

— J'ai vécu avec toi, conclut-il sobrement.

J'ai une autre visite à faire. Je veux revoir Aizhen, cette amie qui, au lendemain de mon autocritique au Conservatoire de Pékin, m'avait laissé de quoi manger sur mon pupitre. Il y a trente-deux ans que nous ne nous sommes revues.

Une nuit, à Paris, elle m'est apparue dans mon sommeil. Je me suis réveillée en sursaut, incapable de me rendormir, rongée par la pensée que je ne l'avais pas assez remerciée. Je me suis levée, j'ai pris une feuille et un crayon ; il fallait que je lui écrive. Mais elle ne m'a pas répondu, et depuis, je ne peux pas la chasser de mon esprit.

Nous avons tant changé, toutes les deux.

— J'ai honte d'avoir interrompu ma carrière, me dit-elle.

Aizhen était pourtant une très fine musicienne. Après la Révolution culturelle, elle a été envoyée en poste à Dalian, un désert intellectuel et artistique. Là, elle a mis tout son cœur à enseigner le piano à des élèves indifférents et a épousé un professeur de l'université. Celui-ci a eu un cancer de la gorge l'année même où elle mettait sa fille au monde.

— Après cela, tu peux tout supporter, conclut-elle.

Son mari est là, à ses côtés. Lorsque Aizhen a reçu ma lettre de Paris, il était à nouveau malade, et c'est pour cela qu'elle ne m'a pas répondu. Je me tourne vers lui :

— Il faut que tu le saches : tu as épousé une fille bien.

Il sourit.

Au cours de la conversation, j'apprends que les parents d'Aizhen sont chrétiens depuis toujours. Est-ce pour cela qu'elle m'a aidée quand tout le monde me fuyait ?

Alors que nous nous quittons, j'éprouve soudain un grand bien-être. J'ai enfin pu remercier mon amie.

Le temps est venu de retourner à Zhangjiako.

Une amie pékinoise m'a convaincue de faire le voyage avec elle. Arrivées sur place, nous discutons avec une connaissance venue nous chercher en voiture. Nous lui parlons de Dayu et lui demandons si la prison accueille encore des prisonniers politiques. L'homme est simple et sa réponse claire : bien sûr que oui. Mon amie, qui connaît beaucoup de monde dans la région, a pu arranger un entretien avec le directeur de la prison. Du Dayu que j'ai connu, il ne reste plus que les grands murs extérieurs. À l'intérieur, tout a changé · les vieux bâtiments sales et humides ont laissé la place à des constructions neuves. Le directeur est sympathique. Je lui dis qui je suis, il nous propose de visiter l'établissement. Non, décidément, rien ne reste de ce que j'ai connu. Alors que nous allons prendre congé, je lui pose la même question : est-ce que la prison accueille encore des prisonniers politiques ? Il sourit. Non, pas celle-ci, d'autres. Il me semble que je peux lui faire confiance.

Une fois dehors, nous faisons un tour en ville. Là aussi, tout a changé. Autour de la prison ont poussé comme des champignons de hauts pavillons de deux étages soigneusement disposés de part et d'autre de larges avenues bien entretenues. Quel progrès matériel ! Non, décidément, il ne reste plus rien de ce que j'ai connu, à part les hurlements du vent.

Mon amie me prend par le bras. Elle veut me montrer les églises qui se sont construites dans la région. La plus proche est un immense bâtiment jaune et blanc. Son clocher ressemble à un minaret, tellement que je me demande si ce n'est pas une mosquée. Mais non, pas de doute, une messe y est célébrée en ce moment même. Nous nous glissons dans l'assemblée des fidèles. Des centaines de personnes, des paysans pour la plupart, sont là, priant, chantant des cantiques. J'observe la décoration de l'église – pas vraiment réussie. Le même spectacle nous attend à Quijia-zhuang, près de mon troisième lieu de captivité, là où nous nourrissions en cachette les paysans qui mouraient de faim.

Penser que des gens prient là où, il y a trente-cinq ans, nous étions prisonniers… En même temps, je m'interroge sur ce succès du christianisme dans cette région reculée de Chine. Sans doute le clergé local a-t-il réalisé un travail considérable ; mais aussi il rendait possible l'appartenance à une communauté, celle des chrétiens, là où les grandes philosophies chinoises prônent la solitude, la distance, l'éloignement du monde. Quelle qu'en soit la raison, il reste que des Chinois autrefois misérables et sans avenir ont découvert l'espoir.

En ce qui me concerne, les philosophies chinoises me conviennent, car je préfère être seule face à moi-même qu'avec les autres, et je considère la religion comme un univers trop personnel pour être partagé. D'un autre côté, je dois admettre que ma vie est liée à l'œuvre d'un grand chrétien, Jean-Sébastien Bach – j'ai voué mes jours et mes nuits à sa musique. Or Bach n'a pas vécu comme un sage éloigné du monde, bien au contraire, il a toujours été entouré, sollicité, et il a beaucoup fait pour qu'à travers sa musique on puisse approcher le sens de la vie. Il y a chez les chrétiens cette volonté de venir en aide. Chacun a sa part de vérité, pour celui qui sait voir.

Alors que je quitte la dernière église, il me revient en mémoire ce projet qui me tient à cœur depuis longtemps : créer une école en Chine. Je me rends compte que, lorsque j'ai quitté mon pays il y a plus de vingt ans, je n'avais pas abandonné l'idée d'y revenir vivre, bien que j'aie prétendu le contraire.

Jusqu'à présent donner des concerts en Chine n'avait pour moi pas grand sens. La génération perdue qu'est la mienne se préoccupe avant tout, et je la comprends, de son confort matériel. On lui a refusé tout enseignement artistique pendant si longtemps ! Mais la nouvelle génération ? Ne faut-il pas essayer de lui transmettre un peu de ce que nous savons ?

Je fais un rêve.

J'imagine que nous sommes réunis, mes anciens

camarades et moi et quelques autres dans une école que nous avons fondée, où les arts sont rois, tous. Nous vivons avec les élèves, nous parlons et nous réfléchissons ensemble. Les cours sont gratuits. L'argent qu'à des degrés divers, les uns et les autres, nous avons gagné sert à payer les bourses des élèves – aujourd'hui, en Chine, pour étudier dans une école comme les Conservatoires de Pékin et Shanghai, il faut être richissime.

Poursuivons le rêve… À mes quelques élèves, j'essaie de faire partager certaines des évidences qu'il m'a semblé entrevoir dans ma vie de pianiste. Je cherche à les convaincre de n'être rien d'autre que des serviteurs de la musique, sourds au matérialisme, humbles mais passionnés en même temps.

Mes amis et moi, nous avons non seulement l'impression de transmettre un peu de notre expérience mais aussi de compenser ce qui, pour notre génération, au-delà de la privation de la liberté et de la misère matérielle, a été notre plus grande souffrance : le déni d'éducation. L'absence de livres, de partitions, de dictionnaires, même : un supplice pire que les souffrances physiques endurées, un vide qui abolit l'avenir et rend la mort préférable à la vie. Que vaut une existence sans espoir de développement personnel, qui n'a devant elle que l'obscurité de l'ignorance – et de la soumission, qui en est la fille ? Oui, nous sommes tous d'accord, mes amis et moi. Que le monde médite cette leçon de la Révolution culturelle : pour assurer la paix et l'avenir du monde, la priorité absolue a un nom, l'éducation.

Dans mon rêve, Dayu, notre ancienne prison, accueille notre école.

Aria

Je marche seule dans les rues de Zhangjiako.

Comme souvent, dans ma vie, j'ai voulu revenir en arrière pour trouver l'énergie d'aller de l'avant. Zhangjiako, pensais-je, me donnerait ce courage. Bien sûr, la vie m'a beaucoup apporté. Mais elle m'a aussi brisée car elle m'a conduite à ne pas m'aimer, à douter sans cesse, maladivement.

Avec le temps, je ressens de plus en plus à mes côtés la présence de Bach et Lao-tseu. Ils m'ont aidée à surmonter les épreuves passées, et ils m'aideront encore à affronter celles qui m'attendent, car il me semble que le plus difficile est encore à venir : trouver enfin la liberté intérieure. J'ai l'impression de n'avoir rien fait de ma vie jusqu'ici, et de ne plus avoir la force de lui donner un sens.

Le vent balaye les rues de Zhangjiako. L'après-midi touche à sa fin. Je regarde le ciel. Il n'a pas les tons rougeoyants qui faisaient prédire à ma grand-mère que j'aurais « une vie pleine de couleurs », et pourtant, c'est le même ciel. Un ciel sombre, bleu et gris, un ciel de printemps nuageux. En même temps, un ciel plein de diversité, plein de ces nuances dont mon ami le peintre Fu me parlait ici même, à Zhangjiako. Oui, tout cela, je le distingue aujourd'hui. *Couleurs chan-geantes, sentiments mêlés. Le soir, je doute, j'ai peur des autres, de moi, et je ressens avec violence mon impuissance, mon incapacité à atteindre la perfection. Mais le matin, je sais qu'il est là, dans la pièce à côté, il m'attend. Il est une promesse de bonheur toujours tenue. Mon piano.*

Je contemple le ciel de Zhangjiako. *Et j'entends ma grand-mère me raconter :*

— *C'était le soir de ta naissance...*

Remerciements

Marcel BITSCH, Jean-Marc BOURÉ, François CAZARD, Estelle et Jean-Luc CHALUMEAU, Christian CHARRIÈRE-BOURNAZEL, Benoît CHOQUET, France et Pierre COMPAGNON, Françoise et Michel DELONG, Josette DEVIN, Fiona EBERTS, Nazanine FATEMI, Eda et Kim FUAD, Georges GARA, Barbara et Patrick GENEVAZ, Blandine et Jacques GRAVEREAU, Sylvie et Bernard HAAS, Hélène et François HOMINAL, Natasha HOUTCIEFF, Claude HUGUET, Anna KAMP, Helmut KLEMM, Anne-Marie LOIRETTE, Christian DE LA SIMON, Marie-Louise LE GUEN, Renaud MACHART, René MARTIN, Alain MEUNIER, Claude PASCAL, Aude et Philippe PENICAUT, Brigitte et Julien PLEY, Robert PRUDON, Françoise et Pierre RODET, Laurence et Édouard ROUSSELOT, Diane DE SAILLANT, Liane et Sylvain SMADJA, Rémy STRICKER, Antoine TCHEKHOFF, Geneviève et Gérard VENDROLINI.

Les citations traduites du chinois sont extraites des ouvrages suivants :

Lao-tseu : le *Tao-tö-king* (traduction de Liou Kia-hway, Paris, Gallimard, collection « Folio », 2002).

Tchouang-tseu : *Œuvres complètes* (traduction de Liou Kia-hway, Connaissance de l'Orient, Paris, Gallimard, 1985).

Les Entretiens de Confucius (traduction de Pierre Ryckmans, Paris, Gallimard, collection « Folio », 2005).

Sun-tseu : *L'Art de la guerre* (Paris, « Champs », Gallimard, 1995).

Anthologie de la poésie chinoise classique (Poésie / Gallimard, Paris, 2002).

François Cheng, de l'Académie française : *Entre source et nuage. Voix de poètes dans la Chine d'hier et d'aujourd'hui* (Albin Michel, Paris, 2002).

Table

Deuxième partie

EN OCCIDENT

Cet ouvrage a été imprimé
en février 2013 par

FIRMIN-DIDOT

27650 Mesnil-sur-l'Estrée
N° d'édition : 53002/01
N° d'impression : 115911
Dépôt légal : mars 2013

Imprimé en France